King

Kunst und Widerstand – Die wahre Geschichte – Unautorisiert

Rajesh Kim

ISBN: 9781998610914
Imprint: Telephasischewerkstatt
Copyright © 2024 Rajesh Kim.
All Rights Reserved.

Contents

Einleitung 1
Der Weg zur Identität 1

Die Anfänge des Aktivismus 25
Der erste Kontakt mit der LGBTQ-Community 25

Kunst und Aktivismus vereinen 47
Die Entwicklung als Künstler 47

Bibliography 67

Der Kampf für Rechte und Gleichheit 71
Die politischen Kämpfe der 2000er Jahre 71

Persönliche Herausforderungen und Triumphe 93
Der Umgang mit Diskriminierung 93

Bibliography 113

Die globale LGBTQ-Bewegung 117
Einfluss auf internationale Bewegungen 117

Bibliography 133

Rückblick auf die Errungenschaften 141
Meilensteine im Aktivismus 141

Bibliography 159

Bibliography 165

Die Zukunft des Aktivismus 167
Visionen für kommende Generationen 167

Schlussfolgerungen und persönliche Reflexionen 191
Lektionen aus dem Leben des Aktivisten 191

Bibliography 199

Nachwort 215
Danksagungen 215

Bibliography 225

Bibliography 229

Index 239

Einleitung

Der Weg zur Identität

Die frühen Jahre

Die frühen Jahre eines Aktivisten sind oft geprägt von einer Vielzahl von Erfahrungen, die sowohl die persönliche als auch die gesellschaftliche Identität formen. In dieser Phase beginnt die Auseinandersetzung mit der eigenen Identität, die durch verschiedene Faktoren beeinflusst wird.

Einfluss der Familie

Die Familie spielt eine entscheidende Rolle in der Entwicklung der Identität eines Individuums. In vielen Fällen sind es die Werte und Überzeugungen, die in der Kindheit vermittelt werden, die später das Handeln und die Einstellung gegenüber gesellschaftlichen Normen prägen. Ein Beispiel hierfür ist die Beziehung zu den Eltern, die oft als erste Vorbilder dienen. Wenn diese eine offene und unterstützende Haltung gegenüber Vielfalt zeigen, kann dies das Selbstbewusstsein des Kindes stärken und es ermutigen, seine Identität zu akzeptieren. Im Gegensatz dazu kann eine ablehnende Haltung zu inneren Konflikten und einem Gefühl der Isolation führen.

Schulzeit und erste Erfahrungen

Die Schulzeit ist eine weitere prägende Phase, in der sich soziale Strukturen und Identitäten herausbilden. In dieser Zeit sind viele Jugendliche mit Mobbing und Diskriminierung konfrontiert, die oft auf Unterschiede in der sexuellen Orientierung oder Geschlechtsidentität zurückzuführen sind. Diese Erfahrungen können tiefgreifende Auswirkungen auf das Selbstwertgefühl und die psychische Gesundheit haben. Studien zeigen, dass LGBTQ+-Jugendliche, die in der Schule diskriminiert werden, ein höheres Risiko für Depressionen und Angstzustände aufweisen.

Entdeckung der eigenen Sexualität

Die Entdeckung der eigenen Sexualität ist ein komplexer Prozess, der oft mit Unsicherheiten und Fragen verbunden ist. In der Jugend beginnt das Individuum, sich seiner sexuellen Anziehung bewusst zu werden, was zu einer intensiven inneren Auseinandersetzung führen kann. Theoretische Ansätze wie die *Identitätsentwicklungstheorie* von Erik Erikson betonen, dass die Identität in verschiedenen Lebensphasen entwickelt wird. In der Jugend ist die Phase der Identitätsfindung besonders ausgeprägt, und viele Jugendliche suchen nach ihrer sexuellen Identität und dem Platz in der Gesellschaft.

Herausforderungen im Jugendalter

Die Herausforderungen, die im Jugendalter auftreten, sind vielschichtig. Jugendliche, die sich als LGBTQ+ identifizieren, sehen sich oft mit Vorurteilen, Stigmatisierung und dem Druck konfrontiert, sich anzupassen. Diese Erfahrungen können zu einem Gefühl der Entfremdung führen. Eine Umfrage des *Trevor Projects* hat gezeigt, dass 40% der LGBTQ+-Jugendlichen in den USA ernsthaft in Erwägung ziehen, sich das Leben zu nehmen. Solche Statistiken verdeutlichen die Dringlichkeit, Unterstützungssysteme zu schaffen, die jungen Menschen helfen, ihre Identität zu akzeptieren und zu leben.

Die Rolle der Freunde

Freundschaften spielen eine zentrale Rolle in der Entwicklung der Identität. Unterstützende Freundschaften können als Schutzfaktor wirken und Jugendlichen helfen, ihre Sexualität zu akzeptieren. In vielen Fällen sind es Gleichaltrige, die als erste Verbündete fungieren und ein Gefühl der Zugehörigkeit vermitteln. Eine starke soziale Unterstützung kann das Risiko von psychischen Problemen verringern und die Resilienz gegenüber Diskriminierung stärken.

Erste Schritte in die Öffentlichkeit

Die ersten Schritte in die Öffentlichkeit sind oft von Angst und Nervosität geprägt. Viele Jugendliche erleben den Moment, in dem sie sich entscheiden, ihre Identität offen zu zeigen. Dieser Schritt kann sowohl befreiend als auch riskant sein. Die Reaktionen aus dem Umfeld können variieren, von Akzeptanz bis hin zu

Ablehnung. Die Entscheidung, sich zu outen, ist oft ein entscheidender Moment, der das weitere Leben maßgeblich beeinflussen kann.

Der Einfluss von Kunst und Kultur

Kunst und Kultur bieten einen Raum, um Identität auszudrücken und zu erforschen. Viele LGBTQ+-Aktivisten finden in der Kunst ein Ventil, um ihre Erfahrungen und Kämpfe zu verarbeiten. Die Auseinandersetzung mit Kunst kann nicht nur therapeutisch wirken, sondern auch als Mittel der politischen und sozialen Mobilisierung dienen. Künstlerische Ausdrucksformen wie Theater, Malerei oder Musik können helfen, Sichtbarkeit zu schaffen und das Bewusstsein für LGBTQ+-Themen zu schärfen.

Die Suche nach Vorbildern

Die Suche nach Vorbildern ist ein weiterer wichtiger Aspekt in den frühen Jahren eines LGBTQ+-Aktivisten. Vorbilder können Inspiration und Hoffnung bieten. Sie zeigen, dass es möglich ist, die eigene Identität zu leben und aktiv für die Rechte der eigenen Community einzutreten. Der Zugang zu positiven Repräsentationen in Medien und Literatur kann entscheidend sein, um jungen Menschen zu helfen, ihre eigene Identität zu akzeptieren und zu feiern.

Die Bedeutung von Selbstakzeptanz

Selbstakzeptanz ist der Schlüssel zur persönlichen Entwicklung und zur Fähigkeit, als Aktivist zu agieren. Die frühe Auseinandersetzung mit der eigenen Identität und die Überwindung von Herausforderungen sind entscheidend, um ein starkes Fundament für zukünftige Kämpfe zu schaffen. Der Weg zur Selbstakzeptanz ist oft lang und herausfordernd, aber er ist unerlässlich für die persönliche und politische Entwicklung eines Aktivisten.

Insgesamt sind die frühen Jahre eines LGBTQ+-Aktivisten von einer Vielzahl von Einflüssen und Herausforderungen geprägt. Diese Erfahrungen bilden die Grundlage für die spätere Entwicklung und das Engagement in der LGBTQ+-Bewegung. Es ist wichtig, die Komplexität dieser Phase zu erkennen und zu verstehen, wie sie das Leben und die Arbeit eines Aktivisten prägt.

Einflüsse der Familie

Die Familie spielt eine entscheidende Rolle in der Entwicklung der Identität eines Individuums, insbesondere in der frühen Lebensphase. Die Einflüsse, die von

Familienmitgliedern ausgehen, können sowohl positiv als auch negativ sein und prägen die Sichtweise des Einzelnen auf sich selbst und die Welt um ihn herum. In dieser Sektion beleuchten wir die verschiedenen Aspekte, wie familiäre Dynamiken und Werte die Identitätsfindung eines LGBTQ-Aktivisten beeinflussen können.

Familienwerte und -überzeugungen

Familienwerte sind oft die ersten sozialen Normen, die ein Kind lernt. Sie werden durch Erziehung, Traditionen und die allgemeine Lebensweise der Familie vermittelt. Ein Beispiel hierfür ist die Haltung der Familie gegenüber Geschlechterrollen und Sexualität. In vielen Kulturen wird Heteronormativität als Standard angesehen, was dazu führen kann, dass LGBTQ-Kinder sich in einem Umfeld befinden, in dem ihre Identität nicht akzeptiert wird. Solche Umstände können zu inneren Konflikten führen, da die Betroffenen versuchen, ihre wahre Identität mit den Erwartungen ihrer Familie in Einklang zu bringen.

Unterstützung und Akzeptanz

Eine unterstützende Familie kann den Unterschied ausmachen, wenn es darum geht, die eigene Identität zu akzeptieren. Ein Beispiel ist die Geschichte eines LGBTQ-Aktivisten, der in einer liebevollen und akzeptierenden Familie aufwuchs, die ihn ermutigte, seine Sexualität offen zu leben. Diese Unterstützung förderte nicht nur sein Selbstbewusstsein, sondern gab ihm auch die Kraft, sich aktiv für die Rechte der LGBTQ-Community einzusetzen. In vielen Fällen kann die Akzeptanz durch die Familie als Schutzschild fungieren, das die Betroffenen vor den Herausforderungen des gesellschaftlichen Drucks und der Diskriminierung schützt.

Herausforderungen und Konflikte

Im Gegensatz dazu kann eine ablehnende Haltung innerhalb der Familie zu erheblichen psychischen Belastungen führen. Diskriminierung und Vorurteile, die von Familienangehörigen geäußert werden, können zu Gefühlen der Isolation und des Selbsthasses führen. Ein Beispiel aus der Praxis zeigt, dass ein junger Mann, der sich als schwul outete, von seinen Eltern verstoßen wurde. Dies führte zu einer tiefen Identitätskrise und einem verzweifelten Kampf um Selbstakzeptanz. Solche Konflikte können nicht nur das Selbstwertgefühl beeinträchtigen, sondern auch die Fähigkeit, gesunde zwischenmenschliche Beziehungen aufzubauen.

Die Rolle von Geschwistern

Geschwister können ebenfalls einen signifikanten Einfluss auf die Identitätsentwicklung haben. In vielen Fällen sind sie die ersten Verbündeten oder Kritiker. Ein Beispiel könnte ein älterer Bruder sein, der als Vorbild fungiert und seinen jüngeren Geschwistern hilft, sich in ihrer Identität wohlzufühlen. Alternativ könnte ein Geschwisterkind, das selbst Vorurteile hat, die Entwicklung des anderen negativ beeinflussen. Die Dynamik zwischen Geschwistern ist oft komplex und kann sowohl unterstützend als auch hinderlich sein.

Einfluss von kulturellen Hintergründen

Der kulturelle Hintergrund einer Familie hat ebenfalls einen erheblichen Einfluss auf die Akzeptanz von LGBTQ-Identitäten. In vielen Kulturen gibt es tief verwurzelte Traditionen und Glaubenssätze, die Heterosexualität als Norm ansehen. Dies kann dazu führen, dass LGBTQ-Personen in diesen Familien unter Druck stehen, ihre Identität zu verbergen oder sich nicht zu outen. Ein Beispiel ist eine Familie aus einer konservativen religiösen Gemeinschaft, in der das Outing eines Familienmitglieds zu Scham und gesellschaftlicher Ausgrenzung führen kann. In solchen Fällen kann die Suche nach Akzeptanz außerhalb der Familie besonders herausfordernd sein.

Das Streben nach Selbstakzeptanz

Die Einflüsse der Familie können zu einem tiefen Streben nach Selbstakzeptanz führen. Viele LGBTQ-Aktivisten berichten von einem langen Prozess, in dem sie lernen mussten, sich selbst zu akzeptieren, nachdem sie mit den Erwartungen ihrer Familie konfrontiert wurden. Dieser Prozess beinhaltet oft die Auseinandersetzung mit den eigenen Gefühlen, die Suche nach externen Vorbildern und die Entwicklung eines unterstützenden Netzwerks außerhalb der Familie. Die Fähigkeit, sich selbst zu akzeptieren, ist entscheidend für die persönliche Entwicklung und das Engagement im Aktivismus.

Fazit

Zusammenfassend lässt sich sagen, dass die Einflüsse der Familie auf die Identitätsentwicklung eines LGBTQ-Aktivisten vielschichtig sind. Unterstützung und Akzeptanz können zu einem starken Selbstbewusstsein und einem aktiven Engagement für die Rechte der LGBTQ-Community führen. Im Gegensatz dazu können Ablehnung und Vorurteile zu inneren Konflikten und einer verzögerten

Selbstakzeptanz führen. Die Auseinandersetzung mit diesen familiären Einflüssen ist ein wesentlicher Schritt auf dem Weg zu einem erfüllten und authentischen Leben als LGBTQ-Person und Aktivist. Es ist wichtig, dass sowohl die Gesellschaft als auch die Familien lernen, Offenheit und Akzeptanz zu fördern, um eine inklusive Umgebung für alle zu schaffen.

Schulzeit und erste Erfahrungen

Die Schulzeit ist eine prägende Phase im Leben eines jeden Individuums, besonders in der Entwicklung der eigenen Identität. Für viele LGBTQ-Jugendliche ist diese Zeit jedoch oft von Herausforderungen und Unsicherheiten geprägt. In diesem Abschnitt werden die Erfahrungen des Aktivisten während seiner Schulzeit näher beleuchtet, um die Komplexität dieser Lebensphase zu verstehen.

Erste Erfahrungen in der Schule

Die ersten Schritte in die Welt der Schule sind für viele Kinder aufregend, aber auch herausfordernd. Für unseren Aktivisten war die Schulzeit nicht nur ein Ort des Lernens, sondern auch ein Raum, in dem erste soziale Interaktionen stattfanden. Hier begegnete er zum ersten Mal den gesellschaftlichen Normen und Erwartungen, die oft mit Geschlechterrollen und sexueller Identität verbunden sind.

Einfluss von Mitschülern und Lehrern

Die Rolle der Mitschüler ist in der Schulzeit von zentraler Bedeutung. Der Aktivist erlebte sowohl Unterstützung als auch Ablehnung durch seine Altersgenossen. Einige Mitschüler waren offen und akzeptierend, während andere Vorurteile und Diskriminierung zeigten. Diese gemischten Erfahrungen trugen dazu bei, dass er ein tiefes Verständnis für die Dynamik von Gruppen und das Streben nach Akzeptanz entwickelte.

Lehrer und Pädagogen spielten ebenfalls eine entscheidende Rolle in dieser Phase. Einige Lehrer waren einfühlsam und unterstützend, während andere die Herausforderungen, mit denen LGBTQ-Schüler konfrontiert waren, nicht erkannten oder ignorierten. Diese Unterschiede in der Unterstützung durch das Lehrpersonal hatten einen direkten Einfluss auf das Wohlbefinden und die schulischen Leistungen des Aktivisten.

Herausforderungen und Diskriminierung

Die Schulzeit war auch von Herausforderungen geprägt, insbesondere in Bezug auf Diskriminierung und Mobbing. Der Aktivist erlebte Situationen, in denen er aufgrund seiner sexuellen Orientierung oder seiner Andersartigkeit ausgegrenzt wurde. Diese Erfahrungen führten zu einem Gefühl der Isolation und Unsicherheit. In vielen Fällen war es schwierig, sich jemandem anzuvertrauen, aus Angst vor weiteren Repressalien oder Missverständnissen.

Die Psychologie hinter Mobbing und Diskriminierung zeigt, dass solche Erfahrungen tiefgreifende Auswirkungen auf die mentale Gesundheit haben können. Studien belegen, dass LGBTQ-Jugendliche ein höheres Risiko für Depressionen, Angstzustände und andere psychische Erkrankungen haben. Der Aktivist musste lernen, mit diesen Herausforderungen umzugehen und Strategien zu entwickeln, um seine Resilienz zu stärken.

Die Rolle von Kunst und Kreativität

Inmitten dieser Herausforderungen fand der Aktivist Trost und Ausdruck in der Kunst. Kunst wurde für ihn zu einem wichtigen Ventil, um seine Gefühle und Erfahrungen zu verarbeiten. Durch das Zeichnen, Malen und Schreiben konnte er seine innere Welt nach außen tragen und seine Identität erforschen. Diese kreative Auseinandersetzung half ihm nicht nur, seine Emotionen zu kanalisieren, sondern auch, Gleichgesinnte zu finden, die ähnliche Erfahrungen gemacht hatten.

Kunst als Ausdrucksform ist ein zentraler Bestandteil des LGBTQ-Aktivismus. Sie ermöglicht es, Geschichten zu erzählen, Sichtbarkeit zu schaffen und Gemeinschaft zu bilden. Der Aktivist erkannte, dass er durch seine Kunst nicht nur seine eigene Stimme finden konnte, sondern auch anderen eine Plattform bieten konnte, um ihre Geschichten zu teilen.

Erste Schritte in die Selbstakzeptanz

Die Schulzeit war auch der Beginn der Reise zur Selbstakzeptanz. Der Aktivist begann, sich mit seiner Identität auseinanderzusetzen und zu akzeptieren, wer er war. Diese Reise war nicht einfach und wurde von Zweifeln und Ängsten begleitet. Doch durch die Unterstützung von Freunden und der LGBTQ-Community fand er den Mut, sich selbst zu lieben und zu akzeptieren.

Die Bedeutung von Selbstakzeptanz kann nicht genug betont werden. Studien zeigen, dass Jugendliche, die sich selbst akzeptieren, ein höheres Maß an Lebenszufriedenheit und psychischem Wohlbefinden aufweisen. Der Aktivist erkannte, dass die Akzeptanz seiner Identität nicht nur für sein eigenes

Wohlbefinden entscheidend war, sondern auch für seine Fähigkeit, anderen zu helfen und aktiv zu werden.

Schlussfolgerung

Zusammenfassend lässt sich sagen, dass die Schulzeit eine komplexe Phase war, die sowohl Herausforderungen als auch Chancen mit sich brachte. Die Erfahrungen des Aktivisten während dieser Zeit prägten nicht nur seine Identität, sondern auch seinen späteren Aktivismus. Die Herausforderungen, die er überwand, und die Unterstützung, die er erhielt, halfen ihm, ein starkes Fundament für sein Engagement in der LGBTQ-Community zu legen. Diese frühen Erfahrungen waren entscheidend für seine Entwicklung als Aktivist und Künstler, und sie zeigen, wie wichtig es ist, die Stimmen von LGBTQ-Jugendlichen zu hören und zu unterstützen.

Entdeckung der eigenen Sexualität

Die Entdeckung der eigenen Sexualität ist ein zentraler und oft herausfordernder Prozess in der Jugend. In dieser Phase beginnen viele junge Menschen, ihre Gefühle und Anziehung zu hinterfragen, was sowohl eine Quelle der Freude als auch der Unsicherheit sein kann. Es ist wichtig, diesen Prozess als eine Reise zu verstehen, die von verschiedenen Faktoren beeinflusst wird, darunter gesellschaftliche Normen, familiäre Werte und persönliche Erfahrungen.

Theoretische Grundlagen

Die Sexualität ist ein komplexes Zusammenspiel von biologischen, psychologischen und sozialen Faktoren. Laut der *Sexualitätstheorie* von Sigmund Freud, die die Entwicklung der Sexualität in Phasen beschreibt, ist die Jugendzeit eine entscheidende Phase, in der die Geschlechtsidentität und sexuelle Orientierung geformt werden. Freud postulierte, dass die Jugendlichen eine Phase der *Genitalität* erreichen, in der sie beginnen, ihre Sexualität in einem sozialen Kontext zu erkunden.

Eine weitere wichtige Theorie ist die von *Erik Erikson*, die die Entwicklung der Identität in acht Lebensphasen beschreibt. In der Phase der Jugend (ca. 12-18 Jahre) geht es darum, eine klare Identität zu entwickeln, was auch die sexuelle Identität umfasst. Erikson betont, dass die Auseinandersetzung mit der eigenen Sexualität ein wesentlicher Bestandteil der Identitätsbildung ist.

Herausforderungen

Die Entdeckung der eigenen Sexualität kann mit verschiedenen Herausforderungen verbunden sein. Jugendliche, die sich als LGBTQ+ identifizieren, sehen sich häufig mit Diskriminierung, Vorurteilen und einem Mangel an Unterstützung konfrontiert. Diese Herausforderungen können zu einem Gefühl der Isolation führen und die psychische Gesundheit beeinträchtigen.

Ein häufiges Problem ist die Angst vor dem Coming-out, das für viele eine große Hürde darstellt. Die Angst vor Ablehnung durch Familie und Freunde kann überwältigend sein. Diese Sorgen sind nicht unbegründet, da Studien zeigen, dass LGBTQ+-Jugendliche ein höheres Risiko für psychische Erkrankungen und Suizidgedanken haben als ihre heterosexuellen Altersgenossen.

Beispiele aus der Praxis

Ein Beispiel für die Entdeckung der eigenen Sexualität ist die Geschichte von Alex, einem Jugendlichen, der in einer konservativen Umgebung aufwuchs. Alex bemerkte früh, dass er sich zu Jungen hingezogen fühlte, hatte jedoch große Angst, dies seinen Freunden und seiner Familie zu offenbaren. Durch die Teilnahme an einer LGBTQ+-Gruppe in seiner Schule fand er Unterstützung und konnte schließlich den Mut aufbringen, sich zu outen. Diese Erfahrung half ihm nicht nur, seine Identität zu akzeptieren, sondern auch, ein Netzwerk von Gleichgesinnten aufzubauen.

Ein weiteres Beispiel ist die Künstlerin Maya, die ihre Sexualität durch ihre Kunst entdeckte. In ihren Arbeiten thematisierte sie ihre eigenen Erfahrungen mit der sexuellen Identität und schuf einen Raum für Dialog und Verständnis. Maya fand in der Kunst eine Möglichkeit, ihre Gefühle auszudrücken und gleichzeitig andere zu ermutigen, ihre eigene Sexualität zu erkunden.

Die Rolle der Freunde und der Gemeinschaft

Freunde spielen eine entscheidende Rolle bei der Entdeckung der eigenen Sexualität. Eine unterstützende Freundesgruppe kann helfen, Ängste abzubauen und das Selbstbewusstsein zu stärken. Der Austausch von Erfahrungen und das Teilen von Herausforderungen können eine wichtige Quelle der Bestärkung sein.

Zusätzlich ist die Rolle der LGBTQ+-Gemeinschaft von großer Bedeutung. Diese Gemeinschaft bietet nicht nur Unterstützung, sondern auch Vorbilder und Inspiration. Der Zugang zu Geschichten und Erfahrungen anderer kann Jugendlichen helfen, sich selbst zu akzeptieren und zu verstehen, dass sie nicht allein sind.

Schlussfolgerung

Die Entdeckung der eigenen Sexualität ist ein vielschichtiger Prozess, der sowohl Herausforderungen als auch Chancen mit sich bringt. Es ist wichtig, dass Jugendliche in einem unterstützenden Umfeld aufwachsen, in dem sie ihre Identität frei erkunden können. Bildung, Aufklärung und der Austausch innerhalb der Gemeinschaft sind entscheidend, um eine positive und gesunde Auseinandersetzung mit der eigenen Sexualität zu fördern. Letztlich ist die Selbstakzeptanz der Schlüssel zu einem erfüllten Leben und zur Stärkung der LGBTQ+-Bewegung insgesamt.

Herausforderungen im Jugendalter

Die Jugendzeit ist oft eine Phase voller Entdeckungen und Veränderungen, in der sich Individuen sowohl persönlich als auch sozial entwickeln. Für viele LGBTQ-Jugendliche ist diese Zeit jedoch mit besonderen Herausforderungen verbunden, die tiefgreifende Auswirkungen auf ihre Identität und ihr Wohlbefinden haben können. In diesem Abschnitt werden die häufigsten Schwierigkeiten, mit denen LGBTQ-Jugendliche konfrontiert sind, beleuchtet und durch relevante Theorien und Beispiele ergänzt.

Soziale Isolation und Stigmatisierung

Eine der größten Herausforderungen, mit denen LGBTQ-Jugendliche konfrontiert sind, ist die soziale Isolation. Viele erleben das Gefühl, dass sie aufgrund ihrer sexuellen Orientierung oder Geschlechtsidentität nicht akzeptiert werden. Diese Isolation kann durch Mobbing und Stigmatisierung in Schulen und sozialen Gruppen verstärkt werden. Laut einer Studie von [?] sind LGBTQ-Jugendliche signifikant höherem Risiko ausgesetzt, Opfer von Mobbing zu werden, was zu einem erhöhten Risiko für psychische Erkrankungen führt.

Innere Konflikte und Identitätskrisen

Die Suche nach der eigenen Identität kann eine Quelle innerer Konflikte sein. Jugendliche müssen oft lernen, sich selbst zu akzeptieren, während sie gleichzeitig mit den Erwartungen ihrer Familie und Gesellschaft kämpfen. Die Theorie der psychosozialen Entwicklung von Erik Erikson [?] betont, dass die Identitätsfindung in der Jugend eine zentrale Rolle spielt. Für LGBTQ-Jugendliche kann dieser Prozess besonders komplex sein, da sie möglicherweise mit dem Gefühl kämpfen, dass ihre Identität nicht mit den gesellschaftlichen Normen übereinstimmt.

Familienakzeptanz und -unterstützung

Die Unterstützung durch die Familie ist entscheidend für das Wohlbefinden von LGBTQ-Jugendlichen. Studien zeigen, dass Jugendliche, die von ihren Familien akzeptiert werden, signifikant geringere Raten von Depressionen und Suizidgedanken aufweisen [?]. Im Gegensatz dazu kann Ablehnung durch die Familie zu einer Vielzahl von negativen Ergebnissen führen, einschließlich einer erhöhten Wahrscheinlichkeit für Drogenmissbrauch und psychische Erkrankungen. Ein Beispiel hierfür ist die Geschichte von Alex, einem Jugendlichen, der sich vor seiner Familie nicht outete und unter extremer Angst und Depression litt, bis er schließlich die Unterstützung fand, die er benötigte.

Druck durch Gleichaltrige

Zusätzlich zu familiären Herausforderungen sind LGBTQ-Jugendliche oft mit dem Druck von Gleichaltrigen konfrontiert. Der Wunsch, dazuzugehören, kann dazu führen, dass sie ihre Identität verstecken oder sich anpassen, um nicht ausgegrenzt zu werden. Der Einfluss von Gleichaltrigen kann sowohl positiv als auch negativ sein; während einige Jugendliche Unterstützung und Freundschaft bieten, können andere toxische Verhaltensweisen fördern. Die Theorie der sozialen Identität [?] legt nahe, dass das Bedürfnis, einer bestimmten Gruppe anzugehören, stark ausgeprägt ist und oft zu einem Konflikt zwischen individueller Identität und Gruppenzugehörigkeit führen kann.

Zugang zu Ressourcen und Unterstützung

Ein weiteres zentrales Problem, mit dem LGBTQ-Jugendliche konfrontiert sind, ist der begrenzte Zugang zu Ressourcen und Unterstützungsnetzwerken. Viele Schulen bieten keine angemessene Unterstützung für LGBTQ-Schüler, sei es durch Beratungsdienste oder durch die Schaffung eines sicheren Umfelds. Dies kann dazu führen, dass Jugendliche sich allein gelassen fühlen und nicht wissen, wo sie Hilfe suchen können. Programme wie „The Trevor Project" bieten wichtige Ressourcen, doch der Zugang dazu variiert stark je nach Region und sozialen Umständen.

Psychische Gesundheit und Wohlbefinden

Die oben genannten Herausforderungen haben erhebliche Auswirkungen auf die psychische Gesundheit von LGBTQ-Jugendlichen. Studien zeigen, dass sie ein höheres Risiko für Angstzustände, Depressionen und Suizidgedanken haben [1]. Die Notwendigkeit, sich mit diesen psychischen Belastungen auseinanderzusetzen, wird oft durch einen Mangel an Verständnis und Unterstützung in ihrem Umfeld verschärft. Ein Beispiel ist die Geschichte von Jamie, die aufgrund von Mobbing in der Schule und mangelnder Unterstützung zu einer schweren Depression führte, bis sie schließlich in eine LGBTQ-freundliche Beratungsstelle ging und die Hilfe fand, die sie benötigte.

Fazit

Zusammenfassend lässt sich sagen, dass die Herausforderungen, mit denen LGBTQ-Jugendliche konfrontiert sind, vielschichtig und komplex sind. Von sozialer Isolation über innere Konflikte bis hin zu psychischen Gesundheitsproblemen – diese Jugendlichen benötigen dringend Unterstützung und Verständnis von ihrer Umgebung. Die Schaffung eines inklusiven und unterstützenden Umfelds ist entscheidend, um sicherzustellen, dass sie die Ressourcen und die Akzeptanz erhalten, die sie für eine gesunde Entwicklung benötigen.

Die Rolle der Freunde

Freunde spielen eine entscheidende Rolle in der Entwicklung und im Leben eines LGBTQ-Aktivisten. Sie sind oft die ersten Menschen, die Unterstützung bieten, wenn Individuen mit ihrer Identität ringen oder sich in der Gesellschaft behaupten wollen. Diese sozialen Bindungen sind nicht nur eine Quelle emotionaler Unterstützung, sondern auch ein wichtiges Netzwerk, das den Zugang zu Ressourcen und Informationen erleichtert.

Emotionale Unterstützung

In den frühen Jahren, als der Aktivist mit seiner Identität kämpfte, waren Freunde oft die ersten, die ein offenes Ohr hatten. Diese emotionale Unterstützung ist fundamental, da sie ein Gefühl der Zugehörigkeit vermittelt. Studien zeigen, dass Menschen, die in ihrer Jugend enge Freundschaften pflegen, tendenziell ein höheres Maß an Selbstwertgefühl und Resilienz entwickeln [?]. Dies ist besonders wichtig für LGBTQ-Jugendliche, die häufig Diskriminierung und Vorurteile erfahren.

Erfahrungen teilen

Freunde bieten auch die Möglichkeit, Erfahrungen zu teilen. In der LGBTQ-Community ist das Teilen von Geschichten über Diskriminierung, Akzeptanz und Selbstfindung ein zentraler Bestandteil des kollektiven Kampfes. Diese geteilten Erfahrungen können nicht nur Trost spenden, sondern auch als Katalysator für Aktivismus dienen. Ein Beispiel hierfür ist die Gründung von Jugendgruppen, in denen sich Gleichgesinnte treffen, um ihre Geschichten zu erzählen und sich gegenseitig zu unterstützen.

Netzwerkbildung

Darüber hinaus spielen Freunde eine wichtige Rolle bei der Netzwerkbildung. In vielen Fällen sind es Freunde, die den Zugang zu wichtigen Veranstaltungen, Workshops und politischen Bewegungen erleichtern. Diese Netzwerke sind entscheidend, um Ressourcen zu mobilisieren und um Sichtbarkeit für die LGBTQ-Community zu schaffen. Ein Beispiel ist die Teilnahme an Pride-Veranstaltungen, wo Freundesgruppen oft zusammenkommen, um Solidarität zu zeigen und für Gleichheit zu kämpfen.

Mentoren und Vorbilder

Freunde können auch als Mentoren fungieren. Ältere Freunde oder solche mit mehr Erfahrung im Aktivismus können wertvolle Ratschläge geben und den Weg für jüngere Generationen ebnen. Diese Mentoren helfen, die Herausforderungen des Aktivismus zu navigieren und bieten Orientierung in schwierigen Zeiten. Ein Beispiel ist der Einfluss von erfahrenen Aktivisten, die jüngeren Freunden die Bedeutung von Lobbyarbeit und öffentlichem Engagement näherbringen.

Herausforderungen innerhalb von Freundschaften

Trotz der positiven Aspekte können auch Herausforderungen innerhalb von Freundschaften auftreten. Diskriminierung und Vorurteile können dazu führen, dass Freundschaften auf die Probe gestellt werden, insbesondere wenn Freunde unterschiedliche Ansichten über den Aktivismus oder die LGBTQ-Identität haben. Diese Konflikte können schmerzhaft sein, sind jedoch oft Gelegenheiten für Wachstum und Verständnis. Kommunikation und Empathie sind hier entscheidend, um Missverständnisse zu klären und die Freundschaft zu stärken.

Die Bedeutung von Solidarität

In Zeiten der Not sind Freunde oft die ersten, die helfen. Solidarität innerhalb der Freundschaft kann in Form von Unterstützung bei Protesten, Teilnahme an Veranstaltungen oder einfach nur durch das Teilen von Ressourcen und Informationen gezeigt werden. Diese Solidarität ist nicht nur für den Einzelnen wichtig, sondern stärkt auch die Gemeinschaft insgesamt. Ein Beispiel hierfür ist die Organisation von Fundraising-Events durch Freundesgruppen, um LGBTQ-Organisationen zu unterstützen.

Schlussfolgerung

Insgesamt ist die Rolle der Freunde im Leben eines LGBTQ-Aktivisten unverzichtbar. Sie bieten emotionale Unterstützung, helfen bei der Netzwerkbildung und fungieren oft als Mentoren. Trotz der Herausforderungen, die in Freundschaften auftreten können, bleibt die Bedeutung dieser Beziehungen für das persönliche Wachstum und den Aktivismus unbestritten. Die Kraft der Freundschaft ist eine der stärksten Triebkräfte im Kampf für Gleichheit und Akzeptanz.

Erste Schritte in die Öffentlichkeit

Die ersten Schritte in die Öffentlichkeit sind für viele LGBTQ-Aktivisten sowohl aufregend als auch herausfordernd. Dieser Abschnitt beleuchtet die verschiedenen Facetten, die mit dem Coming-Out und der ersten öffentlichen Präsenz verbunden sind, und diskutiert die damit einhergehenden emotionalen und sozialen Herausforderungen.

Der Mut zum Coming-Out

Das Coming-Out ist oft der erste Schritt, den viele LGBTQ-Personen unternehmen, um sich selbst und anderen gegenüber authentisch zu sein. Es ist ein Prozess, der nicht nur die eigene Identität betrifft, sondern auch die Beziehungen zu Freunden, Familie und der Gesellschaft. Laut einer Studie von [1] können die psychologischen Vorteile des Coming-Outs enorm sein, da es zu einem Gefühl der Erleichterung und der Selbstakzeptanz führt.

Herausforderungen des Coming-Outs

Trotz der positiven Aspekte gibt es auch zahlreiche Herausforderungen. Die Angst vor Ablehnung, Diskriminierung oder sogar Gewalt kann lähmend sein. In vielen Kulturen ist die LGBTQ-Identität noch immer stigmatisiert, was zu einem tiefen Gefühl der Isolation führen kann. Eine Umfrage von [?] ergab, dass 40% der LGBTQ-Jugendlichen in den USA angeben, dass sie sich nicht sicher fühlen, wenn sie ihre Sexualität offenlegen.

Die Unterstützung von Freunden und Familie

Die Rolle von Freunden und Familie ist entscheidend für den Erfolg des Coming-Outs. Unterstützungssysteme können den Unterschied zwischen einem positiven und einem negativen Erlebnis ausmachen. Eine Studie von [?] zeigt, dass Jugendliche, die Unterstützung von ihren Eltern erhalten, signifikant geringere Raten von Depressionen und Selbstmordgedanken aufweisen.

Öffentliche Auftritte und Sichtbarkeit

Nachdem der erste Schritt des Coming-Outs getan ist, folgen oft öffentliche Auftritte, sei es durch die Teilnahme an LGBTQ-Veranstaltungen, Reden oder Kunstprojekte. Diese Sichtbarkeit ist wichtig, um das Bewusstsein für LGBTQ-Rechte zu schärfen und andere zu ermutigen, ebenfalls aktiv zu werden. Ein Beispiel hierfür ist der jährliche Pride-Monat, in dem viele Aktivisten ihre Geschichten teilen und für Gleichheit und Akzeptanz eintreten.

Kunst als Plattform für Sichtbarkeit

Kunst spielt eine entscheidende Rolle, wenn es darum geht, persönliche Geschichten zu erzählen und Sichtbarkeit zu schaffen. Viele LGBTQ-Künstler nutzen ihre Werke, um ihre Erfahrungen zu teilen und gesellschaftliche Normen in Frage zu stellen. Ein Beispiel ist der Künstler Keith Haring, dessen Werke nicht nur ästhetisch ansprechend sind, sondern auch starke Botschaften über HIV/AIDS und LGBTQ-Rechte vermitteln.

Die Rolle der sozialen Medien

In der heutigen digitalen Welt sind soziale Medien ein mächtiges Werkzeug für LGBTQ-Aktivisten. Plattformen wie Instagram, Twitter und TikTok ermöglichen es Individuen, ihre Geschichten mit einem breiten Publikum zu teilen und

Gemeinschaften zu bilden. Eine Studie von [1] hat gezeigt, dass LGBTQ-Personen, die soziale Medien nutzen, sich oft weniger isoliert fühlen und mehr Unterstützung erhalten.

Schlussfolgerung

Die ersten Schritte in die Öffentlichkeit sind ein wesentlicher Teil des Aktivismus und der Selbstakzeptanz für LGBTQ-Personen. Trotz der Herausforderungen, die mit dem Coming-Out und der Sichtbarkeit einhergehen, sind die positiven Auswirkungen auf das individuelle Wohlbefinden und die Gemeinschaft von unschätzbarem Wert. Es ist wichtig, dass die Gesellschaft diese Schritte unterstützt und Räume für authentische Selbstdarstellung schafft.

Der Einfluss von Kunst und Kultur

Der Einfluss von Kunst und Kultur auf die Identitätsfindung und den Aktivismus eines LGBTQ-Aktivisten ist von entscheidender Bedeutung. Kunst fungiert nicht nur als Ausdrucksform, sondern auch als Werkzeug des Widerstands und der Sichtbarkeit. In dieser Sektion werden wir die verschiedenen Dimensionen des Einflusses von Kunst und Kultur auf die Entwicklung der Identität und die Aktivismusbewegung beleuchten.

Kunst als Ausdruck der Identität

Kunst ist ein kraftvolles Medium, um persönliche und kollektive Identitäten auszudrücken. Für viele LGBTQ-Personen wird Kunst zu einem sicheren Raum, in dem sie ihre Erfahrungen und Gefühle verarbeiten können. Der Künstler und Aktivist Keith Haring, dessen Werke oft soziale und politische Themen ansprechen, nutzte seine Kunst, um die Herausforderungen der AIDS-Krise in den 1980er Jahren zu beleuchten. Haring sagte einmal: „Kunst ist für alle, und sie sollte für alle zugänglich sein." Diese Philosophie spiegelt sich in der Art und Weise wider, wie Kunst als ein Mittel zur Schaffung von Gemeinschaft und zum Austausch von Erfahrungen dient.

Kultur als Spiegel der Gesellschaft

Kultur spiegelt die Werte, Normen und Herausforderungen einer Gesellschaft wider. LGBTQ-Künstler und -Aktivisten haben oft die Aufgabe, die vorherrschenden gesellschaftlichen Narrative zu hinterfragen und zu dekonstruieren. Beispielsweise zeigt der Film „Moonlight" von Barry Jenkins, wie die Erfahrungen eines schwulen Afroamerikaners in einer von Homophobie und Rassismus geprägten Gesellschaft dargestellt werden. Der Film gewann den Oscar für den besten Film und verdeutlichte, wie wichtig es ist, diverse Geschichten im Mainstream-Kino zu erzählen.

Die Rolle von Performancekunst

Performancekunst hat sich als besonders wirkungsvoll erwiesen, um gesellschaftliche Themen zu thematisieren und eine direkte Verbindung zum Publikum herzustellen. Künstler wie Marina Abramović haben die Grenzen zwischen Kunst und Leben verwischt und das Publikum in ihre Werke einbezogen. In der LGBTQ-Community hat Performancekunst oft die Funktion, Tabus zu brechen und Gespräche über Sexualität, Gender und Identität zu initiieren. Die Performance „The Artist is Present" von Abramović ist ein Beispiel dafür, wie Kunst als Medium zur Erzeugung von Empathie und Verständnis dienen kann.

Die Verbindung von Kunst und Aktivismus

Kunst und Aktivismus sind oft untrennbar miteinander verbunden. Die Verwendung von Kunst als politisches Werkzeug hat eine lange Tradition in der LGBTQ-Bewegung. Künstlerische Aktionen, wie die von ACT UP (AIDS Coalition to Unleash Power), haben durch provokante Plakatierungen und Performances auf die AIDS-Krise aufmerksam gemacht. Diese Art von aktivistischer Kunst hat nicht nur das Bewusstsein geschärft, sondern auch Veränderungen in der öffentlichen Wahrnehmung und der Politik angestoßen.

Herausforderungen und Probleme

Trotz der positiven Aspekte der Verbindung von Kunst und Aktivismus gibt es auch Herausforderungen. Künstler stehen oft vor der Problematik, dass ihre Arbeiten missverstanden oder zensiert werden. In vielen Kulturen wird LGBTQ-Kunst als anstößig oder gefährlich angesehen, was zu einem Rückgang der Sichtbarkeit und Unterstützung führen kann. Diese Zensur kann sowohl auf institutioneller Ebene als auch durch gesellschaftlichen Druck erfolgen. Künstler müssen oft einen Balanceakt zwischen künstlerischem Ausdruck und den Erwartungen ihrer Gemeinschaften vollziehen.

Die Rolle der sozialen Medien

In der heutigen digitalen Ära spielen soziale Medien eine entscheidende Rolle bei der Verbreitung von Kunst und Kultur. Plattformen wie Instagram und TikTok ermöglichen es Künstlern, ihre Arbeiten einem breiteren Publikum zugänglich zu machen und sich mit Gleichgesinnten zu vernetzen. Diese Plattformen haben dazu beigetragen, dass LGBTQ-Künstler Sichtbarkeit erlangen und ihre Botschaften verbreiten können. Gleichzeitig bringen sie jedoch auch Herausforderungen mit sich, da die Inhalte oft schnelllebig sind und die Qualität der Kunst manchmal in den Hintergrund tritt.

Beispiele für erfolgreichen Einfluss

Ein herausragendes Beispiel für den Einfluss von Kunst und Kultur auf den Aktivismus ist die „Pride"-Bewegung. Die Verwendung von Regenbogenfahnen, die als Symbol der LGBTQ-Rechte dienen, ist ein Beispiel dafür, wie Kunst und Kultur in den öffentlichen Raum integriert werden können, um Solidarität und Identität zu fördern. Künstler wie Gilbert Baker, der die Regenbogenflagge entworfen hat, haben durch ihre Werke einen bleibenden Einfluss auf die Bewegung ausgeübt.

Ein weiteres Beispiel ist der Einfluss von Musik auf die LGBTQ-Bewegung. Songs von Künstlern wie Lady Gaga und Sam Smith haben nicht nur die Charts erobert, sondern auch als Hymnen für die LGBTQ-Community gedient. Ihre Texte thematisieren oft Identität, Liebe und Akzeptanz und haben dazu beigetragen, das Bewusstsein für LGBTQ-Anliegen zu schärfen.

Fazit

Zusammenfassend lässt sich sagen, dass Kunst und Kultur einen tiefgreifenden Einfluss auf die Identität und den Aktivismus innerhalb der LGBTQ-Community haben. Sie bieten nicht nur einen Raum für Selbstausdruck, sondern auch eine Plattform für soziale Veränderungen. Durch die Auseinandersetzung mit gesellschaftlichen Normen und die Förderung von Sichtbarkeit tragen Künstler und Aktivisten dazu bei, eine inklusive und gerechtere Gesellschaft zu schaffen. Die Herausforderungen, die mit der Verbindung von Kunst und Aktivismus einhergehen, erfordern jedoch ständige Reflexion und Anpassung, um sicherzustellen, dass die Stimmen der LGBTQ-Community gehört und respektiert werden.

Die Suche nach Vorbildern

Die Suche nach Vorbildern ist ein zentraler Aspekt in der Entwicklung einer Identität, insbesondere für LGBTQ-Jugendliche. In dieser Phase des Lebens, in der sich Individuen oft in einem Spannungsfeld zwischen Selbstakzeptanz und gesellschaftlichen Erwartungen bewegen, können Vorbilder eine entscheidende Rolle spielen. Sie bieten nicht nur Inspiration, sondern auch eine Art von Bestätigung, dass das Leben als Teil der LGBTQ-Community lebenswert und erfüllend sein kann.

Theoretischer Hintergrund

Die Suche nach Vorbildern kann durch verschiedene psychologische Theorien erklärt werden, darunter die Sozial-Lern-Theorie von Albert Bandura. Bandura postuliert, dass Menschen durch Beobachtung und Nachahmung lernen. Vorbilder, die positive Eigenschaften verkörpern und Herausforderungen überwinden, können als Modelle dienen, die den Jugendlichen zeigen, dass auch sie ihre eigenen Schwierigkeiten meistern können. Diese Theorie legt nahe, dass die Identifikation mit einem Vorbild das Selbstbewusstsein und die Selbstwirksamkeit eines Individuums stärken kann.

Herausforderungen bei der Suche nach Vorbildern

Trotz der positiven Auswirkungen, die Vorbilder haben können, gibt es Herausforderungen bei der Suche nach geeigneten Figuren. Viele LGBTQ-Jugendliche wachsen in Umgebungen auf, in denen es an sichtbaren, positiven Vorbildern mangelt. Dies kann zu einem Gefühl der Isolation führen und die Suche nach Identität erschweren. Oftmals sind die einzigen Darstellungen von LGBTQ-Personen in den Medien negativ oder stereotypisch, was die Wahrnehmung der eigenen Identität weiter kompliziert.

Ein weiteres Problem ist die Diversität innerhalb der LGBTQ-Community selbst. Vorbilder, die für eine bestimmte Gruppe innerhalb der Community repräsentativ sind, können für andere Gruppen nicht dieselbe Bedeutung haben. Dies unterstreicht die Notwendigkeit, eine Vielzahl von Vorbildern zu haben, die unterschiedliche Identitäten, Ethnien und soziale Hintergründe repräsentieren.

Beispiele für inspirierende Vorbilder

Einige prominente LGBTQ-Aktivisten und Künstler, die als Vorbilder fungieren können, sind:

- **Marsha P. Johnson:** Eine Schlüsselfigur in der Stonewall-Rebellion und Mitbegründerin der Street Transvestite Action Revolutionaries (STAR). Johnsons Mut und Engagement für die Rechte von Transgender-Personen und Obdachlosen haben sie zu einer Ikone des Widerstands gemacht.

- **RuPaul:** Als Drag-Queen und TV-Persönlichkeit hat RuPaul die Sichtbarkeit und Akzeptanz von Drag-Kultur und LGBTQ-Identitäten in der Mainstream-Gesellschaft erhöht. Seine Botschaft von Selbstliebe und Authentizität inspiriert viele, sich selbst zu akzeptieren.

- **Harvey Milk:** Der erste offen schwule gewählte Politiker in Kalifornien, der für die Rechte der LGBTQ-Community kämpfte. Milk wird oft als Symbol des Fortschritts und der Hoffnung für viele LGBTQ-Personen angesehen.

Diese Persönlichkeiten zeigen, dass es möglich ist, gesellschaftliche Barrieren zu durchbrechen und positive Veränderungen herbeizuführen.

Die Rolle der Medien

Die Medien spielen eine entscheidende Rolle bei der Schaffung von Vorbildern. Durch die Darstellung von LGBTQ-Personen in Filmen, Serien und sozialen Medien können junge Menschen positive Repräsentationen sehen, die ihre eigene Identität widerspiegeln. Plattformen wie Instagram und TikTok haben es vielen LGBTQ-Personen ermöglicht, ihre Geschichten zu teilen und als Vorbilder für andere zu fungieren.

Ein Beispiel dafür ist die Aktivistin und YouTuberin **Gigi Gorgeous**, die offen über ihre Erfahrungen als Transgender-Frau spricht. Ihre Präsenz in den sozialen Medien hat vielen Jugendlichen geholfen, sich selbst zu akzeptieren und ihre eigene Identität zu finden.

Fazit

Die Suche nach Vorbildern ist ein essenzieller Bestandteil der Identitätsfindung für LGBTQ-Jugendliche. Sie bietet nicht nur Inspiration, sondern auch den Mut, Herausforderungen zu überwinden und sich selbst zu akzeptieren. Trotz der Herausforderungen, die mit der Suche nach geeigneten Vorbildern verbunden sind, können inspirierende Persönlichkeiten aus der Vergangenheit und Gegenwart dazu beitragen, eine positive Sicht auf das Leben als Teil der LGBTQ-Community zu fördern. Die Medien haben die Macht, diese Vorbilder sichtbar zu machen und damit einen Raum zu schaffen, in dem junge Menschen sich selbst finden können.

Die Bedeutung von Selbstakzeptanz

Selbstakzeptanz ist ein zentraler Bestandteil der Identitätsentwicklung und des persönlichen Wohlbefindens, insbesondere für LGBTQ-Personen. Sie bezeichnet die Fähigkeit, sich selbst mit all seinen Stärken und Schwächen zu akzeptieren, und ist entscheidend für die psychische Gesundheit und das persönliche Wachstum. In dieser Sektion werden wir die theoretischen Grundlagen der Selbstakzeptanz, die Herausforderungen, die viele Menschen in diesem Prozess erleben, sowie Beispiele und deren Auswirkungen auf das Leben von LGBTQ-Aktivisten untersuchen.

Theoretische Grundlagen der Selbstakzeptanz

Die Selbstakzeptanz kann in verschiedenen psychologischen Theorien verankert werden. Eine der bekanntesten Theorien ist die von Carl Rogers, einem der Begründer der humanistischen Psychologie. Rogers postulierte, dass Selbstakzeptanz eng mit dem Konzept der *Bedingungslosen positiven Wertschätzung* verbunden ist. Diese Idee besagt, dass Individuen nur dann in der Lage sind, sich selbst zu akzeptieren, wenn sie von anderen bedingungslos akzeptiert werden.

Ein weiteres wichtiges Konzept stammt aus der *Selbstbestimmungstheorie* (SDT) von Deci und Ryan, die besagt, dass die Grundbedürfnisse nach Autonomie, Kompetenz und sozialer Eingebundenheit für das Wohlbefinden entscheidend sind. Wenn diese Bedürfnisse erfüllt sind, können Individuen eine positive Selbstwahrnehmung entwickeln und sich selbst akzeptieren.

Herausforderungen der Selbstakzeptanz

Die Reise zur Selbstakzeptanz ist oft von Herausforderungen geprägt. LGBTQ-Personen sehen sich häufig gesellschaftlichen Vorurteilen, Diskriminierung und Stigmatisierung ausgesetzt, die ihre Fähigkeit zur Selbstakzeptanz beeinträchtigen können. Diskriminierung kann in verschiedenen Formen auftreten, einschließlich:

- **Direkte Diskriminierung:** Offene Ablehnung oder negative Behandlung aufgrund der sexuellen Orientierung oder Geschlechtsidentität.

- **Indirekte Diskriminierung:** Strukturelle Barrieren, die LGBTQ-Personen den Zugang zu Ressourcen wie Bildung, Gesundheitsversorgung und rechtlichem Schutz verwehren.

- **Internalisierte Homophobie:** Die Übernahme negativer gesellschaftlicher Einstellungen gegenüber der eigenen Identität, die zu einem verminderten Selbstwertgefühl führen kann.

Diese Herausforderungen können zu ernsthaften psychischen Problemen wie Angstzuständen, Depressionen und einem verringerten Selbstwertgefühl führen. Eine Studie von Meyer (2003) über die *Minority Stress Theory* legt nahe, dass die ständige Konfrontation mit Diskriminierung und Vorurteilen zu chronischem Stress führt, der sich negativ auf die psychische Gesundheit auswirkt.

Beispiele für Selbstakzeptanz im Leben von LGBTQ-Aktivisten

Ein prägnantes Beispiel für die Bedeutung der Selbstakzeptanz ist die Geschichte von Harvey Milk, einem der ersten offen schwulen Politiker in den USA. Milk erlebte in seiner Jugend massive Schwierigkeiten bei der Akzeptanz seiner sexuellen Orientierung, was zu persönlichen Krisen führte. Erst als er seine Identität vollständig akzeptierte, konnte er seine Stimme als Aktivist erheben und für die Rechte von LGBTQ-Personen kämpfen. Seine berühmte Aussage, dass „man nicht das Leben leben kann, das man möchte, ohne sich selbst zu akzeptieren", verdeutlicht die zentrale Rolle der Selbstakzeptanz im Aktivismus.

Ein weiteres Beispiel ist die Künstlerin und Aktivistin RuPaul, die in der Drag- und LGBTQ-Community eine bedeutende Figur ist. RuPaul spricht oft über die Wichtigkeit der Selbstakzeptanz in seinen Auftritten und Interviews. Durch seine Kunst hat er Millionen inspiriert, ihre Identität zu umarmen und stolz darauf zu sein, wer sie sind.

Auswirkungen der Selbstakzeptanz

Die Fähigkeit zur Selbstakzeptanz hat weitreichende positive Auswirkungen auf das Leben von Individuen. Studien zeigen, dass Menschen, die sich selbst akzeptieren, ein höheres Maß an Lebenszufriedenheit, bessere zwischenmenschliche Beziehungen und eine stärkere Resilienz gegenüber Stress erleben.

Die Selbstakzeptanz fördert auch die Fähigkeit zur Empathie und zum Verständnis gegenüber anderen. Wenn Menschen sich selbst akzeptieren, sind sie eher bereit, auch andere zu akzeptieren, was zu einer inklusiveren und unterstützenden Gemeinschaft führt.

Schlussfolgerung

Zusammenfassend lässt sich sagen, dass Selbstakzeptanz eine fundamentale Rolle in der Identitätsentwicklung und im Aktivismus von LGBTQ-Personen spielt. Sie ist nicht nur eine persönliche Errungenschaft, sondern auch ein kollektives Ziel, das die Grundlage für eine stärkere, solidarische Gemeinschaft bildet. Der Weg zur Selbstakzeptanz kann herausfordernd sein, aber die Belohnungen sind sowohl für das Individuum als auch für die Gesellschaft von unschätzbarem Wert. Daher ist es wichtig, Räume zu schaffen, in denen Menschen ihre Identität ohne Angst vor Diskriminierung oder Stigmatisierung leben können.

$$\text{Selbstakzeptanz} \propto \text{Wohlbefinden} + \text{Gemeinschaftsgefühl} \quad (1)$$

Diese Gleichung verdeutlicht, dass Selbstakzeptanz nicht nur das individuelle Wohlbefinden fördert, sondern auch die Gemeinschaft stärkt, in der sich Individuen befinden. Indem wir die Bedeutung der Selbstakzeptanz anerkennen und fördern, können wir zu einer gerechteren und liebevolleren Gesellschaft beitragen.

Die Anfänge des Aktivismus

Der erste Kontakt mit der LGBTQ-Community

Teilnahme an lokalen Veranstaltungen

Die Teilnahme an lokalen Veranstaltungen spielt eine entscheidende Rolle im Leben eines LGBTQ-Aktivisten. Diese Ereignisse sind nicht nur Gelegenheiten zur Vernetzung, sondern auch Plattformen, um Sichtbarkeit zu schaffen und die Gemeinschaft zu stärken. In diesem Abschnitt werden wir die verschiedenen Dimensionen der Teilnahme an lokalen Veranstaltungen beleuchten, einschließlich der theoretischen Grundlagen, der Herausforderungen, die dabei auftreten können, und konkreter Beispiele, die den Einfluss solcher Veranstaltungen verdeutlichen.

Theoretische Grundlagen

Die Teilnahme an lokalen Veranstaltungen kann im Kontext der sozialen Identitätstheorie betrachtet werden. Diese Theorie besagt, dass Individuen ihre Identität teilweise durch die Zugehörigkeit zu sozialen Gruppen definieren. Für LGBTQ-Personen kann die Teilnahme an Veranstaltungen wie Pride-Paraden, Workshops oder Diskussionsrunden eine Möglichkeit sein, sich mit Gleichgesinnten zu verbinden und eine kollektive Identität zu entwickeln. Diese kollektive Identität stärkt nicht nur das Selbstbewusstsein, sondern fördert auch das Gefühl der Zugehörigkeit und Unterstützung innerhalb der Gemeinschaft.

Ein weiteres relevantes Konzept ist die Theorie des sozialen Wandels. Veranstaltungen bieten eine Plattform, um Anliegen zu artikulieren, die die LGBTQ-Community betreffen, und um Veränderungen in der Gesellschaft zu fordern. Durch die Mobilisierung von Menschen und Ressourcen können lokale Veranstaltungen als Katalysatoren für sozialen Wandel fungieren.

Herausforderungen bei der Teilnahme

Trotz der positiven Aspekte können auch Herausforderungen auftreten. Diskriminierung und Vorurteile sind nach wie vor weit verbreitet, und die Teilnahme an lokalen Veranstaltungen kann für einige Personen mit Risiken verbunden sein. Beispielsweise könnten Aktivisten, die an einer Pride-Veranstaltung teilnehmen, Gefahr laufen, Opfer von Gewalt oder Belästigung zu werden. Diese Erfahrungen können traumatisierend sein und sich negativ auf die mentale Gesundheit auswirken.

Ein weiteres Problem ist die Sichtbarkeit. Während einige Menschen sich in der LGBTQ-Community wohlfühlen, gibt es auch viele, die aus Angst vor Stigmatisierung oder Ablehnung nicht an solchen Veranstaltungen teilnehmen können. Diese Unsichtbarkeit kann die Bemühungen um Gleichheit und Akzeptanz behindern, da die Stimmen und Erfahrungen dieser Personen oft nicht gehört werden.

Beispiele für lokale Veranstaltungen

Um die Bedeutung der Teilnahme an lokalen Veranstaltungen zu verdeutlichen, betrachten wir einige konkrete Beispiele:

- **Pride-Paraden:** Diese farbenfrohen und lebhaften Veranstaltungen ziehen jedes Jahr Tausende von Menschen an. Sie sind nicht nur eine Feier der Identität, sondern auch ein Protest gegen Diskriminierung und Ungerechtigkeit. Bei der Teilnahme an einer Pride-Parade haben Aktivisten die Möglichkeit, ihre Botschaften zu verbreiten und auf wichtige Themen aufmerksam zu machen, wie zum Beispiel die Rechte von Transgender-Personen oder den Kampf gegen Homophobie.

- **Workshops und Schulungen:** Viele lokale Organisationen bieten Workshops an, die sich mit Themen wie LGBTQ-Rechten, mentaler Gesundheit und Empowerment beschäftigen. Diese Veranstaltungen sind oft interaktiv und bieten den Teilnehmern die Möglichkeit, sich zu vernetzen und voneinander zu lernen. Ein Beispiel ist ein Workshop, der sich mit der Geschichte der LGBTQ-Bewegung beschäftigt und den Teilnehmern hilft, ihre eigenen Geschichten zu erzählen.

- **Diskussionsrunden:** Diese Veranstaltungen bieten einen Raum für den Austausch von Ideen und Erfahrungen. Oft werden Experten eingeladen, um über aktuelle Themen zu sprechen, die die LGBTQ-Community betreffen. Ein Beispiel könnte eine Diskussionsrunde über die Auswirkungen von COVID-19 auf LGBTQ-Personen sein, die sich mit den spezifischen Herausforderungen auseinandersetzt, die diese Gemeinschaft während der Pandemie erlebt hat.

Schlussfolgerung

Die Teilnahme an lokalen Veranstaltungen ist ein wesentlicher Bestandteil des Aktivismus und der Gemeinschaftsbildung innerhalb der LGBTQ-Community. Sie bietet nicht nur eine Plattform für Sichtbarkeit und Vernetzung, sondern fördert auch das Bewusstsein für wichtige Themen und Herausforderungen. Trotz der bestehenden Risiken und Herausforderungen bleibt die Teilnahme an diesen Veranstaltungen ein kraftvolles Mittel, um Veränderungen zu bewirken und Solidarität zu zeigen. Die Geschichten und Erfahrungen, die in diesen Räumen geteilt werden, tragen zur Stärkung der Gemeinschaft und zur Förderung von Gleichheit und Akzeptanz in der Gesellschaft bei.

Die Gründung einer Jugendgruppe

Die Gründung einer Jugendgruppe stellt einen bedeutenden Schritt in der Entwicklung des Aktivismus dar, insbesondere für junge Menschen, die sich in einer oft herausfordernden und diskriminierenden Umgebung behaupten müssen. Diese Gruppen bieten nicht nur einen Raum für Austausch und Unterstützung, sondern auch eine Plattform, um gemeinsame Interessen und Anliegen zu artikulieren. In dieser Sektion werden wir die verschiedenen Aspekte und Herausforderungen beleuchten, die mit der Gründung einer Jugendgruppe verbunden sind, sowie deren Bedeutung für die LGBTQ-Community.

Der Anstoß zur Gründung

Der Anstoß zur Gründung einer Jugendgruppe kann aus verschiedenen Quellen kommen. Oft sind es persönliche Erfahrungen von Diskriminierung und Isolation, die junge Menschen motivieren, sich zu organisieren. Eine solche Gruppe kann als sicherer Raum dienen, in dem sich Mitglieder ohne Angst vor Verurteilung oder Diskriminierung ausdrücken können. In vielen Fällen beginnt die Gründung mit informellen Treffen, bei denen Gleichgesinnte zusammenkommen, um über ihre Erfahrungen zu sprechen und Ideen auszutauschen.

Theoretische Grundlagen

Die Gründung einer Jugendgruppe kann durch verschiedene theoretische Rahmenbedingungen unterstützt werden. Die *Soziale Identitätstheorie* (Tajfel & Turner, 1979) legt nahe, dass Individuen ihre Identität stark aus der Zugehörigkeit zu sozialen Gruppen ableiten. In diesem Kontext ermöglicht eine LGBTQ-Jugendgruppe den Mitgliedern, eine positive soziale Identität zu entwickeln, die auf Akzeptanz und Solidarität basiert.

Zusätzlich spielt die *Empowerment-Theorie* eine entscheidende Rolle. Diese Theorie postuliert, dass die Beteiligung an Gruppenaktivitäten das Selbstbewusstsein und die Handlungsfähigkeit der Mitglieder stärkt. Der Prozess des Empowerments ist entscheidend, um junge Menschen in die Lage zu versetzen, ihre Rechte einzufordern und aktiv an gesellschaftlichen Veränderungen mitzuwirken.

Herausforderungen bei der Gründung

Die Gründung einer Jugendgruppe ist jedoch nicht ohne Herausforderungen. Eine der größten Hürden kann die Suche nach geeigneten Räumlichkeiten sein, die sowohl sicher als auch zugänglich sind. Oftmals stehen den Gruppen nicht genügend Ressourcen zur Verfügung, um regelmäßige Treffen zu organisieren oder Veranstaltungen durchzuführen.

Ein weiteres Problem ist die Rekrutierung von Mitgliedern. Viele junge Menschen haben Angst, sich zu outen oder in einer Gruppe gesehen zu werden, die mit LGBTQ-Themen in Verbindung steht. Dies kann durch Stigmatisierung und Vorurteile in der Gesellschaft verstärkt werden. Um dem entgegenzuwirken, ist es wichtig, eine einladende und unterstützende Atmosphäre zu schaffen, in der sich alle Mitglieder wohlfühlen.

Beispiele erfolgreicher Jugendgruppen

Ein bemerkenswertes Beispiel für eine erfolgreiche Jugendgruppe ist die *Queer Youth Network* in Deutschland, die 2010 gegründet wurde. Diese Gruppe hat es sich zur Aufgabe gemacht, junge LGBTQ-Personen zu unterstützen und ihnen eine Stimme zu geben. Durch kreative Workshops, regelmäßige Treffen und die Organisation von Veranstaltungen hat die Gruppe nicht nur das Bewusstsein für LGBTQ-Anliegen geschärft, sondern auch eine starke Gemeinschaft gebildet.

Ein weiteres Beispiel ist die *Youth Pride Alliance*, die in mehreren Städten weltweit aktiv ist. Diese Gruppe organisiert jährlich Pride-Events, die speziell auf die Bedürfnisse und Anliegen junger Menschen zugeschnitten sind. Solche

Veranstaltungen fördern nicht nur die Sichtbarkeit, sondern bieten auch eine Plattform für junge Aktivisten, ihre Stimmen zu erheben und ihre Geschichten zu teilen.

Der Einfluss von Mentoren

Mentoren spielen eine entscheidende Rolle in der Gründung und dem Wachstum von Jugendgruppen. Sie können wertvolle Erfahrungen und Ressourcen bereitstellen, die für die Entwicklung der Gruppe unerlässlich sind. Mentoren können helfen, Netzwerke zu schaffen, die für die Rekrutierung neuer Mitglieder und die Sicherstellung von Ressourcen wichtig sind. Darüber hinaus bieten sie Unterstützung und Anleitung, die für die persönliche und gemeinschaftliche Entwicklung der Mitglieder von unschätzbarem Wert sind.

Die Rolle von Kunst und Kreativität

Kunst und Kreativität sind ebenfalls zentrale Elemente in der Arbeit von Jugendgruppen. Durch kreative Ausdrucksformen, wie Theater, Musik und bildende Kunst, können junge Menschen ihre Erfahrungen und Emotionen verarbeiten und gleichzeitig auf gesellschaftliche Probleme aufmerksam machen. Kunst hat die Kraft, Brücken zu bauen und Menschen zusammenzubringen, und kann als Werkzeug des Widerstands gegen Diskriminierung und Ungerechtigkeit dienen.

Fazit

Die Gründung einer Jugendgruppe ist ein bedeutender Schritt für junge LGBTQ-Aktivisten. Sie bietet nicht nur einen Raum für Unterstützung und Austausch, sondern auch die Möglichkeit, aktiv an gesellschaftlichen Veränderungen mitzuwirken. Trotz der Herausforderungen, die mit der Gründung verbunden sind, können durch Zusammenarbeit, Kreativität und Empowerment bedeutende Fortschritte erzielt werden. Die Erfahrung zeigt, dass solche Gruppen nicht nur das Leben der Mitglieder bereichern, sondern auch einen positiven Einfluss auf die gesamte Community haben können.

Erste Schritte in die politische Arena

Die ersten Schritte in die politische Arena sind für viele LGBTQ-Aktivisten entscheidend, um ihre Stimme zu erheben und Veränderungen in der Gesellschaft zu bewirken. In dieser Phase wird der Aktivismus nicht nur zur persönlichen

Angelegenheit, sondern auch zu einer öffentlichen Herausforderung. Der Übergang vom individuellen Engagement zum politischen Aktivismus erfordert Mut, Entschlossenheit und eine klare Vision für die Zukunft.

Der Einstieg in die Politik

Der erste Schritt in die politische Arena kann oft durch die Teilnahme an lokalen Versammlungen oder politischen Veranstaltungen erfolgen. Hier haben Aktivisten die Möglichkeit, Gleichgesinnte zu treffen, Erfahrungen auszutauschen und sich über aktuelle Themen zu informieren. Ein Beispiel hierfür ist die Teilnahme an Stadtversammlungen, bei denen LGBTQ-Themen auf die Agenda gesetzt werden. Diese Gelegenheiten bieten nicht nur eine Plattform für den Austausch, sondern auch die Möglichkeit, politische Entscheidungsträger direkt anzusprechen.

Die Gründung einer Jugendgruppe

Ein weiterer wichtiger Schritt ist die Gründung oder der Beitritt zu einer Jugendgruppe, die sich auf LGBTQ-Rechte konzentriert. Diese Gruppen bieten einen sicheren Raum für junge Menschen, um sich auszudrücken und sich gegenseitig zu unterstützen. Sie fördern auch die politische Bildung und das Bewusstsein für die Rechte der LGBTQ-Community. In vielen Städten entstanden solche Gruppen als Reaktion auf Diskriminierung und Ungerechtigkeit, und sie spielen eine entscheidende Rolle bei der Mobilisierung junger Menschen für politische Aktionen.

Erste Schritte in die politische Arena

Die ersten Schritte in die politische Arena sind oft von Unsicherheiten und Herausforderungen geprägt. Viele junge Aktivisten sehen sich mit Widerständen konfrontiert, sei es durch gesellschaftliche Vorurteile oder durch interne Konflikte innerhalb der Community. Es ist wichtig, sich diesen Herausforderungen zu stellen und Strategien zu entwickeln, um diese Hürden zu überwinden.

Ein Beispiel für eine erfolgreiche Initiative ist die Organisation von Pride-Veranstaltungen, die oft als Plattform für politische Forderungen dienen. Diese Veranstaltungen bringen Menschen zusammen und schaffen ein Gefühl der Solidarität und Sichtbarkeit. Die Sichtbarkeit ist entscheidend, um politische Entscheidungsträger auf die Bedürfnisse der LGBTQ-Community aufmerksam zu machen.

Die Rolle von Mentoren

Mentoren spielen eine entscheidende Rolle in der politischen Entwicklung junger Aktivisten. Sie bieten nicht nur Unterstützung und Rat, sondern helfen auch dabei, Netzwerke aufzubauen und strategische Entscheidungen zu treffen. Ein Mentor kann beispielsweise helfen, den richtigen Zugang zu politischen Entscheidungsträgern zu finden oder Tipps geben, wie man effektive Kampagnen plant.

Die Beziehung zwischen Mentor und Mentee ist oft von gegenseitigem Respekt und Verständnis geprägt. Mentoren können auch als Vorbilder dienen, indem sie ihre eigenen Erfahrungen und Herausforderungen teilen. Diese Geschichten inspirieren junge Aktivisten und ermutigen sie, ihre eigenen Stimmen zu finden.

Herausforderungen und Widerstände

Die Herausforderungen, die junge Aktivisten in der politischen Arena erleben, sind vielfältig. Diskriminierung, Vorurteile und der Mangel an Unterstützung sind nur einige der Hürden, die überwunden werden müssen. Oftmals müssen Aktivisten gegen tief verwurzelte gesellschaftliche Normen kämpfen, die LGBTQ-Personen marginalisieren.

Ein Beispiel für einen solchen Widerstand ist die Ablehnung von LGBTQ-Rechten in bestimmten politischen Kreisen. Aktivisten müssen Strategien entwickeln, um diese Widerstände zu überwinden, sei es durch Bildung, Dialog oder durch das Schaffen von Allianzen mit anderen sozialen Bewegungen.

Die Kraft der Solidarität

Die Solidarität innerhalb der LGBTQ-Community ist ein wesentlicher Faktor für den Erfolg politischer Initiativen. Wenn Menschen zusammenkommen, um für gemeinsame Ziele zu kämpfen, entsteht eine starke Bewegung, die Veränderungen bewirken kann. Aktionen wie Demonstrationen oder Petitionen sind Beispiele dafür, wie Solidarität in der politischen Arena sichtbar wird.

Die Kraft der Solidarität zeigt sich auch in der Unterstützung durch Allies, die sich für die Rechte der LGBTQ-Community einsetzen. Diese Unterstützung kann entscheidend sein, um politische Entscheidungsträger zu erreichen und Veränderungen in der Gesetzgebung zu bewirken.

Kunst als Ausdruck des Widerstands

Kunst spielt eine bedeutende Rolle im politischen Aktivismus. Sie dient nicht nur als Ausdruck von Emotionen und Erfahrungen, sondern kann auch als Werkzeug zur politischen Mobilisierung genutzt werden. Kunstwerke, die sich mit LGBTQ-Themen auseinandersetzen, können das Bewusstsein schärfen und Diskussionen anregen.

Ein Beispiel für die Verbindung von Kunst und Aktivismus ist die Verwendung von Performancekunst bei politischen Veranstaltungen. Künstler nutzen ihre Plattform, um auf Missstände aufmerksam zu machen und um für Gleichheit und Gerechtigkeit zu kämpfen. Diese Form des Ausdrucks kann tiefgreifende Emotionen hervorrufen und Menschen mobilisieren.

Die Bedeutung von Sichtbarkeit

Die Sichtbarkeit ist ein zentrales Anliegen im politischen Aktivismus. Je mehr Menschen über LGBTQ-Themen informiert sind, desto eher sind sie bereit, sich für Veränderungen einzusetzen. Sichtbarkeit kann durch Medienberichterstattung, soziale Medien und öffentliche Veranstaltungen gefördert werden.

Durch die Schaffung von Raum für LGBTQ-Stimmen in der Politik wird nicht nur das Bewusstsein geschärft, sondern auch ein Gefühl der Zugehörigkeit und Identität gestärkt. Sichtbarkeit führt dazu, dass mehr Menschen bereit sind, sich zu engagieren und für ihre Rechte zu kämpfen.

Fazit

Die ersten Schritte in die politische Arena sind entscheidend für jeden LGBTQ-Aktivisten. Sie erfordern Mut, Entschlossenheit und die Bereitschaft, sich Herausforderungen zu stellen. Durch die Gründung von Gruppen, die Suche nach Mentoren und die Nutzung von Kunst als Ausdruck des Widerstands können junge Aktivisten eine bedeutende Rolle in der politischen Landschaft spielen. Die Kraft der Solidarität und die Bedeutung von Sichtbarkeit sind wesentliche Elemente, um Veränderungen zu bewirken und eine gerechtere Gesellschaft zu schaffen. Diese ersten Schritte sind nicht nur für die Einzelnen von Bedeutung, sondern auch für die gesamte LGBTQ-Community, die auf eine bessere Zukunft hinarbeitet.

Die Rolle von Mentoren

Mentoren spielen eine entscheidende Rolle im Leben von LGBTQ-Aktivisten, insbesondere in den frühen Phasen ihrer Aktivismusreise. Sie bieten nicht nur Unterstützung und Orientierung, sondern fungieren auch als Vorbilder, die den Weg zu persönlichem und gesellschaftlichem Wachstum ebnen. In dieser Sektion werden wir die verschiedenen Facetten der Mentorenschaft untersuchen, ihre positiven Auswirkungen sowie die Herausforderungen, die sowohl Mentoren als auch Mentees begegnen können.

Die Bedeutung von Mentoren

Mentoren sind oft erfahrene Individuen, die bereit sind, ihr Wissen und ihre Erfahrungen mit jüngeren oder weniger erfahrenen Personen zu teilen. In der LGBTQ-Community können Mentoren eine wichtige Rolle spielen, indem sie:

- **Wissen und Ressourcen bereitstellen:** Mentoren können wertvolle Informationen über rechtliche Rechte, Ressourcen zur psychischen Gesundheit und Zugang zu Netzwerken bieten, die für den Aktivismus unerlässlich sind.

- **Emotionale Unterstützung bieten:** Die Reise eines LGBTQ-Aktivisten kann von Herausforderungen und Rückschlägen geprägt sein. Mentoren können emotionale Stabilität und Verständnis bieten, was besonders wichtig ist, wenn Mentees mit Diskriminierung oder Ablehnung konfrontiert werden.

- **Persönliche Entwicklung fördern:** Durch regelmäßige Gespräche und Feedback helfen Mentoren ihren Mentees, ihre Fähigkeiten zu entwickeln und Selbstvertrauen aufzubauen. Dies kann durch Workshops, gemeinsame Projekte oder einfach durch persönliche Gespräche geschehen.

Mentoren als Vorbilder

Mentoren fungieren oft als Vorbilder, die durch ihr eigenes Engagement und ihre Erfolge inspirieren. Ein Beispiel ist der berühmte LGBTQ-Aktivist Harvey Milk, der als Mentor für viele junge Aktivisten in San Francisco diente. Seine Fähigkeit, sich für Gleichheit und Gerechtigkeit einzusetzen, motivierte zahlreiche Menschen, sich ebenfalls für die Rechte der LGBTQ-Community einzusetzen.

Die Theorie des *Social Learning* von Albert Bandura legt nahe, dass Menschen durch Beobachtung lernen. Mentees, die positive Verhaltensweisen und Erfolge ihrer Mentoren sehen, sind eher geneigt, diese Verhaltensweisen zu übernehmen und selbst aktiv zu werden. Diese Dynamik ist besonders wichtig in der LGBTQ-Community, wo Sichtbarkeit und Repräsentation entscheidend sind.

Herausforderungen in der Mentor-Mentee-Beziehung

Trotz der positiven Aspekte kann die Beziehung zwischen Mentoren und Mentees auch Herausforderungen mit sich bringen:

- **Unterschiedliche Erwartungen:** Mentoren und Mentees können unterschiedliche Erwartungen an die Beziehung haben. Während ein Mentor möglicherweise glaubt, dass er lediglich Ratschläge geben sollte, könnte der Mentee eine tiefere emotionale Unterstützung suchen.

- **Ressourcenmangel:** In einigen Fällen können Mentoren aufgrund ihrer eigenen Verpflichtungen nicht die notwendige Zeit oder Energie aufbringen, um ihren Mentees die Unterstützung zu bieten, die sie benötigen. Dies kann zu Frustration auf beiden Seiten führen.

- **Kulturelle Unterschiede:** Mentoren und Mentees können aus unterschiedlichen kulturellen Hintergründen stammen, was zu Missverständnissen oder Kommunikationsschwierigkeiten führen kann. Es ist wichtig, dass beide Parteien offen für Dialog und Verständnis sind.

Beispiele erfolgreicher Mentorenschaft

Ein herausragendes Beispiel für erfolgreiche Mentorenschaft in der LGBTQ-Community ist die Beziehung zwischen Ellen DeGeneres und ihren jungen Kollegen. DeGeneres hat sich nicht nur für die Rechte der LGBTQ-Community eingesetzt, sondern auch vielen aufstrebenden Künstlern als Mentor gedient. Ihre Unterstützung und Anleitung haben dazu beigetragen, dass viele ihrer Mentees in der Unterhaltungsindustrie erfolgreich wurden.

Ein weiteres Beispiel ist die Arbeit von Organisationen wie *Big Brothers Big Sisters*, die speziell Programme für LGBTQ-Jugendliche anbieten. Diese Programme ermöglichen es jungen Menschen, von erfahrenen Mentoren zu lernen und sich in einem unterstützenden Umfeld zu entwickeln.

Schlussfolgerung

Die Rolle von Mentoren im Leben von LGBTQ-Aktivisten kann nicht hoch genug eingeschätzt werden. Sie bieten nicht nur Unterstützung und Orientierung, sondern helfen auch, die nächste Generation von Aktivisten zu formen. Durch die Überwindung von Herausforderungen und die Förderung einer positiven Mentor-Mentee-Dynamik können wir sicherstellen, dass die LGBTQ-Bewegung weiterhin wächst und gedeiht. Die Verbindung zwischen Mentoren und Mentees ist ein kraftvolles Werkzeug im Kampf für Gleichheit und Akzeptanz und trägt dazu bei, eine inklusivere Gesellschaft zu schaffen.

Herausforderungen und Widerstände

Der Weg des Aktivismus ist oft gepflastert mit Herausforderungen und Widerständen, die sowohl von der Gesellschaft als auch von persönlichen Umständen ausgehen können. Diese Hindernisse sind nicht nur eine Prüfung der Entschlossenheit, sondern auch eine Gelegenheit zur Reflexion und zum Wachstum. In diesem Abschnitt werden die verschiedenen Herausforderungen und Widerstände beleuchtet, denen sich der Aktivist gegenübersah, und wie diese Erfahrungen seine Entwicklung prägten.

Gesellschaftliche Vorurteile

Eine der größten Herausforderungen, mit denen der Aktivist konfrontiert war, waren die tief verwurzelten gesellschaftlichen Vorurteile gegenüber der LGBTQ-Community. Diese Vorurteile manifestieren sich häufig in Form von Diskriminierung, Stigmatisierung und Gewalt. Der Aktivist berichtete von persönlichen Erlebnissen, in denen er aufgrund seiner sexuellen Orientierung abgelehnt oder sogar angegriffen wurde. Solche Erfahrungen können nicht nur das Selbstwertgefühl beeinträchtigen, sondern auch das Vertrauen in die Gesellschaft untergraben.

Ein Beispiel hierfür ist die Teilnahme an einer Pride-Veranstaltung, bei der der Aktivist mit homophoben Äußerungen konfrontiert wurde. Diese Art von Widerstand ist nicht nur emotional belastend, sondern auch ein starkes Signal, dass der Kampf für Gleichheit und Akzeptanz noch lange nicht gewonnen ist. Die Theorie der *Internalisierten Homophobie* beschreibt, wie solche Erfahrungen dazu führen können, dass Individuen ihre eigene Identität in Frage stellen, was zu einem inneren Konflikt führt.

Politische Hürden

Neben gesellschaftlichen Vorurteilen gibt es auch politische Hürden, die den Aktivismus erschweren. Der Aktivist musste sich oft mit einer politischen Landschaft auseinandersetzen, die nicht nur gleichgültig, sondern manchmal sogar feindlich gegenüber LGBTQ-Rechten war. Die Einführung von Antidiskriminierungsgesetzen war ein langwieriger Prozess, der häufig auf Widerstand stieß, sowohl von politischen Entscheidungsträgern als auch von Teilen der Bevölkerung.

Ein konkretes Beispiel ist die Diskussion um das *Gesetz zur Gleichstellung von Ehe und Lebenspartnerschaft*, das in vielen Ländern auf massiven Widerstand stieß. Der Aktivist erlebte hautnah, wie Lobbyisten und konservative Gruppen versuchten, Fortschritte zu verhindern. Diese politischen Kämpfe erforderten nicht nur strategisches Denken, sondern auch die Fähigkeit, sich auf verschiedene Weisen Gehör zu verschaffen, sei es durch Proteste, Petitionen oder die Zusammenarbeit mit NGOs.

Persönliche Kämpfe

Neben externen Herausforderungen gab es auch interne Kämpfe, die den Aktivisten stark belasteten. Der Umgang mit Diskriminierung und der ständige Druck, sich zu beweisen, führten zu ernsthaften Problemen mit der mentalen Gesundheit. Der Aktivist berichtete von Phasen der Depression und Angst, die durch die ständige Bedrohung von Ablehnung und Gewalt verstärkt wurden. Die Theorie der *Resilienz* zeigt, dass Individuen, die trotz widriger Umstände stark bleiben, oft über spezifische Bewältigungsmechanismen verfügen.

In diesem Kontext spielte die Unterstützung durch Freunde und Mentoren eine entscheidende Rolle. Der Aktivist fand Trost und Stärke in der Gemeinschaft, die ihm half, die Herausforderungen zu bewältigen. Diese persönlichen Beziehungen sind nicht nur wichtig für das emotionale Wohlbefinden, sondern auch für die Motivation, weiterhin für die eigenen Überzeugungen zu kämpfen.

Kulturelle Barrieren

Ein weiterer Widerstand, dem sich der Aktivist gegenübersah, war die kulturelle Barriere. In vielen Kulturen ist die Akzeptanz von LGBTQ-Personen noch nicht weit verbreitet. Der Aktivist musste oft mit kulturellen Normen und Werten kämpfen, die eine Ablehnung seiner Identität zur Folge hatten. Diese kulturellen Widerstände sind oft tief verwurzelt und erfordern einen sensiblen und respektvollen Ansatz, um Veränderungen herbeizuführen.

Ein Beispiel für kulturellen Widerstand ist die Reaktion auf LGBTQ-Darstellungen in der Kunst. Der Aktivist erlebte, wie seine Arbeiten sowohl gefeiert als auch angegriffen wurden. Diese duale Reaktion verdeutlicht die Spannungen, die zwischen künstlerischem Ausdruck und gesellschaftlicher

Akzeptanz bestehen können. In solchen Momenten wird die Rolle von Kunst als Werkzeug des Wandels besonders deutlich, da sie die Möglichkeit bietet, Dialoge zu eröffnen und Vorurteile abzubauen.

Fazit

Zusammenfassend lässt sich sagen, dass die Herausforderungen und Widerstände, mit denen der Aktivist konfrontiert war, sowohl vielfältig als auch komplex sind. Sie reichen von gesellschaftlichen und politischen Hürden bis hin zu persönlichen und kulturellen Kämpfen. Diese Erfahrungen haben nicht nur seine Identität geformt, sondern auch seine Entschlossenheit, für Gleichheit und Akzeptanz zu kämpfen. In Anbetracht dieser Herausforderungen wird deutlich, dass der Weg des Aktivismus nicht nur ein Kampf gegen äußere Widerstände ist, sondern auch eine Reise der Selbstfindung und des persönlichen Wachstums.

Die Kraft der Solidarität

Die Kraft der Solidarität ist ein zentrales Element in der LGBTQ-Bewegung und spielt eine entscheidende Rolle im Kampf um Rechte und Gleichheit. Solidarität bezieht sich auf den Zusammenhalt und die Unterstützung unter Individuen oder Gruppen, die gemeinsame Interessen oder Ziele teilen. In diesem Kontext ist Solidarität nicht nur ein Gefühl, sondern eine aktive Praxis, die es den Mitgliedern der LGBTQ-Community ermöglicht, sich gegenseitig zu unterstützen und zu ermutigen, während sie gegen Diskriminierung und Ungerechtigkeit kämpfen.

Theoretische Grundlagen

Die Theorie der Solidarität basiert auf den Prinzipien der sozialen Gerechtigkeit und der Gleichheit. Nach der Sozialen Identitätstheorie, die von Henri Tajfel und John Turner entwickelt wurde, identifizieren sich Individuen mit bestimmten Gruppen, was zu einem Gefühl der Zugehörigkeit führt. Diese Identifikation kann die Motivation erhöhen, für die Rechte dieser Gruppe zu kämpfen. In Bezug auf die LGBTQ-Community bedeutet dies, dass Mitglieder, die sich als Teil dieser Gruppe identifizieren, sich stärker für die Anliegen und Herausforderungen ihrer Mitmenschen einsetzen.

Probleme und Herausforderungen

Trotz der positiven Aspekte der Solidarität gibt es auch Herausforderungen. Innerhalb der LGBTQ-Community können unterschiedliche Identitäten und

Erfahrungen zu Spannungen führen. Zum Beispiel können rassistische oder transphobe Einstellungen innerhalb der Community die Solidarität untergraben. Diese internen Konflikte erfordern eine kritische Auseinandersetzung mit den eigenen Vorurteilen und eine bewusste Anstrengung, um eine inklusive und unterstützende Gemeinschaft zu schaffen.

Ein weiteres Problem ist die externe Diskriminierung, die oft die Solidarität innerhalb der Community auf die Probe stellt. Die ständige Bedrohung durch Gewalt, Diskriminierung und Vorurteile kann zu einem Gefühl der Isolation führen, selbst innerhalb der eigenen Gemeinschaft. Es ist wichtig, dass die Mitglieder der LGBTQ-Community sich nicht nur gegenseitig unterstützen, sondern auch aktiv gegen äußere Angriffe zusammenstehen.

Beispiele für Solidarität

Ein bemerkenswertes Beispiel für Solidarität in der LGBTQ-Bewegung ist die Stonewall-Rebellion von 1969. Diese Ereignisse, die als Wendepunkt in der Geschichte der LGBTQ-Rechte gelten, wurden durch die gemeinsame Entschlossenheit und den Mut der Mitglieder der Community ausgelöst, sich gegen Polizeigewalt und Diskriminierung zu wehren. Die Solidarität, die während der Stonewall-Unruhen sichtbar wurde, führte zur Entstehung vieler LGBTQ-Organisationen und -Bewegungen, die sich für die Rechte und die Sichtbarkeit von LGBTQ-Personen einsetzen.

Ein weiteres Beispiel ist die jährliche Feier des Pride-Monats, der in vielen Städten weltweit gefeiert wird. Diese Veranstaltungen sind nicht nur eine Feier der LGBTQ-Identität, sondern auch ein Zeichen der Solidarität mit den Kämpfen, die viele in der Community durchgemacht haben. Pride-Veranstaltungen bringen Menschen aus verschiedenen Hintergründen zusammen, um für Gleichheit und Akzeptanz zu demonstrieren und die Erfolge der Bewegung zu feiern.

Die Rolle von Kunst und Kultur

Kunst und Kultur sind ebenfalls entscheidend für die Solidarität in der LGBTQ-Community. Künstler und Aktivisten nutzen kreative Ausdrucksformen, um Botschaften der Unterstützung und des Widerstands zu verbreiten. Theaterstücke, Filme, Musik und visuelle Kunstwerke können dazu beitragen, das Bewusstsein für die Herausforderungen zu schärfen, mit denen LGBTQ-Personen konfrontiert sind, und gleichzeitig eine Plattform für Solidarität zu bieten.

Ein Beispiel hierfür ist der Film *Paris is Burning*, der das Leben von Drag Queens in New York City dokumentiert und die Themen Identität, Gemeinschaft und Unterstützung behandelt. Der Film hat nicht nur das Bewusstsein für die Herausforderungen der LGBTQ-Community geschärft, sondern auch eine Generation von Aktivisten inspiriert, die sich für die Rechte von LGBTQ-Personen einsetzen.

Schlussfolgerung

Die Kraft der Solidarität ist eine wesentliche Triebfeder im Kampf für die Rechte und die Gleichheit von LGBTQ-Personen. Sie ermöglicht es Individuen, sich zu verbinden, Erfahrungen auszutauschen und gemeinsam für eine gerechtere Gesellschaft zu kämpfen. Trotz der Herausforderungen, die die Solidarität mit sich bringen kann, bleibt sie ein unverzichtbares Element, um die Gemeinschaft zu stärken und eine positive Veränderung herbeizuführen. Es ist wichtig, dass die Mitglieder der LGBTQ-Community weiterhin zusammenarbeiten, um Barrieren abzubauen, Vorurteile zu bekämpfen und eine inklusive Zukunft zu schaffen.

Kunst als Ausdruck des Widerstands

Kunst hat seit jeher eine bedeutende Rolle im Widerstand gegen soziale Ungerechtigkeiten und Diskriminierung gespielt. In der LGBTQ-Bewegung ist Kunst nicht nur ein Mittel zur Selbstdarstellung, sondern auch ein kraftvolles Werkzeug, um gesellschaftliche Normen in Frage zu stellen und Veränderungen zu bewirken. Der Einsatz von Kunst als Ausdruck des Widerstands kann in verschiedenen Formen auftreten, darunter Malerei, Musik, Theater, Performancekunst und Literatur. Diese Ausdrucksformen bieten nicht nur eine Plattform für marginalisierte Stimmen, sondern fördern auch das Bewusstsein und die Solidarität innerhalb und außerhalb der Community.

Theoretische Grundlagen

Die Theorie des sozialen Wandels durch Kunst, wie sie von Theoretikern wie Herbert Marcuse und Antonio Gramsci beschrieben wird, legt nahe, dass Kunst als Mittel zur kritischen Reflexion und zur Mobilisierung von Gemeinschaften dienen kann. Marcuse argumentiert, dass Kunst die Fähigkeit hat, utopische Visionen zu vermitteln, die bestehende gesellschaftliche Strukturen in Frage stellen. Gramsci hingegen betont die Rolle der „kulturellen Hegemonie" und wie Kunst dazu beitragen kann, alternative Narrative zu schaffen, die das dominante Weltbild herausfordern.

Probleme und Herausforderungen

Trotz ihrer Kraft steht Kunst als Ausdruck des Widerstands vor zahlreichen Herausforderungen. Künstler, die sich mit LGBTQ-Themen auseinandersetzen, sehen sich oft mit Zensur, Diskriminierung und finanziellen Schwierigkeiten konfrontiert. In vielen Ländern gibt es rechtliche und soziale Barrieren, die die Freiheit der künstlerischen Ausdrucksform einschränken. Darüber hinaus kann die Kommerzialisierung von Kunst dazu führen, dass authentische Stimmen und Botschaften verwässert werden, um den Erwartungen eines breiten Publikums gerecht zu werden.

Beispiele für künstlerischen Widerstand

Ein herausragendes Beispiel für Kunst als Ausdruck des Widerstands ist die Arbeit des amerikanischen Künstlers Keith Haring. Haring nutzte seine Kunst, um auf die AIDS-Krise aufmerksam zu machen und die Stigmatisierung von HIV-positiven Menschen zu bekämpfen. Seine ikonischen, lebendigen Grafiken und Wandmalereien wurden zu Symbolen des Kampfes für LGBTQ-Rechte und zur Förderung von Aufklärung und Akzeptanz.

Ein weiteres Beispiel ist die Performancekunst von Marina Abramović, die oft Themen wie Identität, Gender und soziale Normen erforscht. Ihre Arbeiten, wie „The Artist Is Present", stellen nicht nur die Beziehung zwischen Künstler und Publikum in den Mittelpunkt, sondern fordern auch die Zuschauer heraus, ihre eigenen Vorurteile und Annahmen zu hinterfragen.

Die Rolle der Gemeinschaft

Die Gemeinschaft spielt eine entscheidende Rolle in der Kunst als Ausdruck des Widerstands. Künstler und Aktivisten arbeiten oft zusammen, um kollektive Projekte zu schaffen, die das Bewusstsein für LGBTQ-Themen schärfen. Ein Beispiel hierfür ist das „ACT UP"-Kollektiv, das in den 1980er Jahren entstand und Kunst als Mittel zur politischen Mobilisierung einsetzte. Ihre provokanten Aktionen und Kunstwerke trugen dazu bei, die Aufmerksamkeit auf die AIDS-Krise zu lenken und forderten von der Gesellschaft und der Regierung sofortige Maßnahmen.

Fazit

Kunst als Ausdruck des Widerstands ist ein dynamisches und kraftvolles Mittel, um gesellschaftliche Veränderungen zu fördern und die Sichtbarkeit von

LGBTQ-Personen zu erhöhen. Sie bietet nicht nur eine Plattform für kritische Reflexion, sondern auch für die Schaffung von Gemeinschaft und Solidarität. Trotz der Herausforderungen, mit denen Künstler konfrontiert sind, bleibt die Kunst ein unverzichtbares Werkzeug im Kampf für Gleichheit und Gerechtigkeit. Der kreative Ausdruck hat das Potenzial, Herzen und Köpfe zu verändern und die Welt in eine inklusivere und gerechtere Gesellschaft zu verwandeln.

Die Bedeutung von Sichtbarkeit

Die Sichtbarkeit von LGBTQ-Personen ist ein entscheidender Faktor im Kampf um Gleichheit und Akzeptanz. Sichtbarkeit bezieht sich nicht nur auf die physische Präsenz von LGBTQ-Individuen in der Gesellschaft, sondern auch auf ihre Repräsentation in Medien, Kunst und Politik. Diese Sichtbarkeit hat weitreichende Auswirkungen auf das Selbstbild von Individuen innerhalb der Community und auf das gesellschaftliche Verständnis von LGBTQ-Themen.

Theoretische Grundlagen

Die Bedeutung von Sichtbarkeit kann durch verschiedene theoretische Rahmenwerke erklärt werden. Eine der zentralen Theorien ist die *Theorie der sozialen Identität*, die besagt, dass das Selbstkonzept eines Individuums stark von der Zugehörigkeit zu sozialen Gruppen beeinflusst wird. In diesem Zusammenhang kann Sichtbarkeit die Identität und das Selbstwertgefühl von LGBTQ-Personen stärken. Wenn Individuen in der Öffentlichkeit sichtbar sind, können sie positive Vorbilder für andere darstellen und ein Gefühl der Zugehörigkeit fördern.

Ein weiterer relevanter theoretischer Ansatz ist die *Intersektionalität*, die die Überschneidungen von verschiedenen Identitäten und Diskriminierungsformen betrachtet. Sichtbarkeit in diesem Kontext bedeutet, dass die unterschiedlichen Erfahrungen von LGBTQ-Personen, die auch anderen marginalisierten Gruppen angehören, anerkannt und gewürdigt werden. Dies führt zu einer umfassenderen und gerechteren Darstellung der LGBTQ-Community.

Probleme der Sichtbarkeit

Trotz der positiven Aspekte der Sichtbarkeit gibt es auch Herausforderungen. Eine der größten Herausforderungen ist die *Tokenisierung*, bei der LGBTQ-Personen lediglich als Symbol oder zur Erfüllung von Quoten in Medien und Politik eingesetzt werden, ohne dass ihre tatsächlichen Erfahrungen und Stimmen gehört werden. Dies kann zu einer verzerrten Darstellung der

Community führen und die Vielfalt innerhalb der LGBTQ-Bewegung nicht angemessen widerspiegeln.

Ein weiteres Problem ist die *Sichtbarkeit von marginalisierten Gruppen innerhalb der LGBTQ-Community*. Oft werden weiße, cisgender, heterosexuelle Männer überproportional sichtbar, während andere Gruppen, wie People of Color, Transgender-Personen und nicht-binäre Individuen, unterrepräsentiert sind. Diese Ungleichheit in der Sichtbarkeit kann zu einem Gefühl der Isolation und Diskriminierung innerhalb der Community führen.

Beispiele für Sichtbarkeit

Es gibt zahlreiche Beispiele für die positive Wirkung von Sichtbarkeit. Eine der bekanntesten Veranstaltungen ist der *Pride-Monat*, der weltweit gefeiert wird und LGBTQ-Personen eine Plattform bietet, um ihre Identität zu feiern und auf ihre Rechte aufmerksam zu machen. Diese Veranstaltungen fördern nicht nur das Bewusstsein für LGBTQ-Themen, sondern zeigen auch die Vielfalt innerhalb der Community.

Ein weiteres Beispiel ist die Rolle von Medien und Popkultur. Filme und Serien, die LGBTQ-Charaktere und Geschichten authentisch darstellen, haben einen erheblichen Einfluss auf die gesellschaftliche Wahrnehmung. Serien wie *Pose* und *Schitt's Creek* haben nicht nur zur Sichtbarkeit beigetragen, sondern auch Stereotypen abgebaut und das Verständnis für komplexe Identitäten gefördert.

Fazit

Zusammenfassend lässt sich sagen, dass die Sichtbarkeit von LGBTQ-Personen eine fundamentale Rolle im Aktivismus spielt. Sie fördert die Selbstakzeptanz, stärkt die Gemeinschaft und trägt zur gesellschaftlichen Veränderung bei. Dennoch ist es wichtig, die Herausforderungen zu erkennen und sicherzustellen, dass alle Stimmen innerhalb der Community gehört werden. Nur durch eine vielfältige und gerechte Sichtbarkeit können wir eine inklusive Gesellschaft schaffen, in der jeder Mensch unabhängig von seiner sexuellen Orientierung oder Geschlechtsidentität akzeptiert und respektiert wird.

Einfluss von sozialen Medien

In der heutigen digitalen Ära haben soziale Medien einen tiefgreifenden Einfluss auf die LGBTQ-Community und deren Aktivismus. Plattformen wie Facebook, Twitter, Instagram und TikTok haben nicht nur die Art und Weise verändert, wie Menschen miteinander kommunizieren, sondern auch die Art und Weise, wie sie sich organisieren, mobilisieren und ihre Stimmen erheben. Diese sozialen Netzwerke bieten eine Bühne für den Austausch von Ideen, Erfahrungen und Ressourcen, die für den Aktivismus entscheidend sind.

Theoretische Grundlagen

Die Theorie der sozialen Bewegungen legt nahe, dass soziale Medien als Katalysatoren für die Mobilisierung von Gruppen dienen können. Laut [3] sind soziale Bewegungen oft auf kollektive Identität und Mobilisierung angewiesen, die durch soziale Netzwerke gefördert werden. In diesem Kontext können soziale Medien als Plattformen fungieren, die es Aktivisten ermöglichen, sich zu vernetzen und ihre Anliegen einem breiteren Publikum zugänglich zu machen.

Ein weiteres relevantes Konzept ist das der *Viralität*. Inhalte, die in sozialen Medien geteilt werden, können sich exponentiell verbreiten, was die Reichweite von Botschaften erheblich erhöht. Diese viralen Effekte sind besonders wichtig für LGBTQ-Aktivisten, die oft gegen Diskriminierung und Vorurteile kämpfen und eine breite Unterstützung benötigen.

Probleme und Herausforderungen

Trotz der Vorteile, die soziale Medien bieten, gibt es auch erhebliche Herausforderungen. Eine der größten Sorgen ist die Verbreitung von Fehlinformationen und Hassreden. Plattformen sind oft nicht in der Lage oder nicht bereit, schädliche Inhalte effektiv zu regulieren. Dies kann zu einer weiteren Marginalisierung von LGBTQ-Personen führen und die Sicherheit von Aktivisten gefährden.

Ein weiteres Problem ist die *Echokammer*-Theorie, die besagt, dass Nutzer oft in Gruppen interagieren, die ihre bestehenden Überzeugungen bestätigen, anstatt sich mit unterschiedlichen Perspektiven auseinanderzusetzen. Dies kann zu einer Fragmentierung innerhalb der LGBTQ-Community führen, da verschiedene Gruppen unterschiedliche Anliegen und Prioritäten haben.

Beispiele für erfolgreichen Einsatz

Trotz dieser Herausforderungen gibt es zahlreiche Beispiele für den erfolgreichen Einsatz sozialer Medien im LGBTQ-Aktivismus. Die *Ice Bucket Challenge*, die ursprünglich zur Sensibilisierung für ALS ins Leben gerufen wurde, wurde auch von LGBTQ-Aktivisten genutzt, um auf Themen wie HIV/AIDS aufmerksam zu machen. Die virale Natur dieser Kampagne führte zu einem signifikanten Anstieg der Spenden und der öffentlichen Aufmerksamkeit.

Ein weiteres bemerkenswertes Beispiel ist die *#LoveWins*-Kampagne, die 2015 während der Legalisierung der gleichgeschlechtlichen Ehe in den USA populär wurde. Diese Kampagne mobilisierte Millionen von Menschen weltweit und nutzte soziale Medien, um die Botschaft der Gleichheit und Liebe zu verbreiten. Die Verwendung des Hashtags ermöglichte es, eine kollektive Identität zu schaffen und die Erfolge der Bewegung zu feiern.

Fazit

Zusammenfassend lässt sich sagen, dass soziale Medien einen entscheidenden Einfluss auf den LGBTQ-Aktivismus haben. Sie bieten nicht nur eine Plattform zur Mobilisierung und Vernetzung, sondern auch zur Verbreitung von Informationen und zur Sensibilisierung für wichtige Themen. Gleichzeitig müssen Aktivisten sich der Herausforderungen bewusst sein, die mit der Nutzung dieser Plattformen verbunden sind, und Strategien entwickeln, um diese zu überwinden. Die Zukunft des LGBTQ-Aktivismus wird zunehmend von der Fähigkeit abhängen, soziale Medien effektiv zu nutzen und gleichzeitig die Risiken zu managen, die mit ihrer Nutzung einhergehen.

Die Entstehung eines Netzwerks

Die Entstehung eines Netzwerks ist ein entscheidender Schritt im Leben eines LGBTQ-Aktivisten. In einer Zeit, in der Isolation und Diskriminierung vorherrschen, ist es unerlässlich, Verbindungen zu anderen Gleichgesinnten aufzubauen. Diese Netzwerke bieten nicht nur Unterstützung, sondern auch die Möglichkeit, Ideen auszutauschen, Ressourcen zu teilen und gemeinsam für Veränderungen zu kämpfen.

Die Bedeutung von Netzwerken

Netzwerke in der LGBTQ-Community sind von grundlegender Bedeutung, um eine starke Stimme zu entwickeln. Sie ermöglichen es Aktivisten, sich zu organisieren, Strategien zu entwickeln und effektive Kampagnen zu starten. Ein Netzwerk kann sich aus Freunden, Unterstützern, Mentoren und anderen Aktivisten zusammensetzen und fungiert als Plattform für den Austausch von Informationen und Erfahrungen.

Theoretische Grundlagen

Die Theorie des sozialen Kapitals, wie sie von Pierre Bourdieu und Robert Putnam formuliert wurde, spielt eine zentrale Rolle bei der Entstehung von Netzwerken. Soziales Kapital bezieht sich auf die Ressourcen, die sich aus den sozialen Beziehungen einer Person ergeben. In der LGBTQ-Community bedeutet dies, dass die Beziehungen zu anderen Aktivisten und Unterstützern nicht nur emotionale Unterstützung bieten, sondern auch Zugang zu wichtigen Informationen und Ressourcen ermöglichen.

$$\text{Soziales Kapital} = \text{Netzwerkgröße} \times \text{Vertrauen} \times \text{Ressourcenzugänglichkeit} \quad (2)$$

Diese Gleichung verdeutlicht, dass die Stärke eines Netzwerks nicht nur von der Anzahl der Mitglieder abhängt, sondern auch von dem Vertrauen, das zwischen den Mitgliedern besteht, sowie von der Zugänglichkeit der Ressourcen, die sie bieten können.

Herausforderungen bei der Netzwerkbildung

Trotz der Vorteile, die Netzwerke bieten, gibt es auch Herausforderungen. Diskriminierung und Vorurteile können dazu führen, dass viele Menschen zögern, sich zu vernetzen. Die Angst vor Ablehnung oder Stigmatisierung kann eine große Hürde darstellen. Ein Beispiel hierfür ist die Erfahrung von Rajesh Kim, der in seiner Jugend oft das Gefühl hatte, dass er nicht akzeptiert werden würde, wenn er seine Identität offenbart. Diese Ängste können es schwierig machen, die ersten Schritte zur Netzwerkbildung zu unternehmen.

Ein weiteres Problem ist die Fragmentierung innerhalb der LGBTQ-Community. Unterschiedliche Identitäten und Erfahrungen können zu Spannungen führen, die die Bildung eines kohärenten Netzwerks erschweren. Es ist wichtig, diese Unterschiede zu erkennen und zu respektieren, um eine inklusive Umgebung zu schaffen, in der sich alle Mitglieder wohlfühlen.

Beispiele erfolgreicher Netzwerke

Trotz dieser Herausforderungen gibt es viele inspirierende Beispiele für erfolgreiche Netzwerke innerhalb der LGBTQ-Community. Eine bemerkenswerte Initiative ist das *Queer Youth Network*, das sich auf die Unterstützung junger LGBTQ-Personen konzentriert. Durch Workshops, Veranstaltungen und Online-Plattformen bietet es Jugendlichen die Möglichkeit, sich zu vernetzen, ihre Geschichten zu teilen und Unterstützung zu finden.

Ein weiteres Beispiel ist das *LGBTQ Artists Collective*, das Künstler aus der Community zusammenbringt, um ihre Arbeiten zu präsentieren und gemeinsam an Projekten zu arbeiten. Diese Art von Netzwerk fördert nicht nur die Kunst, sondern auch das Bewusstsein für gesellschaftliche Themen, die die LGBTQ-Community betreffen.

Schlussfolgerung

Die Entstehung eines Netzwerks ist ein zentraler Bestandteil des Aktivismus. Es ermöglicht nicht nur den Austausch von Ideen und Ressourcen, sondern schafft auch eine unterstützende Gemeinschaft, die in der Lage ist, Veränderungen herbeizuführen. Trotz der Herausforderungen, die mit der Netzwerkbildung verbunden sind, können erfolgreiche Beispiele inspirieren und motivieren, die eigene Stimme zu erheben und sich mit anderen zu verbinden. Die Kraft eines Netzwerks liegt in seiner Fähigkeit, Einzelne zu stärken und kollektive Aktionen zu ermöglichen, die letztendlich zu einer gerechteren und inklusiveren Gesellschaft führen.

Kunst und Aktivismus vereinen

Die Entwicklung als Künstler

Frühe künstlerische Einflüsse

Die frühen künstlerischen Einflüsse eines Aktivisten sind oft prägend für die Entwicklung ihrer Identität und ihres Engagements. Diese Einflüsse können aus verschiedenen Quellen stammen, darunter Familie, Schule, lokale Gemeinschaften und die breitere Kultur. In diesem Abschnitt beleuchten wir, wie diese frühen Einflüsse die künstlerische Ausdrucksweise und den Aktivismus des Protagonisten geprägt haben.

Zunächst einmal spielt die Familie eine entscheidende Rolle. Oft sind es die Eltern oder Geschwister, die den ersten Kontakt mit Kunst und Kreativität ermöglichen. In vielen Fällen können sie die ersten Vorbilder für den Umgang mit Emotionen und die Ausdrucksweise von Identität sein. Ein Beispiel hierfür ist der Einfluss eines künstlerisch begabten Elternteils, der dem Protagonisten die Welt der Malerei oder Musik näherbringt. Diese frühen Erfahrungen können dazu führen, dass der Aktivist Kunst als ein Mittel zur Selbstverwirklichung und zur Auseinandersetzung mit seiner Sexualität entdeckt.

In der Schulzeit können Lehrer und Mitschüler ebenfalls bedeutende Einflüsse ausüben. Kreative Fächer wie Kunst, Musik und Theater bieten nicht nur einen Raum für Selbstentfaltung, sondern auch für die Auseinandersetzung mit sozialen Themen. Hier wird das Konzept der *Kunst als Widerstand* relevant. Schüler, die in einem unterstützenden Umfeld aufwachsen, sind eher geneigt, ihre Stimme zu erheben und soziale Ungerechtigkeiten durch ihre Kunst zu adressieren. Ein Beispiel ist eine Schulaufführung, in der Themen wie Homosexualität und Diskriminierung behandelt werden, was nicht nur das Bewusstsein der Schüler schärft, sondern auch den Protagonisten ermutigt, aktiv zu werden.

Ein weiterer wichtiger Einfluss sind lokale Gemeinschaften und kulturelle

Bewegungen. Die Teilnahme an kulturellen Veranstaltungen, wie Kunstausstellungen oder Musikfestivals, kann den Protagonisten mit Gleichgesinnten verbinden und ihm ein Gefühl der Zugehörigkeit vermitteln. Diese Netzwerke sind entscheidend, da sie den Austausch von Ideen und Erfahrungen fördern. In vielen Städten gibt es LGBTQ+-Kunstkollektive, die nicht nur Kunst schaffen, sondern auch aktiv für die Rechte der Community eintreten. Solche Gruppen bieten eine Plattform, um künstlerische Talente zu entwickeln und gleichzeitig politische Botschaften zu verbreiten.

Die Auseinandersetzung mit Kunst und Kultur führt oft zu einer kritischen Reflexion über gesellschaftliche Normen und Werte. Hierbei wird die Theorie des *Kulturellen Aktivismus* relevant, die besagt, dass Kunst nicht nur ein individuelles Ausdrucksmittel ist, sondern auch eine kollektive Kraft hat, die Veränderungen in der Gesellschaft bewirken kann. Der Protagonist könnte durch das Studium von Künstlern wie Keith Haring oder David Wojnarowicz inspiriert worden sein, die ihre Kunst als Protestmittel gegen die AIDS-Krise und die Marginalisierung der LGBTQ+-Gemeinschaft einsetzten. Diese Künstler zeigen, wie Kunst als Werkzeug des Widerstands gegen soziale Ungerechtigkeit fungieren kann.

Ein zentrales Problem, das in diesem Kontext auftritt, ist die Frage der Sichtbarkeit. Viele junge LGBTQ+-Künstler kämpfen mit der Herausforderung, ihre Identität in einer oft feindlichen Umgebung zu zeigen. Der Druck, konventionellen Normen zu entsprechen, kann dazu führen, dass sie ihre künstlerischen Talente nicht voll ausschöpfen. Der Protagonist könnte in seinen frühen Jahren mit inneren Konflikten konfrontiert gewesen sein, die ihn daran hinderten, seine Kunst offen zu zeigen. Dies führt zu einer wichtigen Erkenntnis: Kunst kann sowohl ein Ausdruck der Freiheit als auch ein Spiegel der inneren Kämpfe sein.

Zusammenfassend lässt sich sagen, dass die frühen künstlerischen Einflüsse eine fundamentale Rolle in der Entwicklung des Protagonisten spielen. Sie formen nicht nur seine künstlerische Identität, sondern auch sein Engagement für soziale Gerechtigkeit. Die Verknüpfung von Kunst und Aktivismus, die in dieser Phase entsteht, legt den Grundstein für die späteren Schritte in den Aktivismus und die Kunstszene. In der nächsten Sektion werden wir die Wahl des Mediums untersuchen und wie diese Entscheidungen die Botschaften des Protagonisten beeinflussen.

Die Wahl des Mediums

Die Wahl des Mediums ist eine entscheidende Phase im kreativen Prozess eines Künstlers und spielt eine zentrale Rolle im Kontext des Aktivismus. Die

Entscheidung, welches Medium verwendet werden soll, kann nicht nur die Art und Weise beeinflussen, wie die Botschaft vermittelt wird, sondern auch, wie sie vom Publikum wahrgenommen wird. In dieser Sektion werden verschiedene Medien untersucht, die von LGBTQ-Aktivisten genutzt werden, um ihre Anliegen zu kommunizieren, sowie die theoretischen Überlegungen, die hinter diesen Entscheidungen stehen.

Künstlerische Medien im Aktivismus

Aktivisten haben eine Vielzahl von Medien gewählt, um ihre Botschaften zu verbreiten. Zu den häufigsten gehören:

- **Malerei und Zeichnung:** Diese traditionellen Medien ermöglichen es Künstlern, ihre Emotionen und Gedanken visuell darzustellen. Werke wie die von Keith Haring, der oft soziale Themen in seinen bunten, grafischen Arbeiten behandelt hat, zeigen, wie Malerei als Werkzeug des Widerstands eingesetzt werden kann.

- **Fotografie:** Die Fotografie hat die Kraft, Momente der Realität einzufangen und Emotionen zu vermitteln. Fotografen wie Nan Goldin haben intime Einblicke in das Leben von LGBTQ-Personen gegeben und damit das Bewusstsein für deren Herausforderungen geschärft.

- **Performancekunst:** Performancekunst ist ein dynamisches Medium, das oft die Grenzen zwischen Kunst und Aktivismus verwischt. Künstler wie Marina Abramović nutzen ihren Körper als Medium, um soziale und politische Themen zu thematisieren, was eine unmittelbare Verbindung zum Publikum schafft.

- **Digitale Kunst:** Im digitalen Zeitalter hat sich die Kunstszene erheblich verändert. Digitale Medien ermöglichen es Künstlern, ihre Arbeiten einem globalen Publikum zugänglich zu machen. Plattformen wie Instagram und TikTok sind zu wichtigen Werkzeugen für die Verbreitung von Botschaften geworden.

Theoretische Überlegungen zur Medienwahl

Die Wahl des Mediums ist nicht nur eine Frage des persönlichen Geschmacks, sondern auch eine strategische Entscheidung, die auf theoretischen Überlegungen basiert. Ein zentraler Aspekt ist die **Theorie der Repräsentation**, die sich mit der Frage beschäftigt, wie Identität und Erfahrung in der Kunst dargestellt werden.

Judith Butler argumentiert in ihrem Werk "Gender Trouble", dass Geschlecht und Identität performativ sind und durch wiederholte Handlungen konstruiert werden. Diese Erkenntnis führt dazu, dass die Wahl des Mediums auch die Art und Weise beeinflusst, wie Identität konstruiert und wahrgenommen wird.

Ein weiteres wichtiges Konzept ist die **Ästhetik des Widerstands**. Diese Theorie, die von Künstlern und Aktivisten wie Tania Bruguera geprägt wurde, besagt, dass Kunst als Mittel des Widerstands gegen soziale Ungerechtigkeiten fungieren kann. Die Wahl eines bestimmten Mediums kann somit auch eine politische Aussage darüber sein, wie Widerstand geleistet werden soll. Beispielsweise kann die Entscheidung für Performancekunst in einem öffentlichen Raum als Akt der Sichtbarkeit und des Protests interpretiert werden.

Herausforderungen bei der Medienwahl

Trotz der vielfältigen Möglichkeiten, die verschiedene Medien bieten, gibt es auch Herausforderungen, die bei der Wahl des Mediums berücksichtigt werden müssen. Eine der größten Herausforderungen ist die **Zugänglichkeit**. Nicht alle Medien sind für jede Person oder Gemeinschaft gleich zugänglich. Zum Beispiel erfordert die Durchführung einer Performance im öffentlichen Raum oft Ressourcen und Genehmigungen, die nicht immer verfügbar sind. Digitale Medien hingegen können eine breitere Reichweite haben, aber sie setzen auch voraus, dass die Zielgruppe über Zugang zu Technologie und Internet verfügt.

Eine weitere Herausforderung ist die **Interpretation**. Verschiedene Medien können unterschiedlich interpretiert werden, abhängig von kulturellen, sozialen und politischen Kontexten. Ein Kunstwerk, das in einem Land als provokant angesehen wird, könnte in einem anderen Land als unbedeutend erachtet werden. Diese unterschiedlichen Interpretationen können die Wirksamkeit der Botschaft beeinflussen und müssen bei der Medienwahl berücksichtigt werden.

Beispiele erfolgreicher Medienwahl

Ein bemerkenswertes Beispiel für die effektive Wahl eines Mediums im Aktivismus ist die **Kampagne "It Gets Better"**. Diese Initiative, die ursprünglich durch ein Video von Dan Savage und Terry Miller ins Leben gerufen wurde, nutzte die Plattform YouTube, um eine Botschaft der Hoffnung und Unterstützung für LGBTQ-Jugendliche zu verbreiten. Die Wahl des digitalen Mediums ermöglichte es, eine breite Reichweite zu erzielen und mit einer Vielzahl von Menschen in Kontakt zu treten.

Ein weiteres Beispiel ist die **Kunstinstallation "The AIDS Memorial Quilt"**. Diese monumentale Installation besteht aus Hunderten von Quilt-Panels, die von Freunden und Familienmitgliedern von AIDS-Opfern erstellt wurden. Die Wahl des Mediums – Stoff und Handarbeit – verleiht der Installation eine emotionale Tiefe und macht das Thema greifbarer. Sie hat nicht nur das Bewusstsein für die AIDS-Krise geschärft, sondern auch eine Plattform für Trauer und Erinnerung geschaffen.

Fazit

Die Wahl des Mediums ist ein komplexer und vielschichtiger Prozess, der sowohl künstlerische als auch politische Überlegungen umfasst. Künstler und Aktivisten müssen sorgfältig abwägen, welches Medium am besten geeignet ist, um ihre Botschaften zu vermitteln und ihre Ziele zu erreichen. Durch die Berücksichtigung von Theorien der Repräsentation und der Ästhetik des Widerstands sowie der Herausforderungen und Chancen, die verschiedene Medien bieten, können Künstler wirksame und bedeutungsvolle Beiträge zur LGBTQ-Bewegung leisten.

Kunstwerke als politisches Statement

Kunst hat seit jeher eine bedeutende Rolle in politischen Bewegungen gespielt, insbesondere im Kontext des LGBTQ-Aktivismus. Kunstwerke können als kraftvolle Mittel verstanden werden, um gesellschaftliche Missstände zu reflektieren, zu kritisieren und zu verändern. In dieser Sektion untersuchen wir, wie Kunstwerke als politische Statements fungieren, indem wir relevante Theorien, Herausforderungen und konkrete Beispiele betrachten.

Theoretische Grundlagen

Die Theorie des *Kunstaktivismus* beschreibt, wie Künstler*innen ihre Werke nutzen, um soziale und politische Botschaften zu vermitteln. Der Kunsthistoriker *Hans Belting* argumentiert, dass Kunst nicht nur ein ästhetisches Objekt ist, sondern auch ein Kommunikationsmittel, das gesellschaftliche Diskurse beeinflussen kann. In diesem Sinne wird Kunst zu einem Werkzeug des Widerstands, das es ermöglicht, die Stimmen der Marginalisierten zu verstärken.

Ein zentraler Aspekt ist die *Repräsentation*. Judith Butler, eine prominente Theoretikerin der Geschlechter- und Queertheorie, hebt hervor, dass die Sichtbarkeit von LGBTQ-Personen in der Kunst entscheidend ist, um stereotype Vorstellungen zu hinterfragen und neue Narrative zu schaffen. Kunstwerke, die

LGBTQ-Themen behandeln, tragen zur Sichtbarkeit und Akzeptanz in der Gesellschaft bei.

Herausforderungen im Kunstaktivismus

Trotz der positiven Aspekte des Kunstaktivismus stehen Künstler*innen oft vor erheblichen Herausforderungen. Eine der größten Hürden ist die *Zensur*. In vielen Ländern sind LGBTQ-Themen nach wie vor tabuisiert oder werden aktiv unterdrückt. Künstler*innen müssen oft riskieren, ihre Karriere zu gefährden, um ihre Botschaften zu verbreiten.

Ein weiteres Problem ist die *Kommerzialisierung* von Kunst. In einer Zeit, in der Kunst zunehmend als Produkt betrachtet wird, besteht die Gefahr, dass politische Botschaften verwässert oder kommerzialisiert werden, um einem breiteren Publikum zu gefallen. Dies kann dazu führen, dass die ursprüngliche Intention des Kunstwerks verloren geht.

Beispiele für politische Kunstwerke

Ein herausragendes Beispiel für Kunst als politisches Statement ist das Werk *"The Dinner Party"* von Judy Chicago. Diese Installation ist nicht nur eine Hommage an historische Frauenfiguren, sondern auch ein starkes Zeichen für die Gleichstellung der Geschlechter und die Sichtbarkeit von Frauen in der Kunstgeschichte. Chicago verwendet traditionelle Handwerkstechniken, um eine Verbindung zwischen Kunst und Feminismus herzustellen, und bietet damit einen Raum für Diskussionen über Geschlechteridentität und -rollen.

Ein weiteres Beispiel ist die *"AIDS Memorial Quilt"*, die in den 1980er Jahren als Reaktion auf die AIDS-Krise entstand. Diese riesige Quilt-Arbeit ist ein kollektives Gedächtnis für die Opfer der Epidemie und ein kraftvolles Symbol des Widerstands gegen die gesellschaftliche Stigmatisierung von HIV-positiven Menschen. Jedes Quadrat erzählt die Geschichte eines Individuums und schafft so eine persönliche Verbindung zu einem Thema, das oft als anonym und entmenschlicht wahrgenommen wird.

Die Rolle der Performancekunst

Die Performancekunst hat sich als besonders wirkungsvoll im politischen Kontext erwiesen. Künstler*innen wie *Marina Abramović* und *Yoko Ono* nutzen ihre Körper, um gesellschaftliche Normen zu hinterfragen und den Dialog über Identität und Geschlecht zu fördern. Abramovićs Werk *"The Artist Is Present"* lädt das Publikum ein, mit ihr in einen direkten, emotionalen Austausch zu treten, was die Grenzen zwischen Zuschauer und Künstler verwischt und eine kollektive Erfahrung des Seins ermöglicht.

Die Bedeutung von Performancekunst im LGBTQ-Aktivismus wird auch in der Arbeit von *David Wojnarowicz* deutlich, dessen provokante Performances und Installationen die gesellschaftliche Ignoranz gegenüber der AIDS-Epidemie anprangerten. Seine Kunstwerke fordern das Publikum heraus, sich mit der Realität von Krankheit, Tod und Diskriminierung auseinanderzusetzen.

Kunst im digitalen Zeitalter

Mit dem Aufkommen sozialer Medien hat sich die Landschaft des Kunstaktivismus verändert. Künstler*innen nutzen Plattformen wie Instagram und Twitter, um ihre Werke zu präsentieren und politische Botschaften zu verbreiten. Diese digitalen Räume ermöglichen eine breitere Reichweite und fördern den Austausch zwischen Künstler*innen und Aktivist*innen weltweit.

Ein Beispiel ist die *#QueerArt* Bewegung auf Instagram, die LGBTQ-Künstler*innen eine Plattform bietet, um ihre Arbeiten zu teilen und Sichtbarkeit zu erlangen. Diese digitale Vernetzung hat es ermöglicht, dass lokale Künstler*innen globale Aufmerksamkeit erhalten und ihre Anliegen in einen internationalen Kontext stellen können.

Schlussfolgerung

Kunstwerke als politisches Statement sind ein unverzichtbarer Bestandteil des LGBTQ-Aktivismus. Sie bieten nicht nur eine Plattform für die Sichtbarkeit von marginalisierten Stimmen, sondern fördern auch den Dialog über Identität, Gleichheit und soziale Gerechtigkeit. Trotz der Herausforderungen, denen Künstler*innen gegenüberstehen, bleibt die Kunst ein mächtiges Werkzeug im Kampf für Rechte und Gleichheit. Die Verbindung von Kunst und Aktivismus wird auch in Zukunft eine zentrale Rolle spielen, um gesellschaftliche Veränderungen voranzutreiben und das Bewusstsein für LGBTQ-Themen zu schärfen.

Die Reaktionen der Öffentlichkeit

Die Reaktionen der Öffentlichkeit auf die Kunstwerke eines LGBTQ-Aktivisten sind oft vielschichtig und spiegeln die gesellschaftlichen Normen, Vorurteile und den Fortschritt wider, den eine Gemeinschaft im Laufe der Zeit gemacht hat. Kunst hat die einzigartige Fähigkeit, Emotionen zu wecken und Diskussionen zu fördern, und die Reaktionen auf diese Kunstwerke sind nicht nur Ausdruck individueller Meinungen, sondern auch Indikatoren für gesellschaftliche Veränderungen.

Theoretische Grundlagen

Die Reaktion der Öffentlichkeit kann aus verschiedenen theoretischen Perspektiven betrachtet werden. Die **Rezeptionstheorie** legt nahe, dass die Bedeutung eines Kunstwerks nicht nur vom Künstler, sondern auch vom Publikum konstruiert wird. Dies bedeutet, dass die Interpretationen und Reaktionen der Zuschauer genauso wichtig sind wie die Absichten des Künstlers.

Ein weiterer relevanter theoretischer Rahmen ist die **Kulturtheorie**, die besagt, dass Kunstwerke als Spiegel der Gesellschaft fungieren. Sie reflektieren nicht nur die Werte und Überzeugungen einer bestimmten Zeit, sondern können auch als Katalysatoren für Veränderungen dienen. Diese Theorie unterstreicht, dass die Reaktionen auf Kunstwerke oft in einem breiteren sozialen und kulturellen Kontext verstanden werden müssen.

Positive Reaktionen

In vielen Fällen werden die Werke von LGBTQ-Künstlern von der Öffentlichkeit positiv aufgenommen. Diese positive Resonanz kann durch verschiedene Faktoren beeinflusst werden:

1. **Identifikation:** Zuschauer, die sich mit den Themen der Kunst identifizieren, fühlen sich oft ermutigt und bestärkt. Ein Beispiel hierfür ist die Ausstellung *Pride in Art*, die in mehreren Städten stattfand und durch ihre Darstellung von LGBTQ-Themen eine breite Akzeptanz fand.

2. **Bildung:** Kunst kann als Bildungsinstrument dienen. Viele Menschen berichten, dass sie durch den Kontakt mit LGBTQ-Kunstwerke mehr über die Herausforderungen und Errungenschaften der Gemeinschaft erfahren haben. Dies führt oft zu einer erhöhten Empathie und Unterstützung.

3. **Solidarität:** Kunstwerke, die Solidarität und Gemeinschaft fördern, können starke positive Reaktionen hervorrufen. Beispielsweise wurde die Installation *The Rainbow Flag Project* weltweit gefeiert und hat Menschen zusammengebracht, um für Gleichheit und Akzeptanz zu kämpfen.

Negative Reaktionen

Trotz der positiven Resonanz gibt es auch negative Reaktionen, die oft durch Vorurteile und Ignoranz bedingt sind. Diese können sich in verschiedenen Formen äußern:

1. **Ablehnung:** Einige Werke werden aufgrund ihrer Themen oder Darstellungen abgelehnt. Dies kann zu Boykottaufrufen oder Protesten führen. Ein Beispiel ist die Kontroverse um die Ausstellung *Queer Art*, die in bestimmten konservativen Kreisen auf heftige Kritik stieß.

2. **Zensur:** In einigen Fällen wird Kunst zensiert oder entfernt, weil sie als anstößig oder unangemessen angesehen wird. Dies geschah beispielsweise mit einem Werk, das explizite Darstellungen von LGBTQ-Beziehungen enthielt und in einer städtischen Galerie abgelehnt wurde.

3. **Diskriminierung:** Künstler können auch persönlich angegriffen werden, was zu einem Klima der Angst und Unsicherheit führt. Solche Reaktionen sind oft das Ergebnis tief verwurzelter Vorurteile und können das kreative Schaffen erheblich beeinträchtigen.

Der Einfluss von sozialen Medien

In der heutigen digitalen Welt haben soziale Medien eine bedeutende Rolle bei der Formung der öffentlichen Reaktionen auf Kunstwerke gespielt. Plattformen wie Instagram, Twitter und Facebook ermöglichen es Künstlern, ihre Arbeiten einem breiten Publikum zu präsentieren und direktes Feedback zu erhalten.

Die **Viralität** von Kunstwerken kann sowohl positive als auch negative Reaktionen hervorrufen. Ein Beispiel ist die virale Verbreitung des Kunstwerks *Love is Love*, das eine Welle der Unterstützung und Solidarität auslöste, aber auch auf Hasskommentare stieß. Solche Plattformen bieten eine Bühne für Diskussionen und können helfen, Vorurteile abzubauen, aber sie können auch als Raum für toxische Reaktionen dienen.

Fazit

Die Reaktionen der Öffentlichkeit auf die Kunst eines LGBTQ-Aktivisten sind ein komplexes Zusammenspiel von Identifikation, Bildung, Vorurteilen und sozialen Medien. Während positive Reaktionen oft die Kraft der Kunst zur Förderung von Akzeptanz und Verständnis zeigen, verdeutlichen negative Reaktionen die anhaltenden Herausforderungen, mit denen die LGBTQ-Gemeinschaft konfrontiert ist. Kunst bleibt ein kraftvolles Werkzeug im Kampf um Gleichheit und Rechte, und die Reaktionen der Öffentlichkeit sind ein entscheidender Bestandteil dieses Prozesses.

Zusammenarbeit mit anderen Künstlern

Die Zusammenarbeit mit anderen Künstlern stellt einen zentralen Aspekt des künstlerischen Schaffens dar, insbesondere im Kontext des Aktivismus. Diese Synergien können nicht nur die Reichweite und Wirkung der Kunst verstärken, sondern auch neue Perspektiven und Ideen hervorbringen, die in der individuellen Praxis möglicherweise nicht vorhanden wären. In dieser Sektion werden wir die verschiedenen Dimensionen der Zusammenarbeit zwischen Künstlern untersuchen, einschließlich der Herausforderungen, die dabei auftreten können, sowie der positiven Auswirkungen, die solche Kooperationen auf die LGBTQ-Bewegung haben können.

Theoretische Grundlagen der Zusammenarbeit

Die Theorie der kreativen Zusammenarbeit basiert auf der Annahme, dass der Austausch von Ideen und Ressourcen zwischen Künstlern zu innovativeren und wirkungsvolleren Ergebnissen führt. In der Kunstwissenschaft wird oft auf das Konzept der *Kollektiven Kreativität* verwiesen, das beschreibt, wie Gruppen von Künstlern gemeinsam kreative Prozesse durchlaufen, die zu neuartigen Ausdrucksformen führen. Diese Theorie wird durch die Arbeiten von Forschern wie [?] unterstützt, die zeigen, dass kreative Gruppen oft über ein höheres Maß an Innovation verfügen als Einzelpersonen.

Herausforderungen der Zusammenarbeit

Trotz der vielen Vorteile gibt es auch signifikante Herausforderungen, die mit der Zusammenarbeit zwischen Künstlern einhergehen. Eine der größten Hürden ist die *Differenz in der Vision*. Künstler bringen unterschiedliche Perspektiven und Stile in die Zusammenarbeit ein, was zu Konflikten führen kann. Der Prozess der *Konsensfindung* kann langwierig und frustrierend sein. Ein Beispiel hierfür ist die Zusammenarbeit zwischen verschiedenen LGBTQ-Künstlern, die unterschiedliche kulturelle Hintergründe und Erfahrungen haben, was zu Spannungen führen kann, wenn es darum geht, gemeinsame Themen und Ziele zu definieren.

Ein weiteres häufiges Problem ist die *Ressourcenverteilung*. In vielen Fällen sind Künstler auf finanzielle Mittel angewiesen, um ihre Projekte zu realisieren. Dies kann zu Machtungleichgewichten führen, wenn einige Künstler mehr Ressourcen oder Einfluss haben als andere. Solche Dynamiken können die Zusammenarbeit belasten und dazu führen, dass einige Stimmen in der Gruppe überhört werden.

Positive Beispiele für Zusammenarbeit

Trotz dieser Herausforderungen gibt es zahlreiche inspirierende Beispiele für erfolgreiche Kooperationen zwischen Künstlern im LGBTQ-Aktivismus. Ein herausragendes Beispiel ist die *Art for Change*-Initiative, die Künstler aus verschiedenen Disziplinen zusammenbringt, um gesellschaftliche Themen durch kreative Projekte zu adressieren. Diese Initiative hat nicht nur bedeutende Kunstwerke hervorgebracht, sondern auch das Bewusstsein für LGBTQ-Rechte geschärft und eine Plattform für aufstrebende Künstler geschaffen.

Ein weiteres Beispiel ist die Zusammenarbeit zwischen der Performancekünstlerin *Marina Abramović* und LGBTQ-Aktivisten in verschiedenen Städten. Ihre Projekte, die oft interaktive Elemente beinhalten, haben dazu beigetragen, die Sichtbarkeit von LGBTQ-Themen in der zeitgenössischen Kunst zu erhöhen und das Publikum zum Nachdenken über Themen wie Identität und Diskriminierung anzuregen.

Kunst als Plattform für Zusammenarbeit

Die Kunst selbst bietet eine hervorragende Plattform für die Zusammenarbeit zwischen Künstlern. Durch gemeinsame Ausstellungen, Workshops und Performances können Künstler ihre unterschiedlichen Perspektiven und Stile vereinen, um ein stärkeres, kohärenteres Statement abzugeben. Die *Pride Art Collective* ist ein Beispiel für eine solche Plattform, die es Künstlern ermöglicht, ihre Arbeiten zu präsentieren und gleichzeitig einen Raum für Dialog und Austausch zu schaffen.

Darüber hinaus können digitale Medien und soziale Netzwerke die Zusammenarbeit erleichtern. Plattformen wie Instagram und Facebook ermöglichen es Künstlern, ihre Arbeiten zu teilen und sich mit Gleichgesinnten zu vernetzen, unabhängig von geografischen Barrieren. Diese Form der *virtuellen Zusammenarbeit* hat in den letzten Jahren an Bedeutung gewonnen und ermöglicht es Künstlern, über ihre lokalen Gemeinschaften hinaus zu kommunizieren und zu agieren.

Schlussfolgerung

Die Zusammenarbeit mit anderen Künstlern ist ein wesentlicher Bestandteil des künstlerischen Schaffens im Rahmen des LGBTQ-Aktivismus. Trotz der Herausforderungen, die mit unterschiedlichen Visionen und Ressourcenverteilungen verbunden sind, können solche Kooperationen zu innovativen und wirkungsvollen Kunstwerken führen, die gesellschaftliche

Veränderungen anstoßen. Die Synergien, die aus der Zusammenarbeit entstehen, sind nicht nur für die Künstler selbst von Vorteil, sondern auch für die Gemeinschaften, die sie vertreten. Durch kreative Partnerschaften können Künstler eine stärkere Stimme für Gleichheit und Akzeptanz schaffen und die Grenzen der Kunst als Medium für sozialen Wandel erweitern.

Die Rolle von Ausstellungen

Die Rolle von Ausstellungen in der Verbindung von Kunst und Aktivismus ist von zentraler Bedeutung. Ausstellungen bieten nicht nur eine Plattform für Künstler, um ihre Werke zu präsentieren, sondern sie schaffen auch einen Raum für Dialog und Reflexion über soziale und politische Themen. In diesem Abschnitt werden wir die verschiedenen Aspekte der Ausstellungen als Medium des Widerstands und der Sichtbarkeit untersuchen.

Kunst als Kommunikationsmittel

Kunst hat die einzigartige Fähigkeit, komplexe Themen auf eine zugängliche und visuell ansprechende Weise zu kommunizieren. Ausstellungen ermöglichen es Künstlern, ihre Botschaften durch ihre Werke zu vermitteln. Die Theorie des *visuellen Dialogs* beschreibt, wie visuelle Kunst als Sprache fungiert, die über Worte hinausgeht. Diese Form der Kommunikation ist besonders wichtig in der LGBTQ-Community, wo viele Menschen mit Diskriminierung und Vorurteilen konfrontiert sind. Ausstellungen können eine Plattform bieten, um diese Erfahrungen zu teilen und das Bewusstsein zu schärfen.

Schaffung von Gemeinschaft

Ausstellungen fördern auch die Bildung von Gemeinschaften. Sie bieten einen Raum, in dem Gleichgesinnte zusammenkommen können, um ihre Erfahrungen zu teilen und sich gegenseitig zu unterstützen. Diese Gemeinschaft kann in Form von *Künstlerkollektiven* oder *Aktivistengruppen* entstehen, die zusammenarbeiten, um ihre Stimmen zu erheben. Ein Beispiel hierfür ist die Ausstellung "*Queer Art: A Collective History*", die nicht nur Werke von LGBTQ-Künstlern präsentierte, sondern auch Workshops und Diskussionsrunden anbot, um das Gemeinschaftsgefühl zu stärken.

DIE ENTWICKLUNG ALS KÜNSTLER 59

Politische Dimensionen von Ausstellungen

Die politische Dimension von Ausstellungen ist ein weiterer wichtiger Aspekt. Sie können als Plattform für Protest und Widerstand dienen. Die *Kunst im öffentlichen Raum* ist ein Beispiel dafür, wie Ausstellungen genutzt werden können, um auf gesellschaftliche Missstände aufmerksam zu machen. Ein berühmtes Beispiel ist die Installation *"The AIDS Memorial Quilt"*, die nicht nur Kunst ist, sondern auch ein kraftvolles politisches Statement gegen die Stigmatisierung von HIV-positiven Menschen. Diese Art von Ausstellungen kann die öffentliche Wahrnehmung verändern und politische Veränderungen anstoßen.

Herausforderungen bei Ausstellungen

Trotz ihrer positiven Aspekte stehen Ausstellungen vor Herausforderungen. Eine der größten Herausforderungen ist der Zugang zu Ausstellungsräumen. Viele LGBTQ-Künstler haben Schwierigkeiten, ihre Arbeiten in etablierten Galerien zu präsentieren, was zu einer *Marginalisierung* ihrer Stimmen führen kann. Dies kann durch eine unzureichende Unterstützung von Institutionen oder durch Vorurteile innerhalb des Kunstmarktes bedingt sein. Es ist wichtig, dass Ausstellungsräume inklusiver werden und aktiv nach LGBTQ-Künstlern suchen, um eine vielfältige und repräsentative Kunstszene zu fördern.

Beispiele für erfolgreiche Ausstellungen

Ein herausragendes Beispiel für eine erfolgreiche Ausstellung ist *"Pride: The History of the LGBTQ Movement"*, die in mehreren Städten weltweit gezeigt wurde. Diese Ausstellung kombinierte historische Artefakte mit zeitgenössischen Kunstwerken und erzählte die Geschichte der LGBTQ-Bewegung durch die Linse von Kunst und Aktivismus. Solche Ausstellungen bieten nicht nur eine Plattform für Künstler, sondern auch eine Möglichkeit für das Publikum, sich mit der Geschichte und den Herausforderungen der LGBTQ-Community auseinanderzusetzen.

Zukunft der Ausstellungen im Aktivismus

Die Zukunft der Ausstellungen im Kontext des Aktivismus sieht vielversprechend aus. Mit dem Aufkommen digitaler Plattformen können Künstler ihre Arbeiten einem breiteren Publikum zugänglich machen. Virtuelle Ausstellungen bieten die Möglichkeit, Kunst und Aktivismus über geografische Grenzen hinweg zu verbinden. Diese Form der Ausstellung kann auch in Zeiten von Krisen, wie der

COVID-19-Pandemie, eine wichtige Rolle spielen, da sie es ermöglicht, den Dialog aufrechtzuerhalten und Gemeinschaften zu stärken.

Fazit

Zusammenfassend lässt sich sagen, dass Ausstellungen eine entscheidende Rolle im Zusammenspiel von Kunst und Aktivismus spielen. Sie fungieren als Plattformen für Kommunikation, Gemeinschaftsbildung und politischen Widerstand. Trotz der Herausforderungen, denen sie gegenüberstehen, bleibt die Bedeutung von Ausstellungen für die Sichtbarkeit und das Empowerment der LGBTQ-Community unbestritten. Die kontinuierliche Unterstützung und Förderung von inklusiven Ausstellungsräumen ist notwendig, um sicherzustellen, dass die Stimmen aller Künstler gehört werden und dass Kunst weiterhin als Werkzeug für sozialen Wandel dient.

Kunst als Therapie

Kunst als Therapie ist ein faszinierendes und vielschichtiges Konzept, das die heilende Kraft der kreativen Ausdrucksformen in den Mittelpunkt stellt. Diese Form der Therapie nutzt verschiedene künstlerische Medien, um emotionale, psychologische und soziale Herausforderungen zu bewältigen. In diesem Abschnitt werden wir die theoretischen Grundlagen, die damit verbundenen Probleme sowie praktische Beispiele für Kunsttherapie untersuchen.

Theoretische Grundlagen

Die Theorie der Kunsttherapie basiert auf der Annahme, dass kreative Aktivitäten eine positive Wirkung auf das psychische Wohlbefinden haben können. Der Psychologe Carl Jung betonte die Bedeutung des kreativen Ausdrucks als Mittel zur Selbstentdeckung und Selbstheilung. Er glaubte, dass Kunst eine Brücke zum Unbewussten bildet und es den Menschen ermöglicht, verborgene Gefühle und Konflikte zu erkunden. In diesem Sinne kann Kunst als eine Form der nonverbalen Kommunikation betrachtet werden, die oft tiefere Einsichten vermittelt als Worte.

Ein weiterer wichtiger theoretischer Rahmen ist die Gestalttherapie, die den Fokus auf das Hier und Jetzt legt. In der Kunsttherapie wird der kreative Prozess selbst als therapeutisch angesehen. Das Ergebnis ist weniger wichtig als die Erfahrung, die der Künstler während des Schaffensprozesses macht. Diese Perspektive fördert die Selbstakzeptanz und die Auseinandersetzung mit eigenen Emotionen.

Herausforderungen in der Kunsttherapie

Trotz der positiven Aspekte gibt es auch Herausforderungen, die mit Kunst als Therapie verbunden sind. Eine der größten Hürden ist die Stigmatisierung, die oft mit psychischen Erkrankungen einhergeht. Viele Menschen scheuen sich, Hilfe in Anspruch zu nehmen, aus Angst, als "verrückt" oder "schwach" angesehen zu werden. Kunsttherapie kann als weniger konfrontativ wahrgenommen werden, da sie nicht direkt auf die Probleme eingeht, sondern über den kreativen Prozess einen Zugang schafft. Dennoch bleibt die Herausforderung, Klienten zu ermutigen, ihre Verletzlichkeit zu zeigen.

Ein weiteres Problem ist die Zugänglichkeit. Kunsttherapie wird oft in spezialisierten Einrichtungen angeboten, die möglicherweise nicht für alle zugänglich sind. Darüber hinaus kann die Qualität der Therapie stark variieren, abhängig von der Ausbildung und Erfahrung des Therapeuten. Es ist wichtig, dass Kunsttherapeuten über fundierte Kenntnisse in Psychologie und Kunst verfügen, um den Klienten effektiv unterstützen zu können.

Praktische Beispiele

Kunsttherapie findet in verschiedenen Kontexten Anwendung, von der Arbeit mit traumatisierten Personen bis hin zur Unterstützung von Menschen mit chronischen Krankheiten. Ein bemerkenswertes Beispiel ist die Arbeit mit Überlebenden von Gewalt oder Missbrauch. In solchen Fällen kann das Malen, Zeichnen oder andere kreative Ausdrucksformen den Klienten helfen, ihre Erfahrungen zu verarbeiten, ohne sie direkt benennen zu müssen. Der kreative Prozess bietet einen sicheren Raum, um Gefühle wie Angst, Trauer und Wut auszudrücken.

Ein weiteres Beispiel ist die Verwendung von Kunst in der Arbeit mit Kindern, die an psychischen Erkrankungen leiden. Kinder haben oft Schwierigkeiten, ihre Gefühle verbal auszudrücken. Kunsttherapie ermöglicht es ihnen, ihre inneren Konflikte durch Zeichnungen oder Malereien darzustellen. Diese visuellen Darstellungen können Therapeuten wertvolle Einblicke in die emotionalen Zustände der Kinder geben und den Heilungsprozess unterstützen.

Darüber hinaus hat die digitale Kunsttherapie in den letzten Jahren an Bedeutung gewonnen. Mit der Verbreitung von Tablets und kreativen Apps können Klienten ihre künstlerischen Fähigkeiten auch online ausleben. Diese Form der Therapie hat sich als besonders nützlich während der COVID-19-Pandemie erwiesen, als viele Menschen isoliert waren und einen neuen Weg suchten, um ihre Emotionen auszudrücken.

Schlussfolgerung

Kunst als Therapie ist ein kraftvolles Werkzeug, das Menschen helfen kann, ihre inneren Kämpfe zu bewältigen und emotionales Wohlbefinden zu fördern. Trotz der Herausforderungen, die mit der Implementierung und dem Zugang zu Kunsttherapie verbunden sind, bleibt die positive Wirkung auf die psychische Gesundheit unbestreitbar. Die Kombination von kreativen Ausdrucksformen und psychologischer Unterstützung bietet eine vielversprechende Perspektive für die Zukunft der psychischen Gesundheitsversorgung.

Die Verbindung von Kunst und Aktivismus

Die Verbindung von Kunst und Aktivismus ist eine dynamische und vielschichtige Beziehung, die in der zeitgenössischen Gesellschaft zunehmend an Bedeutung gewinnt. Kunst hat die Kraft, Menschen zu mobilisieren, Emotionen zu wecken und gesellschaftliche Themen auf eine Weise anzusprechen, die oft tiefgreifender ist als herkömmliche politische Diskurse. Diese Schnittstelle zwischen kreativer Ausdrucksform und sozialem Engagement wird durch verschiedene theoretische Perspektiven untermauert, die die Rolle der Kunst im Aktivismus analysieren.

Theoretische Grundlagen

Eine der zentralen Theorien, die die Verbindung von Kunst und Aktivismus beschreibt, ist die Theorie des *künstlerischen Aktivismus*. Diese Theorie postuliert, dass Kunst nicht nur als Mittel zur Selbstexpression dient, sondern auch als Werkzeug für soziale Veränderungen. Der Kunsthistoriker *Boris Groys* argumentiert, dass Kunst in der Lage ist, die Wahrnehmung von Realität zu verändern und somit auch die gesellschaftlichen Strukturen, die diese Realität formen. In seinem Buch *„On the New"* beschreibt Groys, wie Kunst als ein kritisches Medium fungiert, das bestehende Machtverhältnisse hinterfragt und alternative Sichtweisen eröffnet.

Ein weiterer wichtiger Aspekt ist der *performative Aktivismus*, der die Idee umfasst, dass die Ausführung von Kunstwerken selbst eine Form des politischen Handelns sein kann. Der Soziologe *Judith Butler* spricht in diesem Zusammenhang von der Performativität des Geschlechts und der Identität, was bedeutet, dass durch wiederholte Handlungen gesellschaftliche Normen sowohl geschaffen als auch herausgefordert werden. Diese Konzepte sind besonders relevant im Kontext der LGBTQ-Bewegung, wo Künstler*innen oft ihre Identität und Erfahrungen in ihre Werke einfließen lassen, um Diskriminierung und Ungerechtigkeit sichtbar zu machen.

DIE ENTWICKLUNG ALS KÜNSTLER

Probleme und Herausforderungen

Trotz der positiven Aspekte dieser Verbindung gibt es auch erhebliche Herausforderungen. Oftmals wird Kunst im Aktivismus als weniger ernst genommen oder nicht als legitime Form des Widerstands anerkannt. Dies kann zu Spannungen zwischen Künstler*innen und Aktivist*innen führen, insbesondere wenn es um die Frage geht, welche Formen des Ausdrucks als effektiv oder authentisch gelten.

Ein weiteres Problem ist die Kommerzialisierung von aktivistischer Kunst. In einer Welt, in der soziale Medien und digitale Plattformen dominieren, besteht die Gefahr, dass wichtige Botschaften trivialisiert oder vereinfacht werden, um ein breiteres Publikum zu erreichen. Der Kunsthistoriker *Claire Bishop* warnt in ihrem Aufsatz „*Participation*" davor, dass die Kommerzialisierung von Kunstprojekten oft die ursprüngliche Absicht des Aktivismus verwässert und die transformative Kraft der Kunst untergräbt.

Beispiele für gelungene Verbindungen

Trotz dieser Herausforderungen gibt es zahlreiche Beispiele, die die kraftvolle Verbindung von Kunst und Aktivismus illustrieren. Ein herausragendes Beispiel ist die *ACT UP*-Bewegung, die in den 1980er Jahren gegründet wurde, um auf die AIDS-Krise aufmerksam zu machen. Die Gruppe nutzte performative Aktionen, Plakate und andere künstlerische Mittel, um ihre Botschaft zu verbreiten und Druck auf die Regierung und die Pharmaindustrie auszuüben. Ihre berühmte Aktion „*Silence = Death*" ist ein Paradebeispiel dafür, wie Kunst als Instrument des Widerstands fungieren kann.

Ein weiteres Beispiel ist die *Queer Art* Bewegung, die Künstler*innen aus der LGBTQ-Community zusammenbringt, um ihre Erfahrungen und Kämpfe durch verschiedene Medien auszudrücken. Die *Art+Activism*-Initiative in New York hat Künstler*innen und Aktivist*innen zusammengebracht, um Workshops und Ausstellungen zu organisieren, die sich mit Themen wie Geschlechtsidentität, Rassismus und sozialer Gerechtigkeit befassen. Diese Plattformen ermöglichen es Künstler*innen, ihre Werke einem breiteren Publikum zu präsentieren und gleichzeitig aktiv an der Schaffung einer inklusiven Gesellschaft mitzuwirken.

Fazit

Die Verbindung von Kunst und Aktivismus ist ein kraftvolles Werkzeug, um soziale Veränderungen zu bewirken und das Bewusstsein für gesellschaftliche Probleme zu schärfen. Trotz der Herausforderungen, die mit dieser Beziehung einhergehen, bleibt die Kunst ein unverzichtbares Element im Aktivismus, das es ermöglicht, Emotionen auszudrücken, Gemeinschaften zu mobilisieren und letztlich eine nachhaltige Veränderung herbeizuführen. In einer Welt, die oft von Spaltung und Ungerechtigkeit geprägt ist, bietet die Verbindung von Kunst und Aktivismus einen Raum für Dialog, Kreativität und Hoffnung. Diese Synergie ist nicht nur für die LGBTQ-Bewegung von Bedeutung, sondern für alle sozialen Bewegungen, die nach Gleichheit und Gerechtigkeit streben.

Die Bedeutung von Performancekunst

Die Performancekunst hat sich als ein kraftvolles Medium innerhalb der LGBTQ-Community etabliert, um soziale, politische und kulturelle Themen zu adressieren. Sie bietet Künstlern die Möglichkeit, ihre Identität auszudrücken und gesellschaftliche Normen herauszufordern, während sie gleichzeitig das Publikum direkt in den kreativen Prozess einbeziehen. In dieser Sektion werden wir die Relevanz der Performancekunst im Kontext des LGBTQ-Aktivismus untersuchen, einschließlich der theoretischen Grundlagen, der Herausforderungen, denen sich Performancekünstler gegenübersehen, und einiger herausragender Beispiele.

Theoretische Grundlagen

Die Performancekunst ist ein interdisziplinäres Feld, das Elemente aus Theater, Tanz, Bildender Kunst und anderen Medien kombiniert. Sie wird oft als ein Weg angesehen, um die Grenzen des Körpers und der Identität zu erforschen. Der Künstler und Theoretiker [1] argumentiert, dass Performance eine „wiederholte Handlung" ist, die sowohl kulturelle als auch individuelle Bedeutungen transportiert. Diese Wiederholung kann eine Form des Widerstands darstellen, insbesondere wenn sie in einem Kontext stattfindet, in dem die Identität des Künstlers marginalisiert wird.

Die Theorie des *Queer Theory* bietet einen weiteren Rahmen, um die Bedeutung von Performancekunst für die LGBTQ-Community zu verstehen. [2] beschreibt Geschlecht als eine performative Handlung, die durch wiederholte Praktiken konstituiert wird. In diesem Sinne wird die Performancekunst zu einem Werkzeug, um Geschlechterrollen zu dekonstruieren und alternative Identitäten zu schaffen. Künstler nutzen Performance, um die Fluidität von Geschlecht und Sexualität zu betonen und um die Zuschauer dazu zu bringen, ihre eigenen Annahmen über Identität zu hinterfragen.

Herausforderungen der Performancekunst

Trotz ihrer Kraft sieht sich die Performancekunst mit verschiedenen Herausforderungen konfrontiert. Eine der größten Hürden ist die gesellschaftliche Akzeptanz. Viele Performancekünstler, insbesondere solche, die provokante oder kontroverse Themen ansprechen, stoßen auf Widerstand und Kritik. Dies kann zu einem Gefühl der Isolation führen, das die kreative Freiheit einschränkt. Zudem sind viele LGBTQ-Künstler in ihrer Arbeit finanziell benachteiligt, was die Durchführung von Projekten und die Teilnahme an wichtigen Veranstaltungen erschwert.

Ein weiteres Problem ist die Repräsentation innerhalb der Performancekunst selbst. Oftmals werden marginalisierte Stimmen innerhalb der LGBTQ-Community nicht angemessen gehört. Dies kann dazu führen, dass die Kunstwerke nicht die Vielfalt der Erfahrungen innerhalb der Community widerspiegeln. Die Herausforderung besteht darin, Räume zu schaffen, in denen alle Stimmen gehört werden und in denen Künstler die Freiheit haben, ihre Geschichten zu erzählen, ohne Angst vor Verurteilung zu haben.

Beispiele für bedeutende Performancekunst

Ein herausragendes Beispiel für die Bedeutung der Performancekunst im LGBTQ-Aktivismus ist die Arbeit von [3], der in seinen Performances Themen wie HIV/AIDS, Identität und gesellschaftliche Normen behandelt. Seine Werke sind oft autobiografisch und zielen darauf ab, die Zuschauer emotional zu berühren und zum Nachdenken anzuregen. Durch die Verwendung von provokanten Bildern und persönlichen Erzählungen schafft er einen Raum für Dialog und Reflexion.

Ein weiteres bedeutendes Beispiel ist die Performancegruppe *The Wooster Group*, die in ihren Arbeiten häufig mit Geschlechteridentität und Sexualität spielt. Ihre interdisziplinären Ansätze kombinieren Theater, Film und visuelle Kunst, um komplexe Themen zu beleuchten. Die Gruppe hat sich als Vorreiter in der Erkundung von LGBTQ-Themen in der Performancekunst etabliert und hat zahlreiche Auszeichnungen für ihre innovativen Arbeiten erhalten.

Fazit

Die Performancekunst spielt eine entscheidende Rolle im LGBTQ-Aktivismus, indem sie als Plattform dient, um Identität zu erforschen, gesellschaftliche Normen herauszufordern und Gemeinschaft zu schaffen. Durch die Verbindung von Kunst und Aktivismus können Künstler transformative Erfahrungen schaffen, die sowohl das Publikum als auch die Künstler selbst beeinflussen. Trotz der Herausforderungen, mit denen sie konfrontiert sind, bleibt die Performancekunst ein kraftvolles Medium, das die Stimmen der LGBTQ-Community stärkt und die Bedeutung von Sichtbarkeit und Repräsentation in der Kunst hervorhebt.

Bibliography

[1] Schechner, Richard. *Performance Studies: An Introduction.* Routledge, 2002.

[2] Butler, Judith. *Gender Trouble: Feminism and the Subversion of Identity.* Routledge, 1990.

[3] Hirschhorn, Thomas. "The Art of Resistance: Performance and Identity in Contemporary LGBTQ Art." *Journal of LGBTQ Studies,* vol. 12, no. 3, 2016, pp. 45-67.

Kunst im digitalen Zeitalter

Im digitalen Zeitalter hat sich die Kunst in vielerlei Hinsicht transformiert, was sowohl neue Möglichkeiten als auch Herausforderungen für Künstler und Aktivisten mit sich bringt. Die Integration von Technologie in den kreativen Prozess hat nicht nur die Art und Weise verändert, wie Kunst geschaffen wird, sondern auch, wie sie verbreitet und wahrgenommen wird. In diesem Abschnitt werden wir die verschiedenen Dimensionen der digitalen Kunst, die Herausforderungen, die sie mit sich bringt, und einige bemerkenswerte Beispiele untersuchen.

Die Evolution der Kunst durch digitale Medien

Die digitale Kunst umfasst eine Vielzahl von Medien, darunter digitale Malerei, Fotografie, Videokunst, interaktive Installationen und virtuelle Realität. Diese neuen Formen der Kunst erlauben es Künstlern, ihre Botschaften auf innovative Weise zu vermitteln und ein breiteres Publikum zu erreichen. Ein Beispiel ist die Verwendung von sozialen Medien als Plattform für Kunstverbreitung. Künstler wie *Banksy* haben soziale Medien genutzt, um ihre Werke viral zu machen und auf soziale Missstände aufmerksam zu machen.

Theoretische Perspektiven

Die Theorie der *Medienästhetik* bietet einen Rahmen, um die Auswirkungen digitaler Technologien auf die Kunst zu verstehen. Laut *Wolfgang Welsch* ist die Ästhetik im digitalen Zeitalter nicht nur eine Frage der Form und des Inhalts, sondern auch der Interaktion zwischen dem Werk und dem Betrachter. Diese Interaktivität führt zu einer neuen Art der Wahrnehmung, bei der der Betrachter aktiv in den kreativen Prozess einbezogen wird.

Die *Post-Digital-Theorie* von *Joachim S. Hohmann* schlägt vor, dass digitale Kunst nicht mehr nur als eine neue Kategorie betrachtet werden sollte, sondern als eine grundlegende Bedingung der zeitgenössischen Kunst. Diese Theorie betont, dass die digitale Technologie nicht nur ein Werkzeug ist, sondern auch die Art und Weise, wie Kunst produziert und konsumiert wird, tiefgreifend beeinflusst.

Herausforderungen der digitalen Kunst

Trotz der vielen Vorteile bringt die digitale Kunst auch Herausforderungen mit sich. Eine der größten Herausforderungen ist die *Echtheit* und *Wertigkeit* von digitalen Kunstwerken. Im Gegensatz zu physischen Kunstwerken, die oft als einzigartig betrachtet werden, können digitale Werke unendlich reproduziert werden. Dies führt zu Fragen über den Wert und die Authentizität von Kunst im digitalen Raum.

Ein weiteres Problem ist der *Zugang* zu digitalen Plattformen. Während das Internet eine breitere Verbreitung von Kunst ermöglicht, gibt es immer noch viele Menschen, die keinen Zugang zu diesen Technologien haben. Dies kann zu einer digitalen Kluft führen, die bestimmte Gruppen von der Teilnahme an der Kunstszene ausschließt.

Beispiele für digitale Kunst im Aktivismus

Eine bemerkenswerte Anwendung digitaler Kunst im Aktivismus ist die *#BlackLivesMatter*-Bewegung, die soziale Medien genutzt hat, um auf Rassismus und Polizeigewalt aufmerksam zu machen. Künstler wie *Kara Walker* haben digitale Plattformen genutzt, um ihre Arbeiten zu verbreiten und Diskussionen über Rasse und Identität anzuregen.

Ein weiteres Beispiel ist die Nutzung von *Augmented Reality* (AR) in der LGBTQ+-Aktivismus. Initiativen wie *"The Queer Museum"* haben AR-Technologie verwendet, um virtuelle Ausstellungen zu schaffen, die es den Nutzern ermöglichen, Kunstwerke zu erleben und gleichzeitig über die Geschichte und die Herausforderungen der LGBTQ+-Gemeinschaft informiert zu werden.

Fazit

Die Kunst im digitalen Zeitalter ist ein dynamisches Feld, das ständig im Wandel ist. Die Integration von Technologie in den kreativen Prozess hat nicht nur neue Möglichkeiten für Künstler eröffnet, sondern auch neue Herausforderungen geschaffen. Die Auseinandersetzung mit Fragen der Authentizität, des Zugangs und der Interaktivität wird entscheidend sein, um die Rolle der Kunst im digitalen Raum weiter zu definieren.

Insgesamt zeigt sich, dass digitale Kunst ein kraftvolles Werkzeug für Aktivismus sein kann, das es ermöglicht, Botschaften zu verbreiten und Gemeinschaften zu mobilisieren. Es ist von entscheidender Bedeutung, dass Künstler und Aktivisten diese neuen Technologien nutzen, um ihre Stimmen zu erheben und für Gleichheit und Gerechtigkeit zu kämpfen.

Der Kampf für Rechte und Gleichheit

Die politischen Kämpfe der 2000er Jahre

Die Einführung von Antidiskriminierungsgesetzen

Die Einführung von Antidiskriminierungsgesetzen stellt einen entscheidenden Fortschritt im Kampf für die Rechte der LGBTQ-Community dar. Diese Gesetze zielen darauf ab, Diskriminierung aufgrund der sexuellen Orientierung und Geschlechtsidentität zu verhindern und ein rechtliches Fundament für Gleichheit und Gerechtigkeit zu schaffen.

Theoretische Grundlagen

Die rechtlichen Rahmenbedingungen für Antidiskriminierungsgesetze basieren auf verschiedenen theoretischen Ansätzen. Ein zentraler Aspekt ist die **Gleichheitstheorie**, die besagt, dass alle Menschen unabhängig von ihrer sexuellen Orientierung oder Geschlechtsidentität gleich behandelt werden sollten. In vielen Ländern wurde die Einführung solcher Gesetze durch internationale Menschenrechtskonventionen, wie die *Allgemeine Erklärung der Menschenrechte*, angestoßen, die das Recht auf Gleichheit und Nichtdiskriminierung festschreiben.

Ein weiterer theoretischer Ansatz ist die **Intersektionalität**, die darauf hinweist, dass Diskriminierung nicht isoliert betrachtet werden kann. Menschen können gleichzeitig mehreren Diskriminierungsformen ausgesetzt sein, etwa aufgrund von Rasse, Geschlecht und sexueller Orientierung. Daher ist es wichtig, dass Antidiskriminierungsgesetze diese Komplexität berücksichtigen, um wirksam zu sein.

Probleme bei der Einführung

Trotz der Fortschritte gibt es zahlreiche Herausforderungen bei der Einführung und Durchsetzung von Antidiskriminierungsgesetzen. Ein häufiges Problem ist die **gesellschaftliche Akzeptanz.** In vielen Kulturen gibt es tief verwurzelte Vorurteile gegenüber der LGBTQ-Community, die sich in Widerstand gegen gesetzliche Änderungen niederschlagen.

Ein Beispiel hierfür ist die *Initiative gegen die Einführung von Antidiskriminierungsgesetzen* in einigen US-Bundesstaaten, wo konservative Gruppen mobilisierten, um die Gesetzgebung zu blockieren. Solche Widerstände zeigen, dass rechtliche Änderungen oft von gesellschaftlichem Druck begleitet werden müssen, um tatsächlich wirksam zu sein.

Ein weiteres Problem ist die **Durchsetzung der Gesetze.** Selbst wenn Antidiskriminierungsgesetze eingeführt werden, kann es an der Umsetzung mangeln. Oft fehlen den Opfern von Diskriminierung die notwendigen Ressourcen oder das Wissen, um ihre Rechte geltend zu machen. Hierbei spielen **Bildungsprogramme** eine wesentliche Rolle, um die Öffentlichkeit über die Gesetze und deren Bedeutung aufzuklären.

Beispiele erfolgreicher Gesetzgebung

Ein herausragendes Beispiel für die erfolgreiche Einführung von Antidiskriminierungsgesetzen ist das *Equality Act* in den USA, das 2021 im Kongress eingebracht wurde. Dieses Gesetz zielt darauf ab, Diskriminierung aufgrund der sexuellen Orientierung und Geschlechtsidentität auf bundesstaatlicher Ebene zu verbieten. Es ist ein entscheidender Schritt, um die Rechte der LGBTQ-Community zu stärken und Diskriminierung in Bereichen wie Beschäftigung, Wohnen und Bildung zu unterbinden.

In Europa gibt es ähnliche Fortschritte. In Deutschland wurde 2019 das *Allgemeine Gleichbehandlungsgesetz* (AGG) erweitert, um Diskriminierung aufgrund der Geschlechtsidentität zu verbieten. Dies zeigt, dass die rechtlichen Rahmenbedingungen für Antidiskriminierungsgesetze in vielen Ländern zunehmend anerkannt und umgesetzt werden.

Fazit

Die Einführung von Antidiskriminierungsgesetzen ist ein essenzieller Bestandteil des Kampfes für die Rechte der LGBTQ-Community. Diese Gesetze bieten nicht nur rechtlichen Schutz, sondern tragen auch zur gesellschaftlichen Akzeptanz bei. Trotz der Herausforderungen, die bei der Einführung und Durchsetzung solcher

Gesetze bestehen, sind die Fortschritte ermutigend und zeigen, dass der Weg zu Gleichheit und Gerechtigkeit fortgesetzt werden muss. Die Kombination aus rechtlicher und gesellschaftlicher Veränderung ist entscheidend, um eine inklusive und gerechte Gesellschaft zu schaffen.

Der Einfluss von Pride-Veranstaltungen

Pride-Veranstaltungen haben sich als bedeutende Plattformen für die LGBTQ-Community etabliert, um Sichtbarkeit zu schaffen, Gleichheit zu fordern und Gemeinschaft zu feiern. Diese Veranstaltungen, die oft in Form von Paraden, Festivals und Bildungsaktivitäten stattfinden, spielen eine entscheidende Rolle im Kampf für die Rechte von LGBTQ-Personen. Sie sind nicht nur ein Ausdruck von Stolz, sondern auch ein starkes Symbol des Widerstands gegen Diskriminierung und Ungerechtigkeit.

Geschichte und Entwicklung

Die ersten Pride-Veranstaltungen fanden in den späten 1960er Jahren statt, als die LGBTQ-Community begann, sich gegen die gesellschaftliche Marginalisierung zu wehren. Der Stonewall-Aufstand von 1969 in New York City gilt als Wendepunkt, der zur Entstehung des modernen Pride-Events führte. Jedes Jahr im Juni feiern Menschen weltweit den Stonewall-Aufstand mit Pride-Paraden, um die Errungenschaften der LGBTQ-Bewegung zu würdigen und auf bestehende Herausforderungen aufmerksam zu machen.

Theoretische Perspektiven

Aus einer theoretischen Perspektive betrachtet, können Pride-Veranstaltungen durch verschiedene soziale und kulturelle Theorien analysiert werden. Die *Queer Theory* beispielsweise untersucht, wie Geschlecht und Sexualität gesellschaftlich konstruiert werden und wie diese Konstruktionen in der Öffentlichkeit dargestellt werden. Pride-Veranstaltungen fungieren als ein Ort, an dem diese Konstruktionen hinterfragt und neu interpretiert werden können. Der *Symbolische Interaktionismus* bietet einen weiteren Rahmen, um zu verstehen, wie Individuen durch ihre Teilnahme an Pride-Veranstaltungen soziale Identitäten formen und ausdrücken.

Die Gleichheits- und Gerechtigkeitstheorien, insbesondere die *Theorie der sozialen Gerechtigkeit*, betonen die Notwendigkeit, strukturelle Ungleichheiten zu adressieren. Pride-Veranstaltungen sind oft mit politischen Botschaften verbunden, die auf die Notwendigkeit von Antidiskriminierungsgesetzen und sozialen Veränderungen hinweisen. Hierbei spielt die Sichtbarkeit eine zentrale Rolle: Je mehr Menschen an Pride-Veranstaltungen teilnehmen, desto größer ist die Wahrscheinlichkeit, dass die Anliegen der LGBTQ-Community in der breiten Öffentlichkeit Gehör finden.

Gesellschaftliche Auswirkungen

Pride-Veranstaltungen haben nicht nur Einfluss auf die LGBTQ-Community, sondern auch auf die Gesellschaft als Ganzes. Sie fördern das Bewusstsein für LGBTQ-Themen und tragen zur Entstigmatisierung bei. Studien zeigen, dass Städte, die Pride-Veranstaltungen ausrichten, oft eine höhere Akzeptanz gegenüber LGBTQ-Personen aufweisen. Diese Akzeptanz kann sich in verschiedenen gesellschaftlichen Bereichen manifestieren, einschließlich der Politik, der Bildung und der Wirtschaft.

Ein Beispiel hierfür ist die Stadt San Francisco, die für ihre lebendige LGBTQ-Kultur und ihre jährlichen Pride-Feierlichkeiten bekannt ist. Die Pride-Parade in San Francisco zieht Hunderttausende von Teilnehmern und Zuschauern an und hat sich zu einem bedeutenden Tourismusereignis entwickelt, das lokale Unternehmen unterstützt und ein positives Bild der Stadt als inklusiven Ort fördert.

Herausforderungen und Kontroversen

Trotz ihrer positiven Auswirkungen sind Pride-Veranstaltungen nicht ohne Herausforderungen. In den letzten Jahren gab es zunehmend Diskussionen über die Kommerzialisierung von Pride, wobei viele kritisieren, dass große Unternehmen die Veranstaltungen nutzen, um sich ein „buntes" Image zu verleihen, ohne tatsächlich substantielle Unterstützung für die LGBTQ-Community zu leisten. Diese Kommerzialisierung kann dazu führen, dass die ursprünglichen politischen Botschaften und die Anliegen der marginalisierten Gruppen in den Hintergrund gedrängt werden.

Darüber hinaus gibt es innerhalb der LGBTQ-Community unterschiedliche Meinungen darüber, wie Pride-Veranstaltungen organisiert und durchgeführt werden sollten. Einige Aktivisten fordern, dass mehr Raum für marginalisierte Stimmen, wie BIPOC (Black, Indigenous, People of Color) und Trans-Personen, geschaffen wird, um sicherzustellen, dass die Vielfalt innerhalb der Community repräsentiert wird.

Beispiele für erfolgreiche Pride-Veranstaltungen

Erfolgreiche Pride-Veranstaltungen sind oft solche, die sowohl Feierlichkeiten als auch politische Botschaften vereinen. Ein herausragendes Beispiel ist der *WorldPride*, der in verschiedenen Städten weltweit stattfindet und eine globale Perspektive auf LGBTQ-Rechte bietet. Im Jahr 2019 fand WorldPride in New York City statt, um den 50. Jahrestag des Stonewall-Aufstands zu feiern. Diese Veranstaltung zog Millionen von Menschen an und beinhaltete eine Vielzahl von Aktivitäten, die sowohl kulturelle als auch politische Aspekte abdeckten.

Ein weiteres Beispiel ist die *Berlin Pride* (CSD), die für ihre politische Ausrichtung und die Förderung von sozialen Gerechtigkeitsthemen bekannt ist. Jedes Jahr versammeln sich Tausende von Menschen, um für Gleichheit und Akzeptanz zu demonstrieren und gleichzeitig die Vielfalt der LGBTQ-Community zu feiern.

Fazit

Zusammenfassend lässt sich sagen, dass Pride-Veranstaltungen eine essentielle Rolle im Kampf für LGBTQ-Rechte spielen. Sie bieten eine Plattform für Sichtbarkeit, Gemeinschaft und politische Mobilisierung. Trotz der Herausforderungen, die mit der Kommerzialisierung und internen Differenzen verbunden sind, bleibt der Einfluss von Pride-Veranstaltungen auf die gesellschaftliche Wahrnehmung und die rechtlichen Fortschritte für die LGBTQ-Community unbestreitbar. Es ist entscheidend, dass diese Veranstaltungen weiterhin als Orte des Widerstands und des Feierns fungieren, um die Errungenschaften der Vergangenheit zu würdigen und für eine gerechtere Zukunft zu kämpfen.

Zusammenarbeit mit NGOs

Die Zusammenarbeit mit Nichtregierungsorganisationen (NGOs) spielt eine entscheidende Rolle im Aktivismus für LGBTQ-Rechte. NGOs sind oft die treibenden Kräfte hinter politischen Veränderungen, Aufklärungskampagnen und der Unterstützung von Betroffenen. In diesem Abschnitt werden die verschiedenen Aspekte und Herausforderungen der Zusammenarbeit mit NGOs beleuchtet, sowie einige erfolgreiche Beispiele aus der Praxis.

Die Rolle von NGOs im Aktivismus

NGOs fungieren als Brücke zwischen der Zivilgesellschaft und den politischen Entscheidungsträgern. Sie bieten nicht nur Ressourcen und Unterstützung für Aktivisten, sondern auch eine Plattform, um die Anliegen der LGBTQ-Community zu vertreten. Oftmals haben NGOs Zugang zu Daten und Forschung, die für die Formulierung von politischen Strategien und Kampagnen von entscheidender Bedeutung sind.

Ein Beispiel für eine erfolgreiche NGO ist die *Human Rights Campaign* (HRC) in den USA, die sich für die Gleichstellung von LGBTQ-Personen einsetzt. Durch Lobbyarbeit, Öffentlichkeitsarbeit und die Mobilisierung von Freiwilligen hat die HRC bedeutende Fortschritte in der Gesetzgebung erreicht, einschließlich der Legalisierung der gleichgeschlechtlichen Ehe.

Herausforderungen der Zusammenarbeit

Trotz der positiven Aspekte gibt es auch Herausforderungen bei der Zusammenarbeit mit NGOs. Eine der größten Herausforderungen ist die Finanzierung. Viele NGOs sind auf Spenden angewiesen, was ihre Unabhängigkeit und die Fähigkeit, unbequeme Wahrheiten auszusprechen, beeinträchtigen kann. Oft müssen sie Kompromisse eingehen, um finanzielle Unterstützung zu erhalten, was zu einem Verlust an Authentizität führen kann.

Ein weiteres Problem ist der unterschiedliche Fokus der NGOs. Während einige NGOs sich auf rechtliche Aspekte konzentrieren, legen andere den Schwerpunkt auf soziale Gerechtigkeit oder psychische Gesundheit. Diese unterschiedlichen Ansätze können zu Spannungen innerhalb der LGBTQ-Community führen und die Zusammenarbeit erschweren.

Erfolgreiche Kooperationen

Trotz der Herausforderungen gibt es viele Beispiele für erfolgreiche Kooperationen zwischen Aktivisten und NGOs. Eine bemerkenswerte Initiative ist die *Pride Alliance*, die lokale LGBTQ-Gruppen mit NGOs verbindet, um Ressourcen und Wissen auszutauschen. Diese Zusammenarbeit hat nicht nur die Sichtbarkeit der LGBTQ-Community erhöht, sondern auch die Fähigkeit zur Organisation und Mobilisierung gestärkt.

Ein weiteres Beispiel ist die *International Lesbian, Gay, Bisexual, Trans and Intersex Association* (ILGA), die global tätig ist und sich für die Rechte von LGBTQ-Personen einsetzt. ILGA hat zahlreiche Kampagnen gestartet, um auf Diskriminierung aufmerksam zu machen und politische Veränderungen zu fordern. Die Zusammenarbeit mit lokalen NGOs hat es ILGA ermöglicht, kulturelle Unterschiede zu berücksichtigen und maßgeschneiderte Lösungen für verschiedene Regionen zu entwickeln.

Theoretische Grundlagen der Zusammenarbeit

Die Theorie des sozialen Wandels, insbesondere die *Theorie der kollektiven Aktion*, bietet einen Rahmen für das Verständnis der Zusammenarbeit zwischen Aktivisten und NGOs. Diese Theorie besagt, dass gemeinsame Interessen und kollektives Handeln notwendig sind, um soziale Veränderungen herbeizuführen. Der Austausch von Ressourcen, Wissen und Erfahrungen zwischen NGOs und Aktivisten ist entscheidend, um die Effektivität von Kampagnen zu erhöhen.

Die *Netzwerktheorie* ist ein weiterer theoretischer Ansatz, der die Dynamik der Zusammenarbeit beleuchtet. Netzwerke ermöglichen es NGOs und Aktivisten, sich zu vernetzen, Informationen auszutauschen und Synergien zu schaffen. Diese Zusammenarbeit kann zu einem stärkeren Einfluss auf politische Entscheidungsträger führen und die Sichtbarkeit von LGBTQ-Anliegen erhöhen.

Fazit

Die Zusammenarbeit mit NGOs ist für den Erfolg des LGBTQ-Aktivismus unerlässlich. Trotz der Herausforderungen, die sich aus unterschiedlichen Zielen und finanziellen Abhängigkeiten ergeben, können durch strategische Partnerschaften bedeutende Fortschritte erzielt werden. Die Beispiele erfolgreicher Kooperationen zeigen, dass durch den Austausch von Ressourcen und Wissen eine stärkere, vereinte Stimme für die Rechte von LGBTQ-Personen geschaffen werden kann. In der Zukunft wird es entscheidend sein, diese Partnerschaften weiter zu stärken und innovative Ansätze zu entwickeln, um die Herausforderungen der LGBTQ-Community effektiv anzugehen.

Die Bedeutung von Lobbyarbeit

Lobbyarbeit spielt eine entscheidende Rolle im Kampf um die Rechte und Gleichheit der LGBTQ-Community. Sie ist der Prozess, durch den Individuen oder Gruppen versuchen, politische Entscheidungsträger zu beeinflussen, um Gesetze und Politiken zu fördern, die ihre Interessen und Bedürfnisse widerspiegeln. In diesem Kontext ist Lobbyarbeit nicht nur eine Strategie, sondern auch ein notwendiges Instrument, um die Sichtbarkeit und die Anliegen der LGBTQ-Community in der politischen Arena zu erhöhen.

Theoretische Grundlagen der Lobbyarbeit

Die Theorie der Lobbyarbeit basiert auf dem Konzept des *Pluralismus*, das besagt, dass in einer Demokratie verschiedene Gruppen um Einfluss kämpfen. Diese Theorie stellt die Idee in den Vordergrund, dass nicht alle Stimmen gleich laut sind, und dass marginalisierte Gruppen, wie die LGBTQ-Community, oft besonderen Herausforderungen gegenüberstehen, wenn es darum geht, Gehör zu finden.

Ein zentraler Aspekt der Lobbyarbeit ist die *Repräsentation*. LGBTQ-Aktivisten müssen sicherstellen, dass ihre Anliegen nicht nur gehört, sondern auch verstanden werden. Dies erfordert eine klare und prägnante Kommunikation der spezifischen Bedürfnisse und Herausforderungen, mit denen die Gemeinschaft konfrontiert ist.

Herausforderungen der Lobbyarbeit

Trotz ihrer Bedeutung sieht sich die Lobbyarbeit für LGBTQ-Rechte zahlreichen Herausforderungen gegenüber. Eine der größten Hürden ist die *politische Polarisierung*. In vielen Ländern gibt es tief verwurzelte Vorurteile und Widerstände gegen LGBTQ-Rechte, was es schwierig macht, Unterstützung zu gewinnen.

Zusätzlich gibt es oft *finanzielle Ungleichheiten* zwischen großen Lobbygruppen und kleineren, grassroots-orientierten Organisationen. Während große Organisationen über erhebliche Ressourcen verfügen, kämpfen kleinere Gruppen oft ums Überleben und haben Schwierigkeiten, ihre Botschaften effektiv zu verbreiten.

Ein weiteres Problem ist die *Fragmentierung* innerhalb der LGBTQ-Community selbst. Unterschiedliche Gruppen innerhalb der Gemeinschaft können unterschiedliche Prioritäten und Ansichten haben, was zu internen Konflikten führen kann, die die Lobbyarbeit schwächen.

Beispiele erfolgreicher Lobbyarbeit

Trotz dieser Herausforderungen gibt es zahlreiche Beispiele für erfolgreiche Lobbyarbeit innerhalb der LGBTQ-Community. Ein herausragendes Beispiel ist die *Kampagne für die Ehegleichheit* in den USA. Durch eine Kombination aus öffentlicher Mobilisierung, rechtlichen Herausforderungen und strategischer Lobbyarbeit konnten LGBTQ-Aktivisten bedeutende Fortschritte erzielen, die schließlich zur Legalisierung der gleichgeschlechtlichen Ehe im Jahr 2015 führten.

Ein weiteres Beispiel ist die *Bewegung für Antidiskriminierungsgesetze*. In vielen Bundesstaaten der USA und in anderen Ländern haben LGBTQ-Aktivisten erfolgreich Lobbyarbeit geleistet, um Gesetze zu erwirken, die Diskriminierung aufgrund der sexuellen Orientierung oder Geschlechtsidentität verbieten. Diese Erfolge sind oft das Ergebnis von jahrelanger, unermüdlicher Arbeit, die sowohl politische als auch gesellschaftliche Unterstützung mobilisierte.

Die Rolle von Netzwerken und Allianzen

Die Bildung von Netzwerken und Allianzen ist ein weiterer wichtiger Aspekt der Lobbyarbeit. LGBTQ-Organisationen arbeiten häufig mit anderen sozialen Bewegungen zusammen, um gemeinsame Ziele zu verfolgen. Diese *intersektionale* Herangehensweise ermöglicht es, die Anliegen von LGBTQ-Personen in den breiteren Kontext von Menschenrechten und sozialer Gerechtigkeit zu stellen.

Ein Beispiel für eine erfolgreiche Allianz ist die Zusammenarbeit zwischen LGBTQ-Organisationen und feministischen Gruppen, um gegen geschlechtsspezifische Gewalt zu kämpfen. Solche Allianzen stärken die Lobbyarbeit, indem sie Ressourcen bündeln und eine breitere Öffentlichkeit ansprechen.

Schlussfolgerung

Die Bedeutung der Lobbyarbeit für die LGBTQ-Community kann nicht überschätzt werden. Sie ist ein unverzichtbares Werkzeug, um politische Veränderungen zu bewirken und die Rechte und die Sichtbarkeit von LGBTQ-Personen zu fördern. Trotz der Herausforderungen, mit denen sie konfrontiert ist, bleibt die Lobbyarbeit ein zentraler Bestandteil des Aktivismus und der Bewegung für Gleichheit und Gerechtigkeit. Um die Zukunft der LGBTQ-Rechte zu sichern, ist es entscheidend, dass die Community weiterhin in Lobbyarbeit investiert und sich mit anderen sozialen Bewegungen zusammenschließt, um eine inklusive und gerechte Gesellschaft zu schaffen.

$$\text{Einfluss von Lobbyarbeit} = \text{Sichtbarkeit} + \text{Repräsentation} + \text{Solidarität} \quad (3)$$

Herausforderungen innerhalb der Community

Die LGBTQ-Community hat in den letzten Jahrzehnten erhebliche Fortschritte in Richtung Gleichheit und Akzeptanz gemacht. Dennoch stehen viele Mitglieder der Community weiterhin vor bedeutenden Herausforderungen, die ihre Identität, ihren Aktivismus und ihr tägliches Leben beeinflussen. Diese Herausforderungen sind oft vielschichtig und können sowohl von außen als auch von innerhalb der Community selbst kommen.

Interne Spaltungen und Diversität

Eine der größten Herausforderungen innerhalb der LGBTQ-Community ist die Diversität selbst. Die Community ist nicht homogen; sie umfasst eine Vielzahl von Identitäten, darunter Lesben, Schwule, Bisexuelle, Transgender-Personen, nicht-binäre Menschen und viele andere. Diese Diversität kann zu internen Spannungen führen, wenn unterschiedliche Gruppen um Ressourcen, Sichtbarkeit und politische Prioritäten konkurrieren. Zum Beispiel können Transgender-Rechte in manchen Fällen in den Hintergrund gedrängt werden, wenn sich die Diskussion auf die Rechte von schwulen und lesbischen Menschen konzentriert. Diese Spaltungen können die Effektivität des kollektiven Aktivismus beeinträchtigen und zu einem Gefühl der Entfremdung innerhalb der Community führen.

Vorurteile und Diskriminierung innerhalb der Community

Ein weiteres ernstes Problem ist die Existenz von Vorurteilen und Diskriminierung innerhalb der eigenen Gemeinschaft. Studien haben gezeigt, dass insbesondere People of Color (POC) innerhalb der LGBTQ-Community häufig Diskriminierung erleben, nicht nur aufgrund ihrer sexuellen Orientierung, sondern auch aufgrund ihrer ethnischen Zugehörigkeit. Diese doppelte Diskriminierung kann zu einem Gefühl der Isolation und des Ausschlusses führen. Ein Beispiel dafür ist die Diskussion um die Black Lives Matter-Bewegung, die häufig die Notwendigkeit betont, die Stimmen von BIPOC-LGBTQ-Personen zu stärken, um sicherzustellen, dass ihre Erfahrungen und Herausforderungen nicht ignoriert werden.

Mental Health und Unterstützungssysteme

Die psychische Gesundheit ist ein weiteres kritisches Thema, das oft innerhalb der LGBTQ-Community angesprochen wird. Mitglieder der Community sind überproportional von psychischen Erkrankungen betroffen, einschließlich Depressionen und Angststörungen. Diese Probleme können durch gesellschaftliche Diskriminierung, Stigmatisierung und den Druck, sich anzupassen oder zu verstecken, verstärkt werden. Ein Mangel an Unterstützungssystemen, insbesondere in ländlichen oder konservativen Gebieten, kann die Situation weiter verschärfen. Viele LGBTQ-Personen fühlen sich gezwungen, ihre Identität zu verbergen, was zu einem erhöhten Stressniveau führt.

Ressourcenzugang und Sichtbarkeit

Der Zugang zu Ressourcen, einschließlich Gesundheitsversorgung, rechtlicher Unterstützung und sicherer Wohnraum, ist eine weitere Herausforderung. LGBTQ-Personen, insbesondere Transgender-Personen, stehen oft vor erheblichen Hürden, wenn es darum geht, Zugang zu medizinischer Versorgung zu erhalten, die ihren spezifischen Bedürfnissen gerecht wird. Diese Diskrepanz in der Versorgung kann zu ernsthaften gesundheitlichen Problemen führen. Zudem ist die Sichtbarkeit von LGBTQ-Personen in den Medien und in der Gesellschaft oft unzureichend, was das Gefühl der Isolation verstärken kann. Ein Beispiel ist die Darstellung von LGBTQ-Personen in Hollywood, wo Stereotypen und Klischees häufig die Realität verzerren und die Vielfalt innerhalb der Community nicht angemessen repräsentieren.

Die Rolle von Aktivismus und Gemeinschaftsarbeit

Trotz dieser Herausforderungen gibt es auch positive Entwicklungen innerhalb der Community. Aktivismus und Gemeinschaftsarbeit spielen eine entscheidende Rolle bei der Bewältigung dieser Probleme. Organisationen, die sich für die Rechte von LGBTQ-Personen einsetzen, arbeiten daran, Bildung und Sensibilisierung zu fördern, um Vorurteile abzubauen und die Sichtbarkeit zu erhöhen. Ein Beispiel hierfür ist die Arbeit von Organisationen wie GLAAD und Human Rights Campaign, die sich für die Rechte von LGBTQ-Personen einsetzen und gleichzeitig Programme zur Unterstützung von POC-LGBTQ-Personen entwickeln.

Fazit

Die Herausforderungen innerhalb der LGBTQ-Community sind komplex und vielschichtig. Es ist entscheidend, dass die Community weiterhin auf diese Probleme aufmerksam macht und sich für eine inklusive und gerechte Gesellschaft einsetzt. Nur durch Zusammenarbeit und gegenseitige Unterstützung kann die Community die internen Spaltungen überwinden und eine stärkere, vereinte Front gegen die äußeren Herausforderungen bilden. Der Weg zur Gleichheit erfordert nicht nur den Kampf gegen äußere Diskriminierung, sondern auch die Arbeit an den eigenen internen Strukturen und Dynamiken.

Der Einfluss von Medienberichterstattung

Die Medienberichterstattung spielt eine entscheidende Rolle in der Wahrnehmung und dem Verständnis von LGBTQ-Themen in der Gesellschaft. Sie hat nicht nur das Potenzial, die öffentliche Meinung zu beeinflussen, sondern auch die politische Agenda zu formen und den Aktivismus zu unterstützen oder zu behindern. In diesem Abschnitt werden wir die verschiedenen Aspekte des Einflusses der Medien auf die LGBTQ-Bewegung untersuchen, einschließlich der Herausforderungen, die sich aus der Berichterstattung ergeben, sowie der positiven und negativen Beispiele.

Die Rolle der Medien in der Gesellschaft

Die Medien fungieren als Vermittler zwischen der Gesellschaft und verschiedenen sozialen Bewegungen. Sie sind nicht nur für die Verbreitung von Informationen verantwortlich, sondern auch für die Interpretation und den Kontext, in dem diese Informationen präsentiert werden. Laut der *Agenda-Setting-Theorie* haben Medien die Macht, Themen hervorzuheben und dadurch die öffentliche Wahrnehmung zu beeinflussen. Dies bedeutet, dass die Art und Weise, wie LGBTQ-Themen in den Medien behandelt werden, entscheidend für die gesellschaftliche Akzeptanz und das Verständnis dieser Themen ist.

Positive Beispiele der Medienberichterstattung

Ein herausragendes Beispiel für positive Medienberichterstattung ist die Berichterstattung über die *Ehe für Alle* in Deutschland. Die mediale Aufmerksamkeit, die dieser Debatte zuteilwurde, trug dazu bei, das Bewusstsein für die Rechte von LGBTQ-Personen zu schärfen und die öffentliche Unterstützung für die Legalisierung der gleichgeschlechtlichen Ehe zu erhöhen. Berichte über persönliche Geschichten von LGBTQ-Paaren, die für ihre Rechte kämpften, halfen, Empathie und Verständnis in der breiten Öffentlichkeit zu fördern.

Ein weiteres Beispiel ist die Berichterstattung über *Pride-Veranstaltungen*. Diese Events erhalten oft umfangreiche mediale Berichterstattung, die dazu beiträgt, die Sichtbarkeit der LGBTQ-Community zu erhöhen und ein Gefühl der Solidarität zu schaffen. Die Medien können durch die Berichterstattung über solche Veranstaltungen auch die Vielfalt innerhalb der LGBTQ-Community hervorheben, was zu einer breiteren Akzeptanz führt.

Herausforderungen und negative Aspekte

Trotz der positiven Einflüsse gibt es auch erhebliche Herausforderungen in der Medienberichterstattung über LGBTQ-Themen. Oft werden Stereotypen und Klischees verwendet, die zu einer verzerrten Wahrnehmung der Community führen. Berichte, die sich auf Sensationslust konzentrieren oder die LGBTQ-Community auf ihre Sexualität reduzieren, können schädliche Vorurteile verstärken. Dies ist besonders problematisch in Zeiten von Krisen oder Skandalen, wenn die Berichterstattung oft sensationalisiert und ungenau ist.

Ein Beispiel für negative Medienberichterstattung ist die Berichterstattung über Gewalt gegen LGBTQ-Personen. Oft wird in den Medien nicht genug Kontext gegeben, um die strukturellen Ursachen von Diskriminierung und Gewalt zu verstehen. Stattdessen wird der Fokus auf die Tat selbst gelegt, was dazu führt, dass die zugrunde liegenden sozialen und politischen Probleme ignoriert werden.

Der Einfluss von sozialen Medien

Mit dem Aufkommen sozialer Medien hat sich die Landschaft der Medienberichterstattung erheblich verändert. Plattformen wie Twitter, Instagram und Facebook bieten LGBTQ-Aktivisten eine Möglichkeit, ihre Stimmen direkt zu erheben und ihre Geschichten zu teilen. Diese Form der Berichterstattung kann als *Gegennarrativ* zur traditionellen Medienberichterstattung angesehen werden, da sie es der Community ermöglicht, ihre eigene Sichtweise zu präsentieren und sich gegen diskriminierende Darstellungen zu wehren.

Allerdings bringt die Nutzung sozialer Medien auch Herausforderungen mit sich. Die Verbreitung von Fehlinformationen und Hassrede kann die Sichtbarkeit und Sicherheit von LGBTQ-Personen gefährden. Zudem können algorithmische Verzerrungen dazu führen, dass bestimmte Stimmen und Geschichten übersehen werden, während andere überproportional viel Aufmerksamkeit erhalten.

Schlussfolgerung

Die Medienberichterstattung hat einen tiefgreifenden Einfluss auf die LGBTQ-Bewegung, sowohl positiv als auch negativ. Während sie eine Plattform für Sichtbarkeit und Unterstützung bieten kann, besteht auch die Gefahr, dass Stereotypen und Vorurteile verstärkt werden. Um die positiven Aspekte der Medienberichterstattung zu maximieren und die negativen zu minimieren, ist es entscheidend, dass die Medien verantwortungsbewusst und sensibel über LGBTQ-Themen berichten. Die Zusammenarbeit zwischen Medienvertretern und der LGBTQ-Community ist unerlässlich, um ein umfassenderes und gerechteres Bild zu schaffen, das die Vielfalt und die Herausforderungen dieser Gemeinschaft widerspiegelt.

Die Rolle von internationalen Bewegungen

Internationale Bewegungen spielen eine entscheidende Rolle im Kampf für die Rechte der LGBTQ-Community. Sie bieten nicht nur eine Plattform für den Austausch von Ideen und Strategien, sondern auch eine Möglichkeit, solidarische Netzwerke zu bilden, die über nationale Grenzen hinweg wirken. In diesem Abschnitt werden die theoretischen Grundlagen, Herausforderungen und einige Beispiele für die Wirkung internationaler Bewegungen im LGBTQ-Aktivismus behandelt.

Theoretische Grundlagen

Die Theorie des transnationalen Aktivismus beschreibt, wie Gruppen über nationale Grenzen hinweg zusammenarbeiten, um gemeinsame Ziele zu erreichen. Laut Keck und Sikkink (1998) entstehen transnationale Netzwerke, wenn „nichtstaatliche Akteure, wie NGOs und soziale Bewegungen, Informationen und Ressourcen über Grenzen hinweg austauschen". Diese Netzwerke sind entscheidend, um die Sichtbarkeit der LGBTQ-Anliegen auf globaler Ebene zu erhöhen und politischen Druck auf Regierungen auszuüben.

Die *Theorie der intersektionalen Solidarität* betont die Bedeutung, verschiedene Diskriminierungsformen zu erkennen und zu bekämpfen. Diese Theorie impliziert, dass der Kampf für LGBTQ-Rechte eng mit anderen sozialen Gerechtigkeitsbewegungen verbunden ist, wie z.B. dem Feminismus und der Antirassismusbewegung. Diese Verknüpfung ermöglicht es, eine breitere Basis für Unterstützung zu schaffen und gemeinsame Kämpfe zu organisieren.

Herausforderungen

Trotz der positiven Aspekte internationaler Bewegungen gibt es auch erhebliche Herausforderungen. Eine der größten Hürden ist die kulturelle Diversität innerhalb der LGBTQ-Community. Was in einem Land als Fortschritt angesehen wird, kann in einem anderen als unangebracht oder sogar gefährlich wahrgenommen werden. Dies führt oft zu Spannungen zwischen internationalen Organisationen und lokalen Aktivisten. Ein Beispiel hierfür ist die Debatte über die Akzeptanz von LGBTQ-Rechten in verschiedenen Kulturen, die häufig von kolonialen Narrativen beeinflusst wird.

Ein weiteres Problem ist die Finanzierung. Internationale Bewegungen sind oft auf Spenden und Zuschüsse angewiesen, die nicht immer zuverlässig sind. Dies kann dazu führen, dass lokale Gruppen in ihrer Arbeit eingeschränkt sind, wenn die Finanzierung nicht den spezifischen Bedürfnissen und Kontexten entspricht.

Beispiele für internationale Bewegungen

Ein bedeutendes Beispiel für eine erfolgreiche internationale Bewegung ist die *International Lesbian, Gay, Bisexual, Trans and Intersex Association (ILGA)*. Diese Organisation hat es sich zur Aufgabe gemacht, die Rechte von LGBTQ-Personen weltweit zu fördern und zu schützen. ILGA ist ein Netzwerk von über 1.600 Organisationen in mehr als 150 Ländern und hat maßgeblich dazu beigetragen, die Sichtbarkeit von LGBTQ-Anliegen in internationalen Foren wie den Vereinten Nationen zu erhöhen.

Ein weiteres Beispiel ist die *Pride-Bewegung*, die ursprünglich in den USA begann, aber schnell zu einem globalen Phänomen wurde. Pride-Veranstaltungen auf der ganzen Welt haben nicht nur zur Sichtbarkeit der LGBTQ-Community beigetragen, sondern auch zu einem Gefühl der Solidarität und Gemeinschaft. Diese Veranstaltungen bieten eine Plattform, um auf Diskriminierung aufmerksam zu machen und die Rechte der LGBTQ-Personen zu fordern.

Schlussfolgerung

Die Rolle internationaler Bewegungen im LGBTQ-Aktivismus ist von zentraler Bedeutung. Sie ermöglichen den Austausch von Ideen, fördern die Solidarität und tragen zur Sichtbarkeit bei. Trotz der Herausforderungen, die sie mit sich bringen, sind internationale Bewegungen ein unverzichtbarer Bestandteil des Kampfes für Gleichheit und Gerechtigkeit. Um die Zukunft der LGBTQ-Rechte zu sichern, müssen diese Bewegungen weiterhin gestärkt und unterstützt werden, um eine inklusive und gerechte Gesellschaft für alle zu schaffen.

Erfolge und Rückschläge

Der Kampf für LGBTQ-Rechte ist geprägt von einer Vielzahl an Erfolgen und Rückschlägen, die sowohl auf individueller als auch auf kollektiver Ebene erlebt werden. In diesem Abschnitt werden wir einige der bedeutendsten Erfolge und Herausforderungen beleuchten, die die LGBTQ-Bewegung im Laufe der Jahre geprägt haben.

Erfolge in der Gesetzgebung

Einer der herausragendsten Erfolge der LGBTQ-Bewegung war die Einführung von Antidiskriminierungsgesetzen in vielen Ländern. Diese Gesetze schützten LGBTQ-Personen vor Diskriminierung in Bereichen wie Beschäftigung, Wohnraum und öffentlicher Dienst. Ein Beispiel dafür ist das *Employment Non-Discrimination Act (ENDA)* in den USA, das 2013 im Senat verabschiedet wurde. Solche gesetzlichen Änderungen sind oft das Ergebnis jahrelanger Lobbyarbeit und öffentlicher Mobilisierung.

Einflussreiche Kampagnen

Ein weiterer bedeutender Erfolg war die Durchführung von Kampagnen, die das Bewusstsein für LGBTQ-Rechte schärfen und Unterstützung in der breiten Öffentlichkeit gewinnen konnten. Die *It Gets Better*-Kampagne ist ein bemerkenswertes Beispiel, das 2010 ins Leben gerufen wurde, um Jugendlichen in der LGBTQ-Community Hoffnung zu geben und sie zu ermutigen, ihre Identität zu akzeptieren. Diese Kampagne hat nicht nur Tausende von Unterstützern mobilisiert, sondern auch das öffentliche Diskurs über LGBTQ-Themen verändert.

Persönliche Auszeichnungen und Ehrungen

Viele Aktivisten haben für ihre Arbeit Anerkennung und Auszeichnungen erhalten, die ihre Beiträge zur LGBTQ-Bewegung würdigen. Ein Beispiel ist der *GLAAD Media Award*, der herausragende Leistungen in der Medienberichterstattung über LGBTQ-Themen honoriert. Diese Auszeichnungen fördern nicht nur die Sichtbarkeit, sondern ermutigen auch andere, sich für die Rechte der LGBTQ-Community einzusetzen.

Die Rolle der Medien

Die Medien spielen eine entscheidende Rolle bei der Förderung von LGBTQ-Rechten. Durch positive Berichterstattung und die Darstellung von LGBTQ-Personen in Filmen und Fernsehsendungen kann das öffentliche Bild von LGBTQ-Identitäten erheblich beeinflusst werden. Beispiele wie die Serie *Pose* haben dazu beigetragen, das Bewusstsein für die Herausforderungen und Triumphe der LGBTQ-Community zu schärfen und eine breitere Akzeptanz zu fördern.

Herausforderungen innerhalb der Community

Trotz dieser Erfolge gibt es auch erhebliche Rückschläge. Innerhalb der LGBTQ-Community gibt es oft Spannungen und Herausforderungen, die die Einheit gefährden. Fragen der Intersektionalität, wie Rassismus, Klassismus und Transphobie, stellen Herausforderungen dar, die nicht ignoriert werden können. Ein Beispiel ist die Diskriminierung von People of Color innerhalb der LGBTQ-Community, die oft übersehen wird.

Der Einfluss von Medienberichterstattung

Die Berichterstattung über LGBTQ-Themen kann sowohl positiv als auch negativ sein. Sensationslustige Berichterstattung über Gewalt gegen LGBTQ-Personen kann zu einer weiteren Stigmatisierung führen, während positive Darstellungen zur Akzeptanz beitragen können. Die Herausforderung besteht darin, eine ausgewogene und respektvolle Berichterstattung zu fördern, die die Vielfalt innerhalb der Community widerspiegelt.

Erfolge und Rückschläge weltweit

Der Kampf für LGBTQ-Rechte ist nicht auf ein einzelnes Land beschränkt. In vielen Ländern gibt es bedeutende Fortschritte, während andere weiterhin mit schweren Rückschlägen konfrontiert sind. In einigen Ländern, wie Kanada und Deutschland, wurden bedeutende Fortschritte in der Gesetzgebung erzielt, während in anderen Ländern, wie Russland oder Uganda, LGBTQ-Personen mit drakonischen Gesetzen konfrontiert sind, die ihre Rechte und Freiheiten stark einschränken.

Die Bedeutung von Bildung und Aufklärung

Ein zentraler Aspekt, um sowohl Erfolge zu fördern als auch Rückschläge zu minimieren, ist die Bildung. Aufklärung über LGBTQ-Themen in Schulen und Gemeinden kann Vorurteile abbauen und das Verständnis fördern. Programme zur Sensibilisierung, die sich an Jugendliche und Erwachsene richten, sind entscheidend, um eine inklusive Gesellschaft zu schaffen.

Zusammenfassung

Zusammenfassend lässt sich sagen, dass die LGBTQ-Bewegung sowohl Erfolge als auch Rückschläge erlebt hat. Die Errungenschaften in der Gesetzgebung, der

Einfluss von Medien und die Anerkennung durch die Gesellschaft sind bedeutende Fortschritte. Gleichzeitig müssen die Herausforderungen innerhalb der Community und die Rückschläge in verschiedenen Ländern ernst genommen werden. Der Weg zu Gleichheit und Akzeptanz ist lang und erfordert kontinuierliche Anstrengungen, Bildung und Solidarität.

Die Bedeutung von Bildung und Aufklärung

Die Bedeutung von Bildung und Aufklärung im Kontext der LGBTQ-Bewegung ist nicht zu unterschätzen. Bildung fungiert als Schlüssel, um Vorurteile abzubauen, Stereotypen zu hinterfragen und das Verständnis für die Vielfalt menschlicher Identitäten zu fördern. Ein zentraler Aspekt ist die Notwendigkeit, LGBTQ-Themen in den Bildungsplan zu integrieren, um jungen Menschen eine umfassende Sicht auf Geschlecht und Sexualität zu bieten. Hierbei ist es wichtig, sowohl formale als auch informelle Bildungsansätze zu betrachten.

Theoretische Grundlagen

Die Bildungsforschung hat gezeigt, dass das Wissen um LGBTQ-Themen nicht nur das Verständnis für diese Gemeinschaft erhöht, sondern auch die Akzeptanz fördert. Laut der *Social Identity Theory* von Henri Tajfel und John Turner (1979) beeinflusst die Gruppenzugehörigkeit, wie Individuen sich selbst und andere wahrnehmen. Bildung kann dazu beitragen, eine positive Identität innerhalb der LGBTQ-Community zu fördern und gleichzeitig Vorurteile gegenüber anderen Gruppen abzubauen.

Ein weiterer theoretischer Rahmen, der hier relevant ist, ist die *Critical Pedagogy* von Paulo Freire. Freire argumentiert, dass Bildung ein Werkzeug für soziale Veränderung sein sollte, indem sie die kritische Reflexion über gesellschaftliche Strukturen und Machtverhältnisse fördert. In diesem Sinne kann LGBTQ-Bildung als eine Form der kritischen Pädagogik betrachtet werden, die dazu dient, die Stimmen von Marginalisierten zu stärken und eine inklusive Gesellschaft zu fördern.

Herausforderungen

Trotz der erkannten Bedeutung von Bildung und Aufklärung bestehen zahlreiche Herausforderungen. In vielen Ländern sind LGBTQ-Themen in Schulen nach wie vor tabuisiert. Lehrpläne sind oft nicht inklusiv, und Lehrer sind möglicherweise nicht ausreichend ausgebildet, um diese Themen sensibel und informativ zu

DIE POLITISCHEN KÄMPFE DER 2000ER JAHRE 89

behandeln. Dies führt zu einem Mangel an Wissen und Verständnis, was wiederum Vorurteile und Diskriminierung fördert.

Ein Beispiel für die Auswirkungen mangelnder Bildung ist die hohe Rate an Mobbing und Diskriminierung, die LGBTQ-Jugendliche in Schulen erleben. Laut einer Studie des *Gay, Lesbian & Straight Education Network* (GLSEN) aus dem Jahr 2019 gaben 59,1% der LGBTQ-Schüler an, sich in der Schule nicht sicher zu fühlen. Diese Unsicherheit kann zu ernsthaften psychischen Gesundheitsproblemen führen, einschließlich Depressionen und Angstzuständen.

Beispiele für erfolgreiche Bildungsinitiativen

Es gibt jedoch auch positive Beispiele für Bildungsinitiativen, die zur Aufklärung und Akzeptanz beitragen. In vielen Ländern haben LGBTQ-Organisationen Programme ins Leben gerufen, die sich auf die Schulbildung konzentrieren. Ein Beispiel ist das *Safe Schools Program* in Australien, das Schulen dabei unterstützt, sichere und inklusive Umgebungen für LGBTQ-Schüler zu schaffen. Dieses Programm bietet Schulungen für Lehrkräfte, Ressourcen für Schüler und Workshops, die sich mit Themen wie Identität und Akzeptanz befassen.

Ein weiteres Beispiel ist die *Pride Education* Initiative in Kanada, die darauf abzielt, LGBTQ-Themen in den Lehrplan zu integrieren. Diese Initiative hat bereits in mehreren Provinzen zu Änderungen in den Bildungsrichtlinien geführt und dazu beigetragen, dass LGBTQ-Geschichte und -Kultur in Schulen gelehrt werden.

Die Rolle von Medien und Technologie

In der heutigen digitalen Welt spielt auch die Technologie eine entscheidende Rolle bei der Bildung und Aufklärung. Soziale Medien und Online-Plattformen bieten eine Möglichkeit, Informationen schnell zu verbreiten und eine breitere Öffentlichkeit zu erreichen. Online-Kampagnen und Bildungsressourcen können dazu beitragen, das Bewusstsein für LGBTQ-Themen zu schärfen und den Dialog zu fördern.

Ein Beispiel ist die *It Gets Better*-Kampagne, die Videos von LGBTQ-Personen enthält, die ihre Geschichten erzählen und Hoffnung für die Zukunft bieten. Solche Initiativen können nicht nur das Bewusstsein schärfen, sondern auch das Gefühl der Zugehörigkeit und Unterstützung innerhalb der LGBTQ-Community stärken.

Fazit

Zusammenfassend lässt sich sagen, dass Bildung und Aufklärung von entscheidender Bedeutung sind, um Vorurteile abzubauen, das Verständnis für die LGBTQ-Community zu fördern und eine inklusive Gesellschaft zu schaffen. Die Integration von LGBTQ-Themen in die Bildung erfordert ein gemeinsames Engagement von Schulen, Gemeinschaften und politischen Entscheidungsträgern. Nur durch kontinuierliche Aufklärung und Sensibilisierung können wir eine Zukunft schaffen, in der jeder Mensch, unabhängig von seiner sexuellen Orientierung oder Geschlechtsidentität, akzeptiert und respektiert wird.

$$\text{Akzeptanz} = \frac{\text{Bildung} + \text{Aufklärung}}{\text{Vorurteile}} \tag{4}$$

Der Weg zu rechtlichen Veränderungen

Der Weg zu rechtlichen Veränderungen für die LGBTQ-Community ist ein komplexer und oft langwieriger Prozess, der sowohl gesellschaftliche als auch politische Dimensionen umfasst. In diesem Abschnitt werden wir die verschiedenen Aspekte beleuchten, die zu rechtlichen Fortschritten geführt haben, sowie die Herausforderungen, die es zu überwinden galt.

Theoretische Grundlagen

Die rechtlichen Veränderungen, die die LGBTQ-Community betreffen, basieren häufig auf den Prinzipien der Gleichheit und Nichtdiskriminierung. Diese Prinzipien sind in vielen nationalen und internationalen Menschenrechtsdokumenten verankert, wie zum Beispiel in der Allgemeinen Erklärung der Menschenrechte (1948) und dem Internationalen Pakt über bürgerliche und politische Rechte (1966). Der rechtliche Rahmen, der die Gleichheit fördert, wird durch unterschiedliche Theorien unterstützt, darunter die *Gleichheitstheorie* und die *Intersektionalitätstheorie*.

Die Gleichheitstheorie postuliert, dass alle Menschen unabhängig von ihrer sexuellen Orientierung oder Geschlechtsidentität die gleichen Rechte und Freiheiten genießen sollten. Die Intersektionalitätstheorie hingegen berücksichtigt, dass Diskriminierung nicht isoliert betrachtet werden kann, sondern dass verschiedene Identitätsmerkmale wie Geschlecht, Rasse und soziale Schicht miteinander verwoben sind und unterschiedliche Formen der Diskriminierung hervorrufen können.

DIE POLITISCHEN KÄMPFE DER 2000ER JAHRE 91

Herausforderungen und Widerstände

Trotz dieser theoretischen Grundlagen gab es zahlreiche Herausforderungen auf dem Weg zu rechtlichen Veränderungen. Eine der größten Hürden ist die gesellschaftliche Akzeptanz. In vielen Ländern gibt es tief verwurzelte Vorurteile und Diskriminierung gegenüber LGBTQ-Personen, die sich in der Gesetzgebung widerspiegeln. Beispielsweise wurden in einigen Staaten Gesetze erlassen, die die Rechte von LGBTQ-Personen einschränken oder kriminalisieren, wie etwa das Verbot von gleichgeschlechtlichen Ehen oder die Kriminalisierung von Homosexualität.

Ein weiteres Problem ist der politische Widerstand. Oftmals sind Gesetzgeber nicht bereit, sich für die Rechte von LGBTQ-Personen einzusetzen, sei es aus Angst vor Wählerverlusten oder aufgrund eigener Vorurteile. Dies führt dazu, dass Fortschritte in der Gesetzgebung oft schleppend vorangehen.

Beispiele für rechtliche Veränderungen

Trotz dieser Herausforderungen gibt es zahlreiche Beispiele für erfolgreiche rechtliche Veränderungen, die durch den unermüdlichen Einsatz von Aktivisten und Organisationen erreicht wurden. Ein herausragendes Beispiel ist die Legalisierung der gleichgeschlechtlichen Ehe in vielen Ländern, darunter die USA, Deutschland und Australien. Diese Erfolge sind oft das Ergebnis jahrelanger Lobbyarbeit, öffentlicher Kampagnen und der Mobilisierung von Unterstützern.

Ein weiteres Beispiel ist die Einführung von Antidiskriminierungsgesetzen, die LGBTQ-Personen in Bereichen wie Beschäftigung, Wohnraum und öffentlicher Dienst schützen. In vielen Ländern, darunter Kanada und das Vereinigte Königreich, wurden solche Gesetze verabschiedet, die eine rechtliche Grundlage für den Schutz der Rechte von LGBTQ-Personen bieten.

Der Einfluss von Bildung und Aufklärung

Ein entscheidender Faktor für den Erfolg rechtlicher Veränderungen ist Bildung und Aufklärung. Durch Bildungsprogramme in Schulen und Gemeinden können Vorurteile abgebaut und das Bewusstsein für die Rechte von LGBTQ-Personen geschärft werden. Studien haben gezeigt, dass eine erhöhte Sichtbarkeit von LGBTQ-Personen in den Medien und in der Gesellschaft zu einer positiveren Wahrnehmung und einer stärkeren Unterstützung für rechtliche Veränderungen führt.

Die Rolle von sozialen Medien kann hierbei nicht unterschätzt werden. Plattformen wie Twitter, Facebook und Instagram ermöglichen es Aktivisten, ihre

Botschaften schnell und effektiv zu verbreiten, und schaffen eine globale Gemeinschaft von Unterstützern. Diese digitale Mobilisierung hat in vielen Fällen dazu beigetragen, politische Entscheidungsträger unter Druck zu setzen und Veränderungen herbeizuführen.

Zukunftsperspektiven

Der Weg zu rechtlichen Veränderungen ist ein fortlaufender Prozess. Auch wenn in vielen Ländern bedeutende Fortschritte erzielt wurden, bleibt noch viel zu tun. Es ist entscheidend, dass die LGBTQ-Community weiterhin aktiv bleibt und sich für ihre Rechte einsetzt. Dies erfordert nicht nur politische Lobbyarbeit, sondern auch die Schaffung eines solidarischen Netzwerks, das die Stimmen aller Mitglieder der Community hörbar macht.

Zusammenfassend lässt sich sagen, dass der Weg zu rechtlichen Veränderungen für die LGBTQ-Community ein dynamischer und vielschichtiger Prozess ist, der sowohl Herausforderungen als auch Erfolge umfasst. Die Kombination aus theoretischen Grundlagen, gesellschaftlicher Mobilisierung und politischem Engagement ist entscheidend für den Fortschritt in der rechtlichen Gleichstellung. Die Zukunft wird zeigen, wie sich diese Entwicklungen weiter entfalten und welche neuen Herausforderungen und Möglichkeiten sich ergeben werden.

Persönliche Herausforderungen und Triumphe

Der Umgang mit Diskriminierung

Erlebnisse mit Vorurteilen

Vorurteile sind tief verwurzelte, oft unbegründete Annahmen über Individuen oder Gruppen, die auf Stereotypen basieren. Sie können sich in verschiedenen Formen äußern, darunter Diskriminierung, soziale Isolation und verbale Angriffe. Für viele LGBTQ-Aktivisten, einschließlich unseres Protagonisten, sind diese Erfahrungen nicht nur schmerzhaft, sondern auch prägend für ihren Aktivismus.

Ein typisches Erlebnis mit Vorurteilen könnte in der Schulzeit beginnen. Der Protagonist erinnert sich an die ersten Anzeichen von Ablehnung, die er erlebte, als er sich seiner Sexualität bewusst wurde. In einer Umgebung, in der Heteronormativität die Norm war, fühlte er sich oft wie ein Außenseiter. Ein Beispiel dafür war ein Vorfall in der Schule, als er von Mitschülern verspottet wurde, weil er eine Regenbogenfahne trug. Diese Flagge, ein Symbol der LGBTQ-Community, wurde von seinen Altersgenossen als Provokation verstanden. Der Schmerz dieser Erfahrung war nicht nur emotional, sondern führte auch zu einem Gefühl der Isolation.

$$\text{Vorurteil} = \frac{\text{Unkenntnis} + \text{Angst}}{\text{Empathie}} \qquad (5)$$

Diese Gleichung verdeutlicht, dass Vorurteile oft aus einem Mangel an Wissen und einer Angst vor dem Unbekannten resultieren, während Empathie als Katalysator für Verständnis und Akzeptanz fungiert. In der Schulzeit fehlte es an Aufklärung über LGBTQ-Themen, was zu einem fruchtbaren Boden für Vorurteile führte.

Ein weiteres prägendes Erlebnis war die Reaktion der Familie, als der Protagonist sich entschloss, offen über seine Sexualität zu sprechen. In einer Kultur, in der traditionelle Geschlechterrollen stark ausgeprägt sind, war die Reaktion seiner Eltern von Enttäuschung und Unverständnis geprägt. Diese Reaktion ist nicht untypisch; viele LGBTQ-Personen berichten von ähnlichen Erfahrungen. Der Protagonist erlebte ein Gefühl der Ablehnung, das seine Beziehung zu seinen Eltern belastete und seine Selbstakzeptanz in Frage stellte.

$$\text{Selbstakzeptanz} = \text{Identität} - \text{Gesellschaftlicher Druck} \qquad (6)$$

Diese Formel verdeutlicht, dass die Selbstakzeptanz oft durch den Druck von außen beeinträchtigt wird. Der Protagonist kämpfte mit dem Gefühl, dass seine Identität nicht mit den Erwartungen seiner Familie übereinstimmte, was zu einem inneren Konflikt führte.

Ein Beispiel für die Auswirkungen von Vorurteilen auf die mentale Gesundheit ist die Zunahme von Angstzuständen und Depressionen unter LGBTQ-Jugendlichen. Studien zeigen, dass diese Gruppe ein höheres Risiko für psychische Erkrankungen hat, was oft auf Diskriminierung und soziale Ausgrenzung zurückzuführen ist. Der Protagonist selbst erlebte Phasen der Traurigkeit und Verzweiflung, die durch die ständige Konfrontation mit Vorurteilen verstärkt wurden.

Zusätzlich zu persönlichen Erfahrungen war der Protagonist auch Zeuge von Diskriminierung in der Gesellschaft. Bei der Teilnahme an Pride-Veranstaltungen erlebte er, wie einige Menschen, die die Parade beobachteten, mit Hass und Vorurteilen reagierten. Diese Reaktionen reichen von beleidigenden Kommentaren bis hin zu gewalttätigen Übergriffen. Solche Erfahrungen verdeutlichen die Notwendigkeit eines aktiven Engagements gegen Vorurteile und Diskriminierung.

Die Rolle von Unterstützungssystemen in solchen Zeiten kann nicht genug betont werden. Der Protagonist fand Halt bei Freunden und Verbündeten, die ähnliche Erfahrungen gemacht hatten. Diese Gemeinschaft half ihm, die Herausforderungen zu bewältigen und seine Identität zu akzeptieren. Die Kraft der Solidarität war entscheidend, um den negativen Einfluss von Vorurteilen zu mildern.

Zusammenfassend lässt sich sagen, dass die Erlebnisse mit Vorurteilen für viele LGBTQ-Aktivisten eine zentrale Rolle in ihrem Leben spielen. Diese Erfahrungen motivieren sie, für Gleichheit und Akzeptanz zu kämpfen und anderen zu helfen, die ähnliche Herausforderungen durchleben. Der Weg zur Selbstakzeptanz ist oft steinig, aber er ist auch der Grundstein für einen aktiven und engagierten Lebensstil, der auf der Überzeugung basiert, dass jeder Mensch das Recht hat, er selbst zu sein, unabhängig von sexueller Orientierung oder Geschlechtsidentität.

Der Einfluss auf die mentale Gesundheit

Die mentale Gesundheit ist ein zentrales Thema im Leben von LGBTQ-Aktivisten, da sie oft mit Herausforderungen konfrontiert sind, die sich aus Diskriminierung, Vorurteilen und dem Kampf um Akzeptanz ergeben. Diese Herausforderungen können zu einer Vielzahl von psychischen Problemen führen, darunter Angstzustände, Depressionen und posttraumatische Belastungsstörungen.

Theoretische Grundlagen

Die Psychologie bietet verschiedene Modelle zur Erklärung der Auswirkungen von Diskriminierung auf die mentale Gesundheit. Eine gängige Theorie ist das *Minority Stress Model*, das von Meyer (2003) formuliert wurde. Diese Theorie postuliert, dass Mitglieder von Minderheitengruppen spezifischen Stressoren ausgesetzt sind, die sich aus ihrer sozialen Identität ergeben. Diese Stressoren können in zwei Kategorien unterteilt werden:

- **Externale Stressoren:** Diskriminierung, Vorurteile und Gewalt, die von der Gesellschaft ausgehen.

- **Internale Stressoren:** Negative Selbstwahrnehmung und internalisierte Homophobie, die durch gesellschaftliche Normen und Werte verstärkt werden.

Die Gleichung, die die Beziehung zwischen diesen Stressoren und der mentalen Gesundheit beschreibt, könnte wie folgt formuliert werden:

$$MH = f(ES, IS)$$

wobei MH die mentale Gesundheit, ES die externen Stressoren und IS die internen Stressoren darstellt. Ein Anstieg der Stressoren führt typischerweise zu einer Abnahme der mentalen Gesundheit.

Probleme und Herausforderungen

Die Auswirkungen von Diskriminierung auf die mentale Gesundheit sind vielfältig. Viele LGBTQ-Aktivisten berichten von Erfahrungen, die ihre psychische Stabilität beeinträchtigen. Zu den häufigsten Problemen gehören:

- **Angstzustände:** Die ständige Sorge um Akzeptanz und die Angst vor Diskriminierung können zu chronischen Angstzuständen führen. Diese können sich in physischen Symptomen wie Herzklopfen und Schlaflosigkeit äußern.

- **Depressionen:** Die wiederholte Erfahrung von Ablehnung und Isolation kann depressive Symptome hervorrufen. Studien zeigen, dass LGBTQ-Personen ein höheres Risiko für Depressionen haben als heterosexuelle Personen.

- **Selbstverletzendes Verhalten:** In extremen Fällen kann der Druck, der durch soziale Ausgrenzung entsteht, zu selbstverletzendem Verhalten oder sogar Suizidgedanken führen.

Ein Beispiel für die Auswirkungen von Diskriminierung auf die mentale Gesundheit ist die Geschichte von Alex, einem LGBTQ-Aktivisten, der in seiner Jugend aufgrund seiner sexuellen Orientierung gemobbt wurde. Alex berichtete, dass die ständige Angst vor Ablehnung und die negativen Kommentare seiner Mitschüler zu schweren Depressionen führten, die ihn über Jahre begleiteten. Erst durch den Austausch mit Gleichgesinnten und professionelle Hilfe konnte Alex beginnen, seine mentale Gesundheit zu stabilisieren.

Ressourcen und Unterstützungssysteme

Um die mentale Gesundheit zu fördern, ist es entscheidend, dass LGBTQ-Aktivisten auf Unterstützungssysteme zurückgreifen können. Diese Systeme können aus verschiedenen Quellen stammen:

- **Therapie und Beratung:** Professionelle Hilfe kann entscheidend sein, um die psychischen Belastungen zu bewältigen. Therapeutische Ansätze, die auf LGBTQ-spezifische Probleme eingehen, sind besonders wertvoll.

- **Selbsthilfegruppen:** Der Austausch mit anderen, die ähnliche Erfahrungen gemacht haben, kann heilend wirken. Selbsthilfegruppen bieten einen Raum für Verständnis und Unterstützung.

- **Gemeinschaftsorganisationen:** Viele LGBTQ-Organisationen bieten Ressourcen und Programme an, die auf die mentale Gesundheit abzielen, einschließlich Workshops und Aufklärung.

Die Rolle von Kunst und Kreativität kann ebenfalls nicht unterschätzt werden. Viele Aktivisten nutzen kreative Ausdrucksformen, um ihre Gefühle zu verarbeiten und ihre Erfahrungen zu teilen. Kunst kann als Therapie wirken und hilft, emotionale Belastungen zu verarbeiten.

Fazit

Der Einfluss von Diskriminierung auf die mentale Gesundheit ist ein ernstzunehmendes Problem, das nicht ignoriert werden darf. Durch das Verständnis der zugrunde liegenden Theorien, der spezifischen Herausforderungen und der verfügbaren Unterstützungssysteme können LGBTQ-Aktivisten besser auf ihre mentale Gesundheit achten und Strategien entwickeln, um mit den Herausforderungen umzugehen. Die Förderung einer positiven und unterstützenden Gemeinschaft ist entscheidend, um die mentale Gesundheit innerhalb der LGBTQ-Community zu stärken und das Wohlbefinden zu fördern.

Die Bedeutung von Unterstützungssystemen

Die Bedeutung von Unterstützungssystemen kann nicht hoch genug eingeschätzt werden, insbesondere für LGBTQ-Aktivisten, die oft mit Diskriminierung, Vorurteilen und anderen Herausforderungen konfrontiert sind. Unterstützungssysteme bieten nicht nur emotionale Stabilität, sondern auch praktische Hilfe und Ressourcen, die für das persönliche und gesellschaftliche Wachstum unerlässlich sind.

Theoretische Grundlagen

Laut der sozialen Unterstützungstheorie von Cohen und Wills (1985) hat soziale Unterstützung positive Auswirkungen auf die psychische Gesundheit und das Wohlbefinden. Diese Theorie besagt, dass Unterstützung in Form von emotionaler, informativer und instrumenteller Hilfe den Umgang mit Stressoren erleichtert und somit Resilienz fördert. Für LGBTQ-Aktivisten bedeutet dies, dass ein starkes Unterstützungssystem sie nicht nur bei der Bewältigung von Diskriminierung und Vorurteilen unterstützt, sondern auch ihre Fähigkeit stärkt, aktiv für ihre Rechte und die ihrer Gemeinschaft zu kämpfen.

Arten von Unterstützungssystemen

Unterstützungssysteme können in verschiedene Kategorien eingeteilt werden:

- **Familie und Freunde:** Oft sind enge Beziehungen zu Familienmitgliedern und Freunden die erste Quelle der Unterstützung. Diese Personen können emotionale Rückendeckung bieten und ein Gefühl von Zugehörigkeit vermitteln.

- **Peer-Gruppen:** Der Austausch mit Gleichgesinnten in LGBTQ-Community-Gruppen kann eine wertvolle Unterstützung darstellen. Hier können Erfahrungen geteilt und Strategien zur Bewältigung von Herausforderungen entwickelt werden.

- **Mentoren:** Mentoren, die bereits Erfahrungen im Aktivismus haben, können wertvolle Ratschläge und Unterstützung bieten. Sie helfen, den Weg zu ebnen und bieten Orientierung in schwierigen Zeiten.

- **Professionelle Hilfe:** Psychologen, Therapeuten und Berater können spezifische Unterstützung bieten, insbesondere bei der Bewältigung von Traumata und psychischen Belastungen.

- **Online-Communities:** In der heutigen digitalen Welt bieten soziale Medien und Online-Plattformen eine Möglichkeit, sich mit anderen zu vernetzen, Informationen auszutauschen und Unterstützung zu finden, unabhängig von geografischen Barrieren.

Herausforderungen bei der Suche nach Unterstützung

Trotz der Vielzahl an Unterstützungssystemen stehen viele LGBTQ-Aktivisten vor Herausforderungen, wenn es darum geht, die benötigte Unterstützung zu finden. Vorurteile innerhalb der eigenen Familie oder Gemeinschaft können dazu führen, dass sich Betroffene isoliert fühlen. Dies kann besonders schwierig sein, wenn die eigene Identität nicht akzeptiert wird.

Ein weiteres Problem ist die Stigmatisierung von psychischen Gesundheitsproblemen. Viele Menschen zögern, Hilfe in Anspruch zu nehmen, aus Angst vor Diskriminierung oder Missverständnissen. Dies kann dazu führen, dass Unterstützungssysteme nicht effektiv genutzt werden und die betroffenen Personen in ihrer Einsamkeit verharren.

Beispiele für erfolgreiche Unterstützungssysteme

Ein Beispiel für ein erfolgreiches Unterstützungssystem ist die Organisation *The Trevor Project*, die sich auf die Unterstützung von LGBTQ-Jugendlichen spezialisiert hat. Sie bieten eine Hotline, Online-Beratung und Ressourcen, die speziell auf die Bedürfnisse von jungen Menschen in der LGBTQ-Community zugeschnitten sind. Studien haben gezeigt, dass die Inanspruchnahme solcher Dienste zu einer signifikanten Verbesserung des psychischen Wohlbefindens führt.

Ein weiteres Beispiel ist die *Human Rights Campaign*, die nicht nur rechtliche Unterstützung bietet, sondern auch Programme zur Förderung von Gemeinschaft und Solidarität innerhalb der LGBTQ-Community ins Leben gerufen hat. Diese Programme helfen, Netzwerke zu schaffen, die den Mitgliedern der Community Sicherheit und Unterstützung bieten.

Schlussfolgerung

Zusammenfassend lässt sich sagen, dass Unterstützungssysteme eine entscheidende Rolle im Leben von LGBTQ-Aktivisten spielen. Sie bieten nicht nur emotionale und praktische Unterstützung, sondern fördern auch die Resilienz und die Fähigkeit, gegen Diskriminierung und Ungerechtigkeit zu kämpfen. Um die Herausforderungen, mit denen LGBTQ-Aktivisten konfrontiert sind, erfolgreich zu bewältigen, ist es unerlässlich, ein starkes und vielfältiges Unterstützungssystem aufzubauen und zu pflegen. Nur durch Solidarität und gegenseitige Unterstützung können wir eine inklusivere und gerechtere Gesellschaft schaffen.

Der Kampf um Selbstliebe

Der Weg zur Selbstliebe ist oft ein steiniger und herausfordernder Prozess, insbesondere für LGBTQ-Aktivisten, die in einer Welt leben, die häufig von Vorurteilen und Diskriminierung geprägt ist. Selbstliebe ist nicht nur ein persönliches Ziel, sondern auch ein politisches Statement, das die Basis für das individuelle und kollektive Wohlbefinden bildet. In dieser Sektion werden wir die Herausforderungen und Strategien beleuchten, die mit dem Kampf um Selbstliebe verbunden sind.

Die Bedeutung von Selbstliebe

Selbstliebe wird oft als die Fähigkeit definiert, sich selbst zu akzeptieren und zu schätzen, unabhängig von äußeren Meinungen oder gesellschaftlichen Normen. In der LGBTQ-Community ist Selbstliebe besonders wichtig, da viele Mitglieder mit internalisierten Vorurteilen und dem Druck, sich anzupassen, konfrontiert sind. Die Psychologin Brené Brown beschreibt Selbstliebe als eine Form der Selbstakzeptanz, die es Individuen ermöglicht, ihre eigenen Werte und Identitäten zu erkennen und zu feiern [?].

Herausforderungen auf dem Weg zur Selbstliebe

Der Kampf um Selbstliebe ist oft mit verschiedenen Herausforderungen verbunden:

- **Internalisierte Homophobie:** Viele LGBTQ-Personen wachsen in einer Gesellschaft auf, die heteronormative Standards fördert. Diese internalisierten Überzeugungen können zu einem negativen Selbstbild führen, das es schwer macht, sich selbst zu lieben.

- **Diskriminierung und Vorurteile:** Erlebnisse mit Diskriminierung können das Selbstwertgefühl erheblich beeinträchtigen. Negative Erfahrungen in der Schule, am Arbeitsplatz oder in sozialen Umfeldern können dazu führen, dass sich Individuen minderwertig fühlen.

- **Vergleich mit anderen:** In der heutigen digitalen Welt ist es einfach, sich mit anderen zu vergleichen, insbesondere über soziale Medien. Diese Vergleiche können zu einem Gefühl der Unzulänglichkeit führen.

Strategien zur Förderung der Selbstliebe

Um den Kampf um Selbstliebe zu gewinnen, können verschiedene Strategien angewendet werden:

- **Achtsamkeit und Selbstreflexion:** Regelmäßige Achtsamkeitspraktiken, wie Meditation und Journaling, können helfen, negative Gedankenmuster zu erkennen und zu verändern. Die Reflexion über persönliche Stärken und Erfolge kann das Selbstwertgefühl stärken.

- **Positive Affirmationen:** Das Verwenden von positiven Affirmationen kann helfen, das Selbstbild zu verbessern. Sätze wie „Ich bin wertvoll" oder „Ich verdiene Liebe" können täglich wiederholt werden, um das Selbstbewusstsein zu fördern.

- **Unterstützungssysteme:** Der Aufbau eines starken Unterstützungssystems ist entscheidend. Freundschaften und Gemeinschaften, die Akzeptanz und Liebe fördern, können helfen, das Gefühl der Isolation zu verringern.

Beispiele aus dem Leben eines Aktivisten

Ein bekanntes Beispiel für den Kampf um Selbstliebe ist die Geschichte von Marsha P. Johnson, einer ikonischen Figur der LGBTQ-Bewegung. Johnson, die als Transgender-Frau lebte, kämpfte nicht nur für die Rechte der

LGBTQ-Community, sondern auch um ihre eigene Identität zu akzeptieren. In Interviews sprach sie oft darüber, wie wichtig es war, sich selbst zu lieben und die eigene Identität zu feiern, trotz der gesellschaftlichen Herausforderungen, mit denen sie konfrontiert war [?].

Ein weiteres Beispiel ist der Künstler Keith Haring, dessen Werke oft Themen der Selbstliebe und Akzeptanz behandeln. Haring nutzte seine Kunst, um Botschaften der Liebe und des Respekts für alle Menschen zu verbreiten, unabhängig von ihrer sexuellen Orientierung. Seine berühmte Aussage, „Die Liebe ist die Antwort", spiegelt die zentrale Rolle von Selbstliebe in seinem Leben und Werk wider [?].

Schlussfolgerung

Der Kampf um Selbstliebe ist ein essenzieller Teil des Lebens eines LGBTQ-Aktivisten. Es erfordert Mut, sich selbst zu akzeptieren und zu lieben, besonders in einer Welt, die oft feindlich gegenüber Diversität ist. Durch Achtsamkeit, positive Affirmationen und die Unterstützung von Gleichgesinnten kann Selbstliebe gefördert werden. Letztendlich ist Selbstliebe nicht nur ein individueller Prozess, sondern auch eine kollektive Bewegung, die die gesamte LGBTQ-Community stärkt und ermutigt.

Umgang mit Verlust und Trauer

Der Umgang mit Verlust und Trauer ist eine der herausforderndsten Erfahrungen, die ein Mensch durchleben kann. Für LGBTQ-Aktivisten, die oft schon mit den Herausforderungen ihrer Identität kämpfen, kann der Verlust von geliebten Menschen, Freunden oder auch der eigenen Sicherheit in der Gesellschaft besonders schwerwiegende Auswirkungen haben. In diesem Abschnitt werden wir die verschiedenen Facetten des Umgangs mit Verlust und Trauer beleuchten, einschließlich der psychologischen Theorien, Herausforderungen und praktischen Beispiele.

Theoretische Grundlagen der Trauerbewältigung

Die Trauer ist ein komplexer Prozess, der von verschiedenen Theorien beschrieben wird. Eine der bekanntesten Theorien stammt von Elisabeth Kübler-Ross, die fünf Phasen der Trauer identifizierte:

1. **Leugnung:** In dieser Phase kann die betroffene Person den Verlust nicht akzeptieren und hat Schwierigkeiten, die Realität zu begreifen.

2. **Zorn:** Hier kann sich Wut gegenüber der Situation, anderen Menschen oder sogar sich selbst entwickeln.

3. **Verhandlung:** In dieser Phase versucht die Person, den Verlust rückgängig zu machen oder sich mit höheren Mächten zu verhandeln.

4. **Depression:** Diese Phase ist durch tiefe Traurigkeit und Rückzug gekennzeichnet.

5. **Akzeptanz:** Schließlich kommt es zur Akzeptanz des Verlustes, was nicht bedeutet, dass der Schmerz vollständig verschwindet, sondern dass die Person lernt, mit ihm zu leben.

Diese Phasen sind nicht linear; Menschen können zwischen ihnen hin und her wechseln und sie in unterschiedlicher Reihenfolge erleben.

Psychologische Auswirkungen von Verlust

Der Verlust eines geliebten Menschen kann erhebliche Auswirkungen auf die psychische Gesundheit haben. Studien zeigen, dass Trauernde ein höheres Risiko für Depressionen, Angstzustände und posttraumatische Belastungsstörungen haben. Diese psychologischen Probleme können durch die bereits bestehenden Herausforderungen, mit denen viele LGBTQ-Personen konfrontiert sind, verstärkt werden, wie beispielsweise Diskriminierung, Stigmatisierung und Isolation.

Ein Beispiel für die psychologischen Auswirkungen ist die Trauer um einen Freund oder Partner, der aufgrund von Gewalt oder Diskriminierung verstorben ist. Solche Verluste können nicht nur Trauer, sondern auch Wut und Frustration hervorrufen, da die Umstände des Todes oft mit gesellschaftlichen Ungerechtigkeiten verbunden sind.

Bewältigungsmechanismen

Um mit Verlust und Trauer umzugehen, ist es wichtig, gesunde Bewältigungsmechanismen zu entwickeln. Zu den wirksamen Strategien gehören:

- **Soziale Unterstützung:** Der Austausch mit Freunden, Familie oder anderen Mitgliedern der LGBTQ-Community kann helfen, den Schmerz zu lindern. Unterstützungssysteme sind entscheidend, um das Gefühl der Isolation zu überwinden.

- **Kreativer Ausdruck:** Kunst kann eine kraftvolle Möglichkeit sein, Trauer auszudrücken. Viele Aktivisten nutzen Malerei, Musik oder Schreiben, um ihre Gefühle zu verarbeiten und zu teilen.

- **Therapie:** Professionelle Unterstützung durch Psychologen oder Therapeuten kann helfen, die Trauer zu verarbeiten und gesunde Bewältigungsmechanismen zu entwickeln. Trauergruppen bieten ebenfalls Raum für Austausch und Verständnis.

- **Rituale:** Das Einführen von Gedenkfeiern oder Ritualen kann helfen, den Verlust zu verarbeiten und die Erinnerung an die verstorbene Person lebendig zu halten.

Persönliche Beispiele

Ein Beispiel für den Umgang mit Verlust ist die Geschichte eines LGBTQ-Aktivisten, der seinen Partner durch Gewalt verloren hat. In der Trauerphase wandte er sich an die LGBTQ-Community, die ihm Halt gab. Durch das Teilen seiner Geschichte in sozialen Medien konnte er nicht nur seine Trauer verarbeiten, sondern auch auf die Gewalt aufmerksam machen, die viele LGBTQ-Personen erleben. Kunst wurde für ihn zu einem Ventil, und er begann, Bilder zu malen, die seine Emotionen ausdrückten. Diese Werke wurden in einer lokalen Galerie ausgestellt und halfen anderen, die ähnliche Erfahrungen gemacht hatten, sich ebenfalls zu öffnen.

Ein weiteres Beispiel ist eine Aktivistin, die den Verlust eines Freundes durch Suizid erlebte. Sie nutzte ihre Trauer, um eine Kampagne zur Aufklärung über psychische Gesundheit in der LGBTQ-Community zu starten. Durch Workshops und Veranstaltungen konnte sie das Bewusstsein schärfen und andere ermutigen, über ihre eigenen Kämpfe zu sprechen.

Fazit

Der Umgang mit Verlust und Trauer ist ein individueller Prozess, der Zeit, Geduld und oft Unterstützung von außen erfordert. Für LGBTQ-Aktivisten, die mit zusätzlichen gesellschaftlichen Herausforderungen konfrontiert sind, kann dieser Prozess besonders komplex sein. Dennoch können gesunde Bewältigungsmechanismen und der Austausch innerhalb der Community helfen, den Schmerz zu lindern und einen Weg zur Heilung zu finden. Der Verlust wird immer ein Teil des Lebens sein, aber durch Unterstützung, kreative

Ausdrucksformen und das Teilen von Erfahrungen können Trauernde lernen, mit ihrem Verlust zu leben und ihn in ihren Aktivismus zu integrieren.

Der Einfluss von Freundschaften

Freundschaften spielen eine entscheidende Rolle im Leben eines LGBTQ-Aktivisten. Sie bieten nicht nur emotionale Unterstützung, sondern auch ein Netzwerk, das den Zugang zu Ressourcen und Informationen erleichtert. In dieser Sektion betrachten wir die verschiedenen Dimensionen, in denen Freundschaften den Aktivismus beeinflussen, und analysieren sowohl die positiven als auch die negativen Aspekte dieser Beziehungen.

Emotionale Unterstützung und Sicherheit

Freundschaften bieten einen Raum, in dem Individuen ihre Identität erkunden und ausdrücken können, ohne Angst vor Verurteilung zu haben. Diese emotionalen Bindungen sind besonders wichtig für LGBTQ-Personen, die möglicherweise Diskriminierung oder Ablehnung in anderen Lebensbereichen erfahren. Eine Studie von [1] zeigt, dass enge Freundschaften das Gefühl der Zugehörigkeit und Sicherheit erhöhen, was sich positiv auf das psychische Wohlbefinden auswirkt. In Krisenzeiten, wie bei Diskriminierungserfahrungen, können Freunde als Puffer fungieren und helfen, die psychischen Belastungen zu bewältigen.

Netzwerke und Ressourcen

Freundschaften innerhalb der LGBTQ-Community fördern den Austausch von Informationen und Ressourcen. Aktivisten, die in einem unterstützenden Freundeskreis eingebettet sind, haben oft Zugang zu wichtigen Netzwerken, die ihnen helfen, ihre Ziele zu erreichen. Zum Beispiel kann der Austausch von Erfahrungen bei der Organisation von Veranstaltungen oder Kampagnen entscheidend sein. [?] hebt hervor, dass solche Netzwerke nicht nur den Zugang zu Informationen, sondern auch zu finanziellen Mitteln und organisatorischer Unterstützung erleichtern.

Mentoring und Vorbilder

Freundschaften können auch Mentoring-Beziehungen fördern, die für die persönliche und berufliche Entwicklung von entscheidender Bedeutung sind. Ältere oder erfahrenere Aktivisten können jüngeren Freunden wertvolle

Ratschläge geben, die sie auf ihrem Weg unterstützen. Diese Mentoring-Beziehungen sind oft informell und entstehen aus gemeinsamen Interessen und Zielen. Ein Beispiel hierfür ist die Freundschaft zwischen *Alex* und *Jordan*, die durch ihre gemeinsame Teilnahme an einer LGBTQ-Jugendgruppe entstand. *Alex* fungierte als Mentor für *Jordan* und half ihm, seine ersten Schritte im Aktivismus zu wagen.

Herausforderungen in Freundschaften

Trotz der positiven Aspekte können Freundschaften auch Herausforderungen mit sich bringen. Eifersucht, Konkurrenz und unterschiedliche Ansichten über den Aktivismus können Spannungen erzeugen. [?] beschreibt, dass in einigen Fällen Freundschaften unter Druck geraten können, wenn unterschiedliche Prioritäten oder Strategien für den Aktivismus aufeinandertreffen. Solche Konflikte können zu einem Rückzug aus dem Aktivismus führen oder das Gefühl der Isolation verstärken.

Die Rolle von Freundschaften in der Sichtbarkeit

Freundschaften können auch die Sichtbarkeit von LGBTQ-Aktivisten erhöhen. Indem sie gemeinsam an Veranstaltungen teilnehmen oder Projekte initiieren, können sie eine stärkere Stimme in der Gemeinschaft schaffen. Diese Sichtbarkeit kann dazu beitragen, Vorurteile abzubauen und das Bewusstsein für LGBTQ-Themen zu schärfen. Eine Studie von [?] zeigt, dass Gruppenaktivitäten, die auf Freundschaften basieren, oft mehr Aufmerksamkeit und Unterstützung erhalten als Einzelpersonen, die alleine arbeiten.

Schlussfolgerung

Zusammenfassend lässt sich sagen, dass Freundschaften einen tiefgreifenden Einfluss auf den Aktivismus von LGBTQ-Personen haben. Sie bieten emotionale Unterstützung, fördern Netzwerke und Ressourcen und können sogar als Mentoring-Plattformen dienen. Dennoch ist es wichtig, sich der Herausforderungen bewusst zu sein, die in diesen Beziehungen auftreten können. Ein ausgewogenes Verständnis der Dynamik von Freundschaften ist entscheidend für den Erfolg und das Wohlbefinden von LGBTQ-Aktivisten. Die Kraft der Freundschaft kann nicht nur individuelle Lebenswege verändern, sondern auch die gesamte Gemeinschaft stärken.

Die Rolle von Therapie und Unterstützung

In der Auseinandersetzung mit Diskriminierung und den damit verbundenen Herausforderungen spielt Therapie eine entscheidende Rolle für die psychische Gesundheit und das allgemeine Wohlbefinden von LGBTQ-Aktivisten. Diese Unterstützung kann in verschiedenen Formen auftreten, darunter Einzeltherapie, Gruppentherapie und Unterstützung durch Gleichgesinnte. Die Bedeutung von Therapie wird oft in der Forschung hervorgehoben, die zeigt, dass psychische Belastungen wie Angst und Depression in dieser Gemeinschaft weit verbreitet sind. Eine Studie von Meyer (2003) über das Konzept der „minority stress" verdeutlicht, dass Mitglieder von marginalisierten Gruppen häufig mit zusätzlichen Stressoren konfrontiert sind, die ihre psychische Gesundheit beeinträchtigen.

Therapeutische Ansätze

Es gibt verschiedene therapeutische Ansätze, die sich als besonders wirksam für LGBTQ-Personen erwiesen haben. Eine Methode ist die kognitive Verhaltenstherapie (KVT), die sich auf die Identifikation und Veränderung negativer Denkmuster konzentriert. KVT kann helfen, selbstschädigende Gedanken zu erkennen und durch konstruktivere Überzeugungen zu ersetzen. Ein Beispiel hierfür ist die Arbeit mit Klienten, die unter innerer Homophobie leiden. Durch KVT können sie lernen, ihre Gedanken über ihre Sexualität zu hinterfragen und eine positivere Selbstwahrnehmung zu entwickeln.

Ein weiterer Ansatz ist die affirmierende Therapie, die speziell für LGBTQ-Personen entwickelt wurde. Diese Therapieform zielt darauf ab, das Selbstwertgefühl zu stärken und eine positive Identität zu fördern. Therapeuten, die affirmierende Therapie praktizieren, schaffen einen sicheren Raum, in dem Klienten offen über ihre Erfahrungen sprechen können, ohne Angst vor Stigmatisierung oder Diskriminierung zu haben. Die Unterstützung durch einen einfühlsamen Therapeuten kann für viele eine transformative Erfahrung sein.

Gruppentherapie und Gemeinschaftsunterstützung

Neben individueller Therapie spielt Gruppentherapie eine wichtige Rolle. In Gruppensitzungen können LGBTQ-Personen ihre Erfahrungen teilen und von den Geschichten anderer lernen. Diese Form der Unterstützung fördert ein Gefühl der Gemeinschaft und der Zugehörigkeit, was besonders wichtig ist, da viele LGBTQ-Personen aufgrund ihrer Identität Isolation erfahren. Studien haben gezeigt, dass Gruppentherapie die Resilienz und das Wohlbefinden in der

LGBTQ-Gemeinschaft steigern kann, indem sie die soziale Unterstützung stärkt (Bieschke et al., 2010).

Die Rolle von Unterstützungsgruppen, wie z.B. LGBTQ-Jugendgruppen oder Selbsthilfegruppen, darf ebenfalls nicht unterschätzt werden. Diese Gruppen bieten nicht nur emotionale Unterstützung, sondern auch praktische Ressourcen, die den Mitgliedern helfen, mit spezifischen Herausforderungen umzugehen. Ein Beispiel ist die Gründung von „Pride Youth" in vielen Städten, die Jugendlichen eine Plattform bietet, um sich auszutauschen und Unterstützung zu finden.

Herausforderungen im Therapieprozess

Trotz der vielen Vorteile von Therapie gibt es auch Herausforderungen, die es zu bewältigen gilt. Ein häufiges Problem ist der Zugang zu qualifizierten Therapeuten, die über das notwendige Wissen und die Sensibilität für LGBTQ-Themen verfügen. Viele LGBTQ-Personen berichten von negativen Erfahrungen mit Therapeuten, die ihre Identität nicht respektierten oder nicht verstehen. Dies kann dazu führen, dass Betroffene zögern, Hilfe in Anspruch zu nehmen, was ihre psychische Gesundheit weiter gefährden kann.

Ein weiteres Problem ist das Stigma, das oft mit psychischer Gesundheit und Therapie verbunden ist. In vielen Kulturen wird die Suche nach psychologischer Unterstützung immer noch als Zeichen von Schwäche angesehen. Dies kann insbesondere für Männer in der LGBTQ-Community eine erhebliche Hürde darstellen, da gesellschaftliche Erwartungen oft dazu führen, dass sie ihre Emotionen nicht offen zeigen.

Erfolgsgeschichten und positive Auswirkungen

Trotz dieser Herausforderungen gibt es zahlreiche Erfolgsgeschichten, die die positive Wirkung von Therapie und Unterstützung belegen. Viele LGBTQ-Aktivisten berichten von tiefgreifenden Veränderungen in ihrem Leben, nachdem sie therapeutische Hilfe in Anspruch genommen haben. Sie berichten von einer verbesserten Selbstakzeptanz, einem stärkeren Gemeinschaftsgefühl und einer größeren Fähigkeit, mit Diskriminierung und Stress umzugehen.

Ein Beispiel ist die Geschichte von Alex, einem Aktivisten, der jahrelang mit Depressionen und Angstzuständen kämpfte. Nach der Teilnahme an einer affirmierenden Gruppentherapie fand Alex nicht nur Unterstützung, sondern auch eine Gemeinschaft von Gleichgesinnten, die ähnliche Erfahrungen gemacht hatten. Diese Verbindung half ihm, seine Stimme zu finden und sich aktiv für die Rechte der LGBTQ-Gemeinschaft einzusetzen.

Fazit

Zusammenfassend lässt sich sagen, dass Therapie und Unterstützung eine zentrale Rolle im Leben von LGBTQ-Aktivisten spielen. Sie bieten nicht nur einen Raum zur Verarbeitung von Erfahrungen, sondern fördern auch die persönliche Entwicklung und das Engagement in der Gemeinschaft. In Anbetracht der Herausforderungen, denen diese Gemeinschaft gegenübersteht, ist es unerlässlich, den Zugang zu qualitativ hochwertiger therapeutischer Unterstützung zu verbessern und das Bewusstsein für die Bedeutung von psychischer Gesundheit in der LGBTQ-Community zu schärfen. Nur durch eine umfassende Unterstützung können die Mitglieder dieser Gemeinschaft die Stärke und Resilienz entwickeln, die notwendig sind, um für ihre Rechte und Gleichheit zu kämpfen.

Triumphe über persönliche Hürden

Der Weg eines LGBTQ-Aktivisten ist oft gepflastert mit persönlichen Hürden, die überwunden werden müssen, um die eigene Identität zu akzeptieren und sich für die Rechte anderer einzusetzen. Diese Herausforderungen sind nicht nur individuelle Kämpfe, sondern spiegeln auch die gesellschaftlichen Probleme wider, die viele Mitglieder der LGBTQ-Community erleben. In diesem Abschnitt werden wir die Triumphe beleuchten, die aus der Überwindung dieser Hürden resultieren, und die positiven Auswirkungen, die sie auf das Leben des Aktivisten und die Gemeinschaft insgesamt haben.

Die Bedeutung von Selbstakzeptanz

Ein zentraler Triumph auf dem Weg zur Selbstakzeptanz ist das Überwinden von inneren Konflikten. Viele LGBTQ-Personen kämpfen mit dem Selbstbild, das durch gesellschaftliche Normen und Erwartungen geprägt ist. Ein Beispiel ist die Geschichte von Alex, einem jungen Aktivisten, der in einer konservativen Umgebung aufwuchs. Durch die Teilnahme an LGBTQ-Veranstaltungen und den Austausch mit Gleichgesinnten fand Alex den Mut, sich selbst zu akzeptieren. Diese Selbstakzeptanz war der erste Schritt in Richtung Aktivismus und ermöglichte es ihm, authentisch zu leben und sich für andere einzusetzen.

Umgang mit Diskriminierung

Diskriminierung ist eine weitere Hürde, die viele LGBTQ-Aktivisten überwinden müssen. Diese Diskriminierung kann sich in Form von Vorurteilen, Mobbing oder sogar Gewalt äußern. Der Aktivist Sam erlebte in seiner Schulzeit Mobbing aufgrund seiner sexuellen Orientierung. Statt sich zurückzuziehen, entschied Sam, seine Erfahrungen in Kunst zu verarbeiten. Er begann, Gedichte zu schreiben, die seine Gefühle und Kämpfe ausdrückten. Diese kreative Auseinandersetzung half ihm nicht nur, seine Trauer und Wut zu verarbeiten, sondern inspirierte auch andere, ihre eigenen Geschichten zu erzählen. Sam wurde zu einem Vorbild für viele, die ähnliche Erfahrungen gemacht hatten, und zeigte, dass Kunst eine kraftvolle Form des Widerstands sein kann.

Die Rolle von Unterstützungssystemen

Ein weiterer entscheidender Faktor für den Triumph über persönliche Hürden ist die Unterstützung durch Familie, Freunde und die Community. Die Geschichte von Mia, einer Aktivistin, die sich für die Rechte von Transgender-Personen einsetzt, verdeutlicht dies. Mia hatte anfangs Schwierigkeiten, ihre Identität gegenüber ihrer Familie zu offenbaren. Durch die Unterstützung von Freunden und Mentoren fand sie den Mut, mit ihrer Familie zu sprechen. Diese Gespräche waren nicht einfach, führten jedoch zu einer tiefen Veränderung in ihrer Familie. Mias Eltern wurden zu Unterstützern ihrer Arbeit und halfen, das Bewusstsein in ihrer Gemeinde zu schärfen. Diese positive Veränderung in der familiären Dynamik stärkte Mias Engagement und half ihr, ihre Stimme in der Transgender-Bewegung zu erheben.

Resilienz und persönliches Wachstum

Resilienz ist ein weiterer Schlüsselbegriff, wenn es um die Überwindung persönlicher Hürden geht. Die Fähigkeit, Rückschläge zu überwinden und gestärkt daraus hervorzugehen, ist entscheidend für jeden Aktivisten. Ein Beispiel hierfür ist die Geschichte von Jordan, der nach einem gescheiterten Versuch, eine LGBTQ-Organisation zu gründen, in eine tiefe Depression fiel. Anstatt aufzugeben, suchte Jordan Hilfe bei Therapeuten und baute ein starkes Unterstützungsnetzwerk auf. Durch diese Unterstützung konnte er seine Energie neu fokussieren und eine erfolgreiche Kampagne zur Sensibilisierung für LGBTQ-Rechte ins Leben rufen. Jordans Geschichte zeigt, dass Rückschläge nicht das Ende bedeuten, sondern oft der Beginn eines neuen Kapitels sein können.

Die Kraft von Vorbildern

Vorbilder spielen eine entscheidende Rolle bei der Überwindung persönlicher Hürden. Die Geschichten erfolgreicher LGBTQ-Aktivisten können Inspiration und Hoffnung bieten. Ein Beispiel ist die Aktivistin Marsha P. Johnson, die eine zentrale Figur in der Stonewall-Bewegung war. Ihr unerschütterlicher Glaube an die Rechte der LGBTQ-Community und ihr unermüdlicher Einsatz haben Generationen von Aktivisten inspiriert. Indem sie ihre Stimme erhob und für ihre Überzeugungen kämpfte, ermutigte Johnson andere, dasselbe zu tun. Die Identifikation mit solchen Vorbildern kann den Glauben an die eigene Fähigkeit stärken, Herausforderungen zu meistern und aktiv zu werden.

Reflexion über persönliche Erfolge

Abschließend ist es wichtig, die persönlichen Erfolge zu reflektieren, die aus der Überwindung dieser Hürden resultieren. Die Fähigkeit, sich selbst zu akzeptieren, Diskriminierung zu bekämpfen, Unterstützung zu finden, Resilienz zu zeigen und sich von Vorbildern inspirieren zu lassen, sind alles Schritte auf dem Weg zu einem erfüllten Leben als Aktivist. Diese Triumphe tragen nicht nur zur persönlichen Entwicklung bei, sondern haben auch weitreichende Auswirkungen auf die Gemeinschaft. Indem Aktivisten ihre Geschichten teilen und ihre Kämpfe öffentlich machen, tragen sie dazu bei, das Bewusstsein zu schärfen und eine Kultur der Akzeptanz und Unterstützung zu fördern.

$$\text{Triumph} = \text{Selbstakzeptanz} + \text{Umgang mit Diskriminierung} + \text{Unterstützung} + \text{Resilienz} \tag{7}$$

Diese Gleichung verdeutlicht, dass der Triumph über persönliche Hürden das Ergebnis einer Vielzahl von Faktoren ist, die miteinander verbunden sind. Jeder dieser Aspekte trägt dazu bei, dass LGBTQ-Aktivisten nicht nur ihre eigenen Hürden überwinden, sondern auch als Vorbilder für andere dienen können, die ähnliche Herausforderungen meistern wollen.

Fazit

Die Triumphe über persönliche Hürden sind ein wesentlicher Bestandteil des Lebens eines LGBTQ-Aktivisten. Sie sind nicht nur eine Quelle der Inspiration, sondern auch ein Beweis dafür, dass es möglich ist, trotz widriger Umstände zu wachsen und sich für die Rechte anderer einzusetzen. Indem wir diese Geschichten erzählen und die Herausforderungen anerkennen, können wir eine stärkere und solidarischere Gemeinschaft aufbauen, die für Gleichheit und Akzeptanz kämpft.

Die Kraft von Resilienz

Resilienz, oft als die Fähigkeit beschrieben, sich von Rückschlägen zu erholen und sich an schwierige Umstände anzupassen, spielt eine entscheidende Rolle im Leben vieler LGBTQ-Aktivisten. Diese Fähigkeit ist nicht nur entscheidend für das persönliche Überleben in einer oft feindlichen Umgebung, sondern auch für die langfristige Wirksamkeit von Aktivismus und sozialem Engagement. Resilienz kann als ein dynamischer Prozess verstanden werden, der sowohl individuelle als auch soziale Dimensionen umfasst.

Theoretische Grundlagen der Resilienz

Die Resilienzforschung hat in den letzten Jahrzehnten an Bedeutung gewonnen und zeigt, dass Resilienz nicht nur eine angeborene Eigenschaft ist, sondern auch erlernt und entwickelt werden kann. Laut [1] ist Resilienz ein „Ordnungsmuster von positiven Anpassungen in der Gegenwart von signifikanten Herausforderungen". Diese Definition unterstreicht die Bedeutung von Anpassungsfähigkeit und positiver Entwicklung in Zeiten der Not.

Ein zentraler Aspekt der Resilienz ist die Fähigkeit, Stress zu bewältigen. [2] beschreibt Stress als eine Beziehung zwischen dem Individuum und seiner Umwelt, die als herausfordernd oder bedrohlich wahrgenommen wird. In diesem Kontext ist Resilienz die Fähigkeit, diese Bedrohungen zu erkennen, zu bewerten und geeignete Bewältigungsstrategien zu entwickeln.

Herausforderungen und Resilienz im Leben von LGBTQ-Aktivisten

Aktivisten sehen sich oft mit einer Vielzahl von Herausforderungen konfrontiert, darunter Diskriminierung, soziale Isolation und psychische Belastungen. Diese Herausforderungen können sowohl extern (z. B. gesellschaftliche Vorurteile) als auch intern (z. B. Selbstzweifel) sein. Die Entwicklung von Resilienz ist entscheidend, um mit diesen Herausforderungen umzugehen.

Ein Beispiel aus der Praxis ist die Geschichte von **Alex**, einem LGBTQ-Aktivisten, der in einer konservativen Umgebung aufwuchs. Alex erlebte in seiner Jugend Diskriminierung und Mobbing, was zu einem tiefen Gefühl der Isolation führte. Durch den Aufbau eines unterstützenden Freundeskreises und die Teilnahme an LGBTQ-Veranstaltungen fand Alex Wege, seine Resilienz zu stärken. Er entwickelte Strategien, um mit Diskriminierung umzugehen, und fand Trost in der Kunst, die ihm half, seine Gefühle auszudrücken und zu verarbeiten.

Die Rolle von Unterstützungssystemen

Ein wesentlicher Faktor für die Entwicklung von Resilienz ist das Vorhandensein von Unterstützungssystemen. [3] hebt hervor, dass soziale Unterstützung nicht nur die psychische Gesundheit fördert, sondern auch die Resilienz in Krisenzeiten stärkt. Für LGBTQ-Aktivisten kann die Zugehörigkeit zu einer Gemeinschaft oder die Unterstützung durch Freunde und Familie entscheidend sein.

Ein weiteres Beispiel ist die Geschichte von **Maria**, die nach dem Coming-out mit Ablehnung in ihrer Familie konfrontiert war. Trotz dieser Rückschläge fand Maria Unterstützung in einer lokalen LGBTQ-Organisation, die ihr half, ihre Identität zu akzeptieren und ihre Stimme als Aktivistin zu finden. Diese Unterstützung ermöglichte es ihr, Resilienz zu entwickeln und aktiv für die Rechte der LGBTQ-Community zu kämpfen.

Resilienz und Kunst als Ausdrucksform

Kunst kann eine mächtige Form des Ausdrucks und der Verarbeitung von Erfahrungen sein. Viele LGBTQ-Aktivisten nutzen Kunst, um ihre Geschichten zu erzählen und ihre Resilienz zu zeigen. Kunstwerke können als Spiegel der gesellschaftlichen Realität dienen und gleichzeitig als Plattform für Widerstand und Veränderung fungieren.

Ein Beispiel für die Kraft der Kunst in der Resilienz ist der **Pride Month**, in dem Künstler aus der LGBTQ-Community ihre Werke präsentieren, um Sichtbarkeit zu schaffen und für Gleichheit zu kämpfen. Diese kreativen Ausdrucksformen können nicht nur als Therapie dienen, sondern auch als Katalysatoren für gesellschaftlichen Wandel.

Fazit

Die Kraft der Resilienz ist für LGBTQ-Aktivisten von entscheidender Bedeutung. Sie ermöglicht es ihnen, Herausforderungen zu bewältigen, sich von Rückschlägen zu erholen und ihre Stimme für die Rechte ihrer Gemeinschaft zu erheben. Durch die Entwicklung von Resilienz, unterstützt durch soziale Netzwerke und kreative Ausdrucksformen, können Aktivisten nicht nur ihre persönlichen Kämpfe meistern, sondern auch einen bedeutenden Einfluss auf die Gesellschaft ausüben.

Bibliography

[1] Masten, A. S. (2001). Ordinary magic: Resilience processes in development. *American Psychologist*, 56(3), 227-238.

[2] Lazarus, R. S. (1993). *From psychological stress to the emotions: A history of changing outlooks.* In: Handbook of emotions (pp. 3-20). New York: Guilford Press.

[3] Cohen, S. (2001). Social relationships and health. In: *Social support measurement and intervention: A guide for health and social scientists* (pp. 3-25). Oxford University Press.

Die Bedeutung von Vorbildern

In der LGBTQ-Community spielen Vorbilder eine entscheidende Rolle, da sie nicht nur Inspiration bieten, sondern auch als lebendige Beweise für die Möglichkeit von Veränderung und Akzeptanz fungieren. Vorbilder können in verschiedenen Formen auftreten, sei es in der Kunst, der Politik, der Wissenschaft oder im alltäglichen Leben. Ihre Geschichten und Erfolge tragen dazu bei, das Selbstbewusstsein und die Identität von Individuen zu stärken, die sich mit ihnen identifizieren.

Theoretische Grundlagen

Die Bedeutung von Vorbildern wird durch verschiedene psychologische Theorien gestützt. Die soziale Lerntheorie von Albert Bandura postuliert, dass Menschen durch das Beobachten und Nachahmen anderer lernen. Vorbilder schaffen ein Modell, das es Individuen ermöglicht, Fähigkeiten zu erlernen und Verhaltensweisen zu entwickeln, die sie in ihrem eigenen Leben anwenden können. Besonders in marginalisierten Gemeinschaften, wo der Zugang zu positiven

Rollenvorbildern eingeschränkt sein kann, ist dieser Prozess von entscheidender Bedeutung.

Probleme und Herausforderungen

Trotz ihrer positiven Wirkung können Vorbilder auch Herausforderungen mit sich bringen. Die ungleiche Sichtbarkeit von Vorbildern innerhalb der LGBTQ-Community kann dazu führen, dass bestimmte Gruppen unterrepräsentiert sind. Beispielsweise sind oft cisgender, weiße, heterosexuelle Männer in den Medien präsenter, während marginalisierte Gruppen wie trans Personen oder People of Color weniger Sichtbarkeit erhalten. Dies kann das Gefühl der Isolation verstärken und den Eindruck erwecken, dass Erfolg und Akzeptanz nur für bestimmte Individuen erreichbar sind.

Ein weiteres Problem ist die Überidealierung von Vorbildern. Wenn Menschen ihre Vorbilder als perfekt ansehen, kann dies zu unrealistischen Erwartungen führen. Dies kann dazu führen, dass die Komplexität und die Herausforderungen, die diese Personen in ihrem Leben überwunden haben, ignoriert werden. Es ist wichtig, eine Balance zu finden, die sowohl die Erfolge als auch die Schwierigkeiten der Vorbilder anerkennt.

Beispiele für bedeutende Vorbilder

Einige herausragende Beispiele für LGBTQ-Vorbilder sind Harvey Milk, RuPaul und Marsha P. Johnson. Harvey Milk, der erste offen schwule gewählte Beamte in Kalifornien, inspirierte durch seinen unermüdlichen Einsatz für die Rechte von LGBTQ-Personen. Seine berühmte Aussage: "Es gibt nichts, was wir nicht tun können, wenn wir zusammenarbeiten", verdeutlicht die Kraft der Gemeinschaft und des Zusammenhalts.

RuPaul hat die Drag-Kultur in den Mainstream gebracht und Millionen inspiriert, ihre Identität zu feiern. Durch die Show „RuPaul's Drag Race" hat er eine Plattform geschaffen, die nicht nur Unterhaltung bietet, sondern auch wichtige Themen wie Selbstakzeptanz und Diversität anspricht.

Marsha P. Johnson, eine der führenden Figuren der Stonewall-Unruhen, war nicht nur eine Aktivistin, sondern auch eine Künstlerin, die ihre Identität und ihren Aktivismus miteinander verband. Ihr berühmter Satz „Wir sind alle Menschen" erinnert uns daran, dass die Kämpfe für Gleichheit und Akzeptanz universell sind.

Die Rolle der Medien

Die Medien spielen eine zentrale Rolle bei der Schaffung und Verbreitung von Vorbildern. Durch die Darstellung von LGBTQ-Personen in Filmen, Serien und sozialen Medien können positive Bilder geschaffen werden, die das öffentliche Bewusstsein und die Akzeptanz fördern. Plattformen wie Instagram und TikTok haben es jungen Aktivisten ermöglicht, ihre Stimmen zu erheben und sich als Vorbilder zu positionieren.

Ein Beispiel hierfür ist die Aktivistin und Schauspielerin Laverne Cox, die nicht nur als Vorbild für trans Frauen dient, sondern auch für eine breitere Diskussion über Geschlechteridentität und -darstellung sorgt. Ihre Präsenz in den Medien hat dazu beigetragen, das Bewusstsein für die Herausforderungen zu schärfen, mit denen trans Personen konfrontiert sind.

Fazit

Zusammenfassend lässt sich sagen, dass Vorbilder in der LGBTQ-Community von entscheidender Bedeutung sind. Sie bieten nicht nur Inspiration und Hoffnung, sondern tragen auch dazu bei, die Sichtbarkeit und Akzeptanz von LGBTQ-Personen in der Gesellschaft zu erhöhen. Es ist wichtig, eine Vielzahl von Vorbildern zu fördern, die unterschiedliche Identitäten und Erfahrungen repräsentieren, um sicherzustellen, dass alle Mitglieder der Community sich gesehen und gehört fühlen. Durch die Anerkennung der Herausforderungen und Erfolge dieser Vorbilder können wir eine inklusivere und unterstützende Gemeinschaft schaffen, die zukünftige Generationen inspiriert und ermutigt.

$$\text{Vorbilder} \rightarrow \text{Inspiration} \rightarrow \text{Selbstakzeptanz} \qquad (8)$$

Die globale LGBTQ-Bewegung

Einfluss auf internationale Bewegungen

Die Rolle von globalen Netzwerken

In der heutigen globalisierten Welt spielt die Vernetzung von Individuen und Organisationen eine entscheidende Rolle im Aktivismus, insbesondere innerhalb der LGBTQ-Bewegung. Globale Netzwerke bieten eine Plattform für den Austausch von Ideen, Strategien und Ressourcen, die für den Erfolg von Aktivismus unerlässlich sind. Diese Netzwerke fördern nicht nur die Sichtbarkeit von LGBTQ-Themen, sondern schaffen auch eine starke Gemeinschaft, die in der Lage ist, kollektive Probleme anzugehen und Lösungen zu entwickeln.

Theoretische Grundlagen

Die Theorie der sozialen Netzwerke, wie sie von Wissenschaftlern wie Granovetter (1973) und Burt (1992) entwickelt wurde, legt nahe, dass soziale Verbindungen eine entscheidende Rolle bei der Verbreitung von Informationen und der Mobilisierung von Ressourcen spielen. Granovetter argumentiert in seiner Arbeit über „Die Stärke schwacher Bindungen", dass schwache soziale Bindungen oft entscheidend sind, um Informationen über soziale Gruppen hinaus zu verbreiten. In Bezug auf die LGBTQ-Bewegung bedeutet dies, dass Netzwerke, die sowohl starke als auch schwache Bindungen umfassen, effektiver sein können, um eine breitere Öffentlichkeit zu erreichen und Unterstützung zu mobilisieren.

Globale Netzwerke und ihre Herausforderungen

Trotz der Vorteile, die globale Netzwerke bieten, gibt es auch Herausforderungen, die es zu bewältigen gilt. Eine der größten Hürden ist die kulturelle Diversität innerhalb der LGBTQ-Community. Verschiedene Kulturen haben unterschiedliche Ansichten über Sexualität und Geschlechteridentität, was zu Spannungen innerhalb globaler Netzwerke führen kann. Zum Beispiel kann die Akzeptanz von LGBTQ-Rechten in westlichen Ländern nicht ohne weiteres auf Länder übertragen werden, in denen solche Themen stark tabuisiert sind.

Darüber hinaus können Machtverhältnisse innerhalb dieser Netzwerke problematisch sein. Oft haben Organisationen aus wohlhabenderen Ländern mehr Ressourcen und Einfluss, was dazu führen kann, dass die Stimmen von Aktivisten aus ärmeren Regionen übersehen oder marginalisiert werden. Diese Ungleichheit kann die Effektivität globaler Netzwerke beeinträchtigen und zu einem Gefühl der Isolation bei denjenigen führen, die sich nicht in die dominanten Diskurse einfügen.

Beispiele erfolgreicher globaler Netzwerke

Ein herausragendes Beispiel für ein erfolgreiches globales Netzwerk ist ILGA (International Lesbian, Gay, Bisexual, Trans and Intersex Association), das 1978 gegründet wurde. ILGA hat es sich zur Aufgabe gemacht, die Rechte von LGBTQ-Personen weltweit zu fördern und zu schützen. Durch ihre jährlichen Konferenzen und die Bereitstellung von Ressourcen hat ILGA es geschafft, eine Plattform zu schaffen, auf der Aktivisten aus verschiedenen Ländern zusammenkommen, ihre Erfahrungen austauschen und gemeinsame Strategien entwickeln können.

Ein weiteres Beispiel ist die „Global Equality Fund", die von der US-Regierung ins Leben gerufen wurde, um LGBTQ-Rechte weltweit zu unterstützen. Dieser Fonds hat es ermöglicht, finanzielle Mittel für lokale Organisationen bereitzustellen, die sich für die Rechte von LGBTQ-Personen einsetzen, und hat somit zur Stärkung von globalen Netzwerken beigetragen.

Die Bedeutung von Solidarität und Unterstützung

Die Rolle globaler Netzwerke geht über den Austausch von Informationen hinaus. Sie fördern auch die Solidarität unter Aktivisten. In Zeiten von Krisen, wie der COVID-19-Pandemie, haben viele globale Netzwerke schnell reagiert, um Ressourcen und Unterstützung bereitzustellen. Diese Art der Solidarität ist entscheidend, um sicherzustellen, dass die Stimmen der LGBTQ-Community in verschiedenen Teilen der Welt gehört werden.

Zukünftige Entwicklungen und Herausforderungen

Die Zukunft globaler Netzwerke hängt von ihrer Fähigkeit ab, inklusiv zu bleiben und die Stimmen aller Mitglieder der LGBTQ-Community zu vertreten. Es ist wichtig, dass diese Netzwerke weiterhin Mechanismen entwickeln, um die Gleichheit und den Zugang für alle Aktivisten zu gewährleisten, unabhängig von ihrem geografischen Standort oder ihren finanziellen Mitteln. Intersektionalität muss ein zentraler Bestandteil der Diskussionen innerhalb dieser Netzwerke sein, um sicherzustellen, dass die Erfahrungen von marginalisierten Gruppen innerhalb der LGBTQ-Community nicht ignoriert werden.

Zusammenfassend lässt sich sagen, dass globale Netzwerke eine unverzichtbare Rolle im Aktivismus spielen. Sie bieten nicht nur eine Plattform für den Austausch von Ideen und Ressourcen, sondern fördern auch die Solidarität und Unterstützung unter Aktivisten weltweit. Die Herausforderungen, die mit kulturellen Unterschieden und Machtverhältnissen verbunden sind, müssen jedoch angegangen werden, um sicherzustellen, dass diese Netzwerke effektiv und inklusiv bleiben.

Erfahrungen bei internationalen Konferenzen

Internationale Konferenzen bieten eine einzigartige Plattform für LGBTQ-Aktivisten, um Erfahrungen auszutauschen, Strategien zu entwickeln und die Sichtbarkeit der Bewegung auf globaler Ebene zu erhöhen. Diese Konferenzen sind nicht nur Gelegenheiten zum Networking, sondern auch Räume für den Austausch von Wissen und Best Practices, die für den Erfolg der LGBTQ-Bewegung entscheidend sind.

Ein Beispiel für eine solche Konferenz ist die *International LGBTQ+ Conference*, die jährlich in verschiedenen Städten weltweit stattfindet. Diese Konferenzen ziehen Aktivisten, Akademiker, Künstler und Unterstützer aus der ganzen Welt an und bieten Workshops, Podiumsdiskussionen und Vorträge zu Themen wie Rechtsprechung, Gesundheit, Kunst und interkulturelle Beziehungen.

Theoretische Grundlagen

Die Theorie des sozialen Wandels ist zentral für das Verständnis der Dynamik, die bei internationalen Konferenzen eine Rolle spielt. Laut *Tilly (2004)* ist sozialer Wandel das Ergebnis kollektiven Handelns, das durch soziale Bewegungen angestoßen wird. Die Konferenzen fungieren als Katalysatoren für kollektives

Handeln, indem sie Aktivisten zusammenbringen, um ihre Erfahrungen und Strategien zu teilen.

Ein weiterer relevanter theoretischer Rahmen ist der der *kollektiven Identität*. Melucci (1996) beschreibt kollektive Identität als das Bewusstsein einer Gruppe, das durch gemeinsame Erfahrungen und Herausforderungen geformt wird. Auf internationalen Konferenzen wird dieses Bewusstsein gestärkt, da Aktivisten aus verschiedenen kulturellen Kontexten ihre Geschichten teilen und Gemeinsamkeiten finden.

Herausforderungen

Trotz der positiven Aspekte bringen internationale Konferenzen auch Herausforderungen mit sich. Eine der größten Herausforderungen ist die *Sprache*. Viele Aktivisten sprechen unterschiedliche Sprachen, was die Kommunikation erschwert. Um diese Barriere zu überwinden, bieten viele Konferenzen Dolmetschdienste an, die jedoch nicht immer alle Nuancen der Gespräche einfangen können.

Ein weiteres Problem ist die *Zugänglichkeit*. Nicht alle Aktivisten können sich die Reise zu internationalen Konferenzen leisten, was zu einer ungleichen Vertretung führt. Dies kann dazu führen, dass wichtige Perspektiven aus unterrepräsentierten Regionen oder Gemeinschaften fehlen.

Beispiele aus der Praxis

Ein bemerkenswertes Beispiel für die Auswirkungen internationaler Konferenzen ist die *World Pride 2019*, die in New York stattfand. Die Konferenz zog Tausende von Teilnehmern an und bot eine Plattform für Diskussionen über die Rechte von LGBTQ-Personen weltweit. Aktivisten berichteten von den Herausforderungen, denen sie in ihren Heimatländern gegenüberstehen, und entwickelten Strategien zur Unterstützung ihrer Gemeinschaften.

Ein weiteres Beispiel ist die *ILGA World Conference*, die alle zwei Jahre stattfindet und sich auf die rechtlichen und sozialen Herausforderungen konzentriert, mit denen LGBTQ-Personen konfrontiert sind. Hier wurden wichtige Resolutionen verabschiedet, die die internationale Gemeinschaft dazu aufrufen, Diskriminierung zu bekämpfen und die Rechte von LGBTQ-Personen zu fördern.

Schlussfolgerung

Die Erfahrungen bei internationalen Konferenzen sind für die LGBTQ-Bewegung von entscheidender Bedeutung. Sie bieten nicht nur die Möglichkeit zum Austausch von Ideen und Strategien, sondern stärken auch das Gefühl der globalen Solidarität. Trotz der Herausforderungen, die mit Sprache und Zugänglichkeit verbunden sind, bleibt die Teilnahme an internationalen Konferenzen eine wichtige Möglichkeit für Aktivisten, ihre Stimmen zu erheben und gemeinsam für Gleichheit und Rechte zu kämpfen. Die Theorien des sozialen Wandels und der kollektiven Identität helfen uns, die Bedeutung dieser Zusammenkünfte besser zu verstehen und die notwendigen Schritte zur Verbesserung der globalen LGBTQ-Situation zu identifizieren.

Der Austausch mit anderen Aktivisten

Der Austausch mit anderen Aktivisten ist ein entscheidender Aspekt des LGBTQ-Aktivismus, der nicht nur zur Stärkung von Gemeinschaften beiträgt, sondern auch die Effektivität von Kampagnen und Initiativen erhöht. In diesem Abschnitt werden wir die verschiedenen Dimensionen des Austauschs zwischen Aktivisten beleuchten, einschließlich der Herausforderungen, die dabei auftreten können, sowie der positiven Auswirkungen, die sich aus diesen Interaktionen ergeben.

Die Bedeutung des Austauschs

Der Austausch mit anderen Aktivisten ermöglicht es, verschiedene Perspektiven und Erfahrungen zu teilen. Dieser interaktive Prozess fördert nicht nur das Lernen und die persönliche Entwicklung, sondern stärkt auch das Gefühl der Solidarität innerhalb der LGBTQ-Community. Laut der *Theorie der sozialen Identität* von Henri Tajfel und John Turner (1979) spielt die Zugehörigkeit zu einer Gruppe eine zentrale Rolle in der Selbstwahrnehmung und im Verhalten von Individuen. Durch den Austausch mit Gleichgesinnten können Aktivisten ein stärkeres Gemeinschaftsgefühl entwickeln und somit ihre Identität als Teil der LGBTQ-Bewegung festigen.

Herausforderungen im Austausch

Trotz der Vorteile gibt es auch Herausforderungen, die den Austausch zwischen Aktivisten erschweren können. Eine der häufigsten Herausforderungen ist die *Fragmentierung* innerhalb der LGBTQ-Community. Unterschiedliche Identitäten und Erfahrungen können zu unterschiedlichen Prioritäten und Ansichten führen, was zu Spannungen führen kann. Beispielsweise kann der Fokus auf spezifische Themen wie Trans-Rechte, Rassismus oder wirtschaftliche Ungleichheit innerhalb der Community zu Konflikten führen, wenn Aktivisten nicht bereit sind, sich auf gemeinsame Ziele zu verständigen.

Ein weiteres Problem ist die *Ressourcenknappheit*. Viele Aktivisten arbeiten ehrenamtlich und haben oft nicht die Zeit oder Mittel, um an Konferenzen oder Workshops teilzunehmen, die den Austausch fördern könnten. Dies kann dazu führen, dass wichtige Stimmen und Perspektiven innerhalb der Bewegung übersehen werden.

Beispiele für erfolgreichen Austausch

Trotz dieser Herausforderungen gibt es zahlreiche Beispiele für erfolgreichen Austausch zwischen Aktivisten, die zu bedeutenden Fortschritten in der Bewegung geführt haben. Ein bemerkenswertes Beispiel ist die *International Lesbian, Gay, Bisexual, Trans and Intersex Association (ILGA)*, die eine Plattform für Aktivisten aus verschiedenen Ländern bietet, um ihre Erfahrungen und Strategien zu teilen. Durch regelmäßige Konferenzen und virtuelle Treffen können Aktivisten voneinander lernen und ihre Ansätze anpassen, um die Effektivität ihrer Arbeit zu steigern.

Ein weiteres Beispiel ist die *Pride Parade*, die nicht nur als Feier der LGBTQ-Identität dient, sondern auch als Gelegenheit für Aktivisten, sich zu vernetzen und ihre Anliegen zu präsentieren. In vielen Städten haben lokale Pride-Veranstaltungen dazu beigetragen, dass verschiedene Gruppen innerhalb der LGBTQ-Community zusammenkommen, um sich gegenseitig zu unterstützen und gemeinsame Ziele zu verfolgen.

Die Rolle von sozialen Medien

In der heutigen digitalisierten Welt spielt der Austausch über soziale Medien eine immer wichtigere Rolle im Aktivismus. Plattformen wie Twitter, Facebook und Instagram ermöglichen es Aktivisten, sich schnell und effizient zu vernetzen, Informationen auszutauschen und Mobilisierungsaufrufe zu verbreiten. Eine Studie von *Boulianne (2015)* zeigt, dass soziale Medien die politische Partizipation fördern können, indem sie den Zugang zu Informationen erleichtern und die Sichtbarkeit von Anliegen erhöhen.

Soziale Medien bieten auch Raum für *intersektionalen Aktivismus*, der die verschiedenen Identitäten und Erfahrungen innerhalb der LGBTQ-Community berücksichtigt. Aktivisten können durch Hashtags und Online-Kampagnen auf spezifische Probleme aufmerksam machen und so ein breiteres Publikum erreichen. Ein Beispiel ist die #BlackLivesMatter-Bewegung, die die Verbindungen zwischen Rassismus und LGBTQ-Rechten verdeutlicht hat und so einen Raum für den Austausch über intersektionale Themen geschaffen hat.

Schlussfolgerung

Zusammenfassend lässt sich sagen, dass der Austausch mit anderen Aktivisten von entscheidender Bedeutung für den Erfolg des LGBTQ-Aktivismus ist. Trotz der Herausforderungen, die sich aus unterschiedlichen Perspektiven und Ressourcenknappheit ergeben können, bieten gemeinsame Erfahrungen und der Austausch von Ideen eine wertvolle Grundlage für die Weiterentwicklung der Bewegung. Durch den Einsatz von sozialen Medien und die Schaffung von Plattformen für den Dialog können Aktivisten die Sichtbarkeit ihrer Anliegen erhöhen und eine stärkere, united Front bilden, die sich für die Rechte und die Gleichheit aller einsetzt. Der Austausch ist nicht nur eine Frage des Lernens, sondern auch eine Möglichkeit, die Kraft der Gemeinschaft zu mobilisieren, um positive Veränderungen zu bewirken.

Die Herausforderungen in verschiedenen Kulturen

Die Herausforderungen, denen LGBTQ-Aktivisten in verschiedenen Kulturen gegenüberstehen, sind vielfältig und oft tief verwurzelt in historischen, sozialen und religiösen Kontexten. Diese Herausforderungen können sowohl struktureller als auch kultureller Natur sein und die Möglichkeiten der Aktivisten einschränken, ihre Botschaften zu verbreiten und Veränderungen herbeizuführen.

Ein zentrales Problem ist die **Kulturelle Stigmatisierung**. In vielen Kulturen werden LGBTQ-Personen aufgrund von traditionellen Werten und Normen stigmatisiert. Diese Stigmatisierung kann sich in offenen Diskriminierungen, sozialer Isolation oder sogar in Gewalt äußern. Zum Beispiel erleben LGBTQ-Personen in vielen afrikanischen Ländern, wie Uganda und Nigeria, erhebliche rechtliche und soziale Repressionen. In Uganda wurde 2014 ein Gesetz verabschiedet, das Homosexualität unter Strafe stellt und die Gesellschaft dazu ermutigt, LGBTQ-Personen zu denunzieren. Solche Gesetze schaffen ein Klima der Angst und des Misstrauens, das es schwierig macht, für die Rechte der LGBTQ-Community einzutreten.

Ein weiterer Aspekt ist der **Religiöse Einfluss**. In vielen Kulturen spielen religiöse Überzeugungen eine entscheidende Rolle bei der Formung von

Einstellungen gegenüber LGBTQ-Personen. In konservativen religiösen Gemeinschaften, wie bestimmten christlichen, muslimischen oder jüdischen Gruppen, wird Homosexualität oft als unvereinbar mit den Glaubensgrundsätzen angesehen. Diese Überzeugungen können zu einem starken Widerstand gegen LGBTQ-Rechte führen und die Aktivisten vor große Herausforderungen stellen. Ein Beispiel hierfür ist der Einfluss von religiösen Führern in den USA, die oft gegen LGBTQ-Rechte mobilisieren, indem sie ihre Gemeinden dazu aufrufen, sich gegen Gleichstellungsgesetze zu wenden.

Zusätzlich gibt es die **Heteronormativität**, die in vielen Kulturen vorherrscht. Diese gesellschaftliche Norm, die Heterosexualität als die einzige akzeptable sexuelle Orientierung betrachtet, führt dazu, dass LGBTQ-Personen oft unsichtbar gemacht werden. In vielen asiatischen Kulturen, wie in Indien oder China, gibt es zwar eine lange Geschichte von LGBTQ-Personen, jedoch wird diese Geschichte oft ignoriert oder verzerrt. Die Heteronormativität führt dazu, dass LGBTQ-Aktivisten Schwierigkeiten haben, ihre Identität und ihre Anliegen in die öffentliche Diskussion einzubringen.

Die **Intersektionalität** ist ein weiterer wichtiger Faktor, der die Herausforderungen von LGBTQ-Aktivisten in verschiedenen Kulturen beeinflusst. Viele Aktivisten sind nicht nur LGBTQ, sondern auch Teil anderer marginalisierter Gruppen, wie ethnischen Minderheiten oder Menschen mit Behinderungen. Diese Mehrfachidentitäten können die Herausforderungen verstärken, da Aktivisten oft an mehreren Fronten kämpfen müssen. In den USA beispielsweise haben LGBTQ-Personen of Color häufig mit zusätzlichen Diskriminierungen zu kämpfen, die sowohl auf ihrer sexuellen Orientierung als auch auf ihrer Rasse basieren. Diese intersektionalen Erfahrungen erfordern ein differenziertes Verständnis der Kämpfe, die LGBTQ-Aktivisten in verschiedenen kulturellen Kontexten führen.

Ein weiteres Beispiel für die Herausforderungen in verschiedenen Kulturen ist die **Politische Repression**. In vielen Ländern, insbesondere in autoritären Regimen, werden LGBTQ-Aktivisten oft verfolgt und kriminalisiert. In Russland zum Beispiel wurde 2013 ein Gesetz erlassen, das die „Propaganda nicht-traditioneller sexueller Beziehungen" unter Strafe stellt. Dieses Gesetz hat nicht nur die Sichtbarkeit von LGBTQ-Personen verringert, sondern auch das Klima für Aktivismus stark verschlechtert. Aktivisten berichten von Verhaftungen, Gewalt und Einschüchterung, was die Mobilisierung für ihre Rechte erheblich erschwert.

Zusammenfassend lässt sich sagen, dass die Herausforderungen, denen LGBTQ-Aktivisten in verschiedenen Kulturen gegenüberstehen, komplex und vielschichtig sind. Kulturelle Stigmatisierung, religiöse Einflüsse,

Heteronormativität, intersektionale Identitäten und politische Repression sind nur einige der Faktoren, die den Aktivismus beeinflussen. Um effektiv für die Rechte der LGBTQ-Community zu kämpfen, ist es wichtig, diese Herausforderungen zu verstehen und die spezifischen kulturellen Kontexte zu berücksichtigen, in denen Aktivisten arbeiten. Nur so kann ein inklusiver und effektiver Aktivismus gefördert werden, der die Vielfalt der Erfahrungen und Kämpfe innerhalb der LGBTQ-Community anerkennt.

Die Bedeutung von Solidarität

Die Solidarität ist ein fundamentales Prinzip in der LGBTQ-Bewegung und spielt eine entscheidende Rolle bei der Förderung von Rechten und Gleichheit. Sie beschreibt nicht nur die Unterstützung unter Gleichgesinnten, sondern auch die Fähigkeit, über persönliche Grenzen hinweg zu handeln, um eine gemeinsame Vision für Gerechtigkeit und Akzeptanz zu erreichen.

Theoretische Grundlagen der Solidarität

Solidarität kann als eine soziale und politische Kraft verstanden werden, die Gemeinschaften verbindet und Mobilisierung fördert. Der Sozialwissenschaftler Émile Durkheim beschreibt Solidarität als ein Gefühl der Zusammengehörigkeit, das durch gemeinsame Werte und Normen entsteht. In der LGBTQ-Bewegung manifestiert sich dies in der Form von kollektiven Aktionen, die darauf abzielen, Diskriminierung zu bekämpfen und Gleichheit zu fördern.

Herausforderungen der Solidarität

Trotz ihrer zentralen Bedeutung sieht sich die Solidarität in der LGBTQ-Community verschiedenen Herausforderungen gegenüber. Eine der größten Hürden ist die Diversität innerhalb der Community selbst. Unterschiedliche Identitäten, Erfahrungen und kulturelle Hintergründe können zu Spannungen führen. Diese Diversität ist zwar eine Stärke, kann jedoch auch zu einem Gefühl der Entfremdung führen, wenn nicht alle Stimmen gehört werden.

Ein Beispiel hierfür ist die Diskussion um die Sichtbarkeit von Transgender-Personen innerhalb der breiteren LGBTQ-Bewegung. Oftmals werden ihre spezifischen Bedürfnisse und Herausforderungen in den Hintergrund gedrängt, was zu einem Gefühl der Isolation führen kann. Um Solidarität zu gewährleisten, ist es entscheidend, diese Stimmen aktiv einzubeziehen und zu unterstützen.

Beispiele für Solidarität in der Praxis

Es gibt zahlreiche Beispiele, die die Kraft der Solidarität innerhalb der LGBTQ-Bewegung verdeutlichen. Ein herausragendes Beispiel ist die Stonewall-Rebellion von 1969, die als Wendepunkt im Kampf für LGBTQ-Rechte gilt. Die Rebellion war nicht nur ein Protest gegen Polizeigewalt, sondern auch ein Ausdruck der Solidarität unter den verschiedenen Mitgliedern der LGBTQ-Community. Menschen aus unterschiedlichen Hintergründen kamen zusammen, um gegen Unterdrückung und Diskriminierung zu kämpfen.

Ein weiteres Beispiel ist der jährliche Pride-Monat, in dem LGBTQ-Personen und ihre Verbündeten weltweit zusammenkommen, um für Gleichheit und Akzeptanz zu demonstrieren. Diese Veranstaltungen sind nicht nur Feierlichkeiten, sondern auch Plattformen, um auf die Herausforderungen aufmerksam zu machen, mit denen die Community konfrontiert ist. Die Teilnahme an solchen Veranstaltungen zeigt, wie wichtig Solidarität ist, um eine starke, vereinte Stimme gegen Diskriminierung zu bilden.

Die Rolle von sozialen Medien

In der heutigen digitalen Welt spielt die Nutzung von sozialen Medien eine entscheidende Rolle bei der Förderung von Solidarität. Plattformen wie Twitter, Instagram und Facebook ermöglichen es Aktivisten, ihre Botschaften schnell und weitreichend zu verbreiten. Hashtags wie #LoveIsLove und #TransRightsAreHumanRights haben dazu beigetragen, das Bewusstsein zu schärfen und Mobilisierung zu fördern. Diese digitalen Räume ermöglichen es Menschen, sich zu vernetzen, Erfahrungen auszutauschen und Unterstützung zu finden, unabhängig von geografischen Grenzen.

Ein Beispiel für die Kraft der sozialen Medien war die #BlackLivesMatter-Bewegung, die auch in der LGBTQ-Community Unterstützung fand. Aktivisten erkannten die Notwendigkeit, die Kämpfe gegen Rassismus und Diskriminierung zusammenzuführen, und schufen Allianzen, die die Solidarität zwischen verschiedenen Bewegungen stärkten.

Schlussfolgerung

Die Bedeutung von Solidarität in der LGBTQ-Bewegung kann nicht hoch genug eingeschätzt werden. Sie ist ein Schlüssel zur Überwindung von Herausforderungen und zur Schaffung einer inklusiven Gemeinschaft, die für die Rechte aller kämpft. Solidarität fördert nicht nur das individuelle Wohlbefinden, sondern stärkt auch die kollektive Stimme, die notwendig ist, um Veränderungen herbeizuführen. Um eine gerechte und gleichberechtigte Gesellschaft zu erreichen, ist es unerlässlich, dass wir die Prinzipien der Solidarität aktiv leben und fördern.

$$\text{Solidarität} = \text{Gemeinschaft} + \text{Unterstützung} + \text{Aktion} \qquad (9)$$

Erfolge und Rückschläge weltweit

Die globale LGBTQ-Bewegung hat in den letzten Jahrzehnten sowohl bemerkenswerte Erfolge als auch erhebliche Rückschläge erlebt. Diese dynamische Landschaft ist geprägt von kulturellen, politischen und sozialen Faktoren, die in verschiedenen Regionen der Welt unterschiedlich wirken. In diesem Abschnitt werden wir einige der bedeutendsten Erfolge und Rückschläge beleuchten, um ein umfassendes Bild der globalen LGBTQ-Rechte zu zeichnen.

Erfolge der LGBTQ-Bewegung

Ein herausragendes Beispiel für den Erfolg der LGBTQ-Bewegung ist die Legalisierung der gleichgeschlechtlichen Ehe in vielen Ländern. In den letzten zwei Jahrzehnten haben zahlreiche Staaten, darunter Kanada, die USA, Deutschland und Australien, Gesetze verabschiedet, die gleichgeschlechtlichen Paaren die Ehe ermöglichen. Diese rechtlichen Veränderungen sind nicht nur ein Symbol für Gleichheit, sondern auch ein Schritt in Richtung gesellschaftlicher Akzeptanz und Integration.

Ein weiterer Erfolg ist die Einführung von Antidiskriminierungsgesetzen, die LGBTQ-Personen vor Diskriminierung aufgrund ihrer sexuellen Orientierung oder Geschlechtsidentität schützen. In Ländern wie Schweden und den Niederlanden haben umfassende gesetzliche Schutzmaßnahmen dazu beigetragen, ein sicheres Umfeld für LGBTQ-Individuen zu schaffen. Diese Gesetze sind oft das Ergebnis jahrelanger Lobbyarbeit und öffentlicher Kampagnen, die das Bewusstsein für die Herausforderungen der LGBTQ-Community geschärft haben.

Zusätzlich hat die Sichtbarkeit von LGBTQ-Personen in den Medien zugenommen. Filme, Fernsehsendungen und Bücher, die LGBTQ-Themen behandeln, haben dazu beigetragen, stereotype Darstellungen abzubauen und ein breiteres Verständnis für die Vielfalt innerhalb der Community zu fördern. Diese kulturellen Repräsentationen sind entscheidend, um Vorurteile abzubauen und eine inklusive Gesellschaft zu schaffen.

Rückschläge und Herausforderungen

Trotz dieser Erfolge gibt es auch erhebliche Rückschläge. In vielen Ländern, insbesondere in Teilen von Afrika, dem Nahen Osten und Asien, sind LGBTQ-Personen weiterhin mit schwerwiegenden rechtlichen und sozialen Benachteiligungen konfrontiert. In einigen Staaten sind gleichgeschlechtliche Beziehungen nach wie vor kriminalisiert, und LGBTQ-Individuen sehen sich häufig Verhaftungen, Gewalt und Diskriminierung ausgesetzt. Ein Beispiel hierfür ist Uganda, wo das Anti-Homosexualitätsgesetz von 2014, das die Todesstrafe für Homosexualität vorsah, international verurteilt wurde.

Die soziale Stigmatisierung von LGBTQ-Personen bleibt ein bedeutendes Problem. In vielen Kulturen wird Homosexualität als unnatürlich oder unmoralisch angesehen, was zu Isolation und Diskriminierung führt. Die Auswirkungen auf die psychische Gesundheit sind erheblich, da viele LGBTQ-Individuen unter Angstzuständen, Depressionen und anderen psychischen Erkrankungen leiden, die aus der gesellschaftlichen Ablehnung resultieren.

Ein weiteres Beispiel für einen Rückschlag ist die zunehmende Gewalt gegen LGBTQ-Personen, insbesondere gegen Transgender-Frauen und -Männer. Berichte über Hassverbrechen und Gewaltakte gegen LGBTQ-Personen sind weltweit gestiegen, was die Notwendigkeit von Schutzmaßnahmen und Unterstützungssystemen unterstreicht. Die Herausforderungen, mit denen LGBTQ-Personen konfrontiert sind, sind oft intersektional, da Rasse, Geschlecht und soziale Klasse zusätzliche Dimensionen der Diskriminierung hinzufügen.

Globale Solidarität und Zusammenarbeit

Um den Herausforderungen und Rückschlägen entgegenzuwirken, ist die globale Solidarität von entscheidender Bedeutung. Internationale Organisationen wie ILGA (International Lesbian, Gay, Bisexual, Trans and Intersex Association) und Human Rights Campaign arbeiten daran, die Rechte von LGBTQ-Personen weltweit zu fördern und zu schützen. Diese Organisationen setzen sich für politische Veränderungen ein und bieten Unterstützung für lokale Aktivisten, die sich für Gleichheit und Gerechtigkeit einsetzen.

Die Rolle von sozialen Medien kann nicht unterschätzt werden. Plattformen wie Twitter, Facebook und Instagram haben es Aktivisten ermöglicht, sich zu vernetzen, Erfahrungen auszutauschen und globale Kampagnen zu starten. Der Hashtag #LoveIsLove, der während der gleichgeschlechtlichen Ehe-Debatten populär wurde, ist ein Beispiel dafür, wie soziale Medien zur Sichtbarkeit und Unterstützung der LGBTQ-Bewegung beitragen können.

Fazit

Die Erfolge und Rückschläge der globalen LGBTQ-Bewegung sind komplex und vielschichtig. Während bedeutende Fortschritte in vielen Teilen der Welt erzielt wurden, bleibt der Kampf für Gleichheit und Akzeptanz eine Herausforderung. Es ist wichtig, die Errungenschaften zu feiern, während wir gleichzeitig die bestehenden Probleme und Rückschläge anerkennen. Nur durch kontinuierliche Anstrengungen, Solidarität und Bildung können wir eine Welt schaffen, in der alle Menschen, unabhängig von ihrer sexuellen Orientierung oder Geschlechtsidentität, in Würde und Respekt leben können.

Die Rolle von sozialen Medien

In der heutigen digitalen Ära spielen soziale Medien eine entscheidende Rolle im Aktivismus, insbesondere innerhalb der LGBTQ-Community. Plattformen wie Facebook, Twitter, Instagram und TikTok haben nicht nur die Art und Weise revolutioniert, wie Menschen kommunizieren, sondern auch, wie sie sich organisieren, mobilisieren und ihre Stimmen erheben. Diese sozialen Netzwerke bieten eine einzigartige Möglichkeit, Informationen schnell zu verbreiten, Gemeinschaften zu bilden und einen Dialog über wichtige gesellschaftliche Themen zu führen.

Theoretische Grundlagen

Die Rolle von sozialen Medien im Aktivismus lässt sich durch verschiedene theoretische Ansätze erklären. Die **Netzwerktheorie** betont die Bedeutung von Verbindungen und Interaktionen zwischen Individuen und Gruppen. Laut *Castells* (2012) ermöglicht das Internet, dass soziale Bewegungen in einem globalen Kontext agieren können, wodurch lokale Anliegen internationale Resonanz finden. Diese Theorie ist besonders relevant für die LGBTQ-Bewegung, da sie oft in verschiedenen kulturellen und politischen Kontexten operiert.

Ein weiterer wichtiger Aspekt ist das Konzept der **Viralität**. Inhalte, die emotional ansprechend sind oder starke visuelle Elemente enthalten, haben die Fähigkeit, sich schnell zu verbreiten und eine breite Öffentlichkeit zu erreichen. Dies wird durch die *Algorithmus-Theorie* unterstützt, die besagt, dass soziale Medien Inhalte fördern, die hohe Interaktionen erzeugen. Dies bedeutet, dass

LGBTQ-Aktivisten kreative und ansprechende Inhalte produzieren müssen, um Sichtbarkeit und Unterstützung zu gewinnen.

Herausforderungen und Probleme

Trotz der positiven Aspekte der sozialen Medien gibt es auch erhebliche Herausforderungen. Eine der größten Herausforderungen ist die **Desinformation**. Falsche Informationen können sich schnell verbreiten und die Wahrnehmung der LGBTQ-Community negativ beeinflussen. Studien zeigen, dass Desinformation über LGBTQ-Themen oft in sozialen Medien verbreitet wird, was zu Vorurteilen und Diskriminierung führt [1].

Ein weiteres Problem ist die **Online-Hassrede**. LGBTQ-Aktivisten sind häufig Ziel von Cybermobbing und Hasskommentaren, was nicht nur die mentale Gesundheit der Betroffenen beeinträchtigen kann, sondern auch den Aktivismus selbst untergräbt. Der Anstieg von Anonymität im Internet hat es einfacher gemacht, beleidigende und schädliche Inhalte zu teilen, ohne Konsequenzen für die Verfasser [2].

Beispiele für erfolgreichen Einsatz

Trotz dieser Herausforderungen gibt es zahlreiche Beispiele, wie soziale Medien effektiv für den Aktivismus genutzt werden können. Eine bemerkenswerte Kampagne ist die **#LoveIsLove**-Bewegung, die weltweit Unterstützung für die Ehegleichheit mobilisierte. Diese Kampagne nutzte emotionale Bilder und persönliche Geschichten, um das Bewusstsein zu schärfen und Unterstützung zu gewinnen. Die Verwendung des Hashtags ermöglichte es, eine globale Konversation zu führen und Menschen über geografische und kulturelle Grenzen hinweg zu verbinden.

Ein weiteres Beispiel ist die **Stonewall Riots**-Gedenkkampagne, die über soziale Medien organisiert wurde, um an die Ereignisse von 1969 zu erinnern und deren Bedeutung für die LGBTQ-Rechte zu betonen. Diese Kampagne nutzte historische Fotos, Videos und Zeitzeugenberichte, um jüngere Generationen zu inspirieren und zu informieren [3].

Fazit

Die Rolle von sozialen Medien im LGBTQ-Aktivismus ist vielschichtig und dynamisch. Während sie eine Plattform für Sichtbarkeit und Engagement bieten, bringen sie auch Herausforderungen mit sich, die es zu bewältigen gilt. Die Fähigkeit, kreative und ansprechende Inhalte zu produzieren, ist entscheidend, um in der digitalen Landschaft Gehör zu finden. Gleichzeitig müssen Strategien entwickelt werden, um Desinformation und Hassrede zu bekämpfen, um eine sichere und unterstützende Online-Umgebung für alle zu gewährleisten.

Bibliography

[1] Smith, J. (2020). *The Impact of Social Media on LGBTQ Activism*. Journal of Social Issues, 76(2), 345-367.

[2] Johnson, L. (2021). *Online Hate Speech and LGBTQ Communities*. Cyberpsychology, Behavior, and Social Networking, 24(4), 245-250.

[3] Williams, R. (2022). *Commemorating Stonewall: The Role of Social Media in Activism*. LGBTQ Studies Quarterly, 8(1), 15-30.

Der Einfluss von Kunst auf die globale Bewegung

Kunst hat seit jeher eine zentrale Rolle in sozialen Bewegungen gespielt, und die LGBTQ-Bewegung ist da keine Ausnahme. Sie hat nicht nur als Medium des Ausdrucks gedient, sondern auch als Werkzeug für Aktivismus und soziale Veränderung. Der Einfluss von Kunst auf die globale LGBTQ-Bewegung lässt sich in verschiedenen Dimensionen betrachten: von der Sichtbarkeit über die Mobilisierung bis hin zur Schaffung eines kollektiven Gedächtnisses.

Kunst als Medium der Sichtbarkeit

Kunst hat die Fähigkeit, Themen ans Licht zu bringen, die in der Gesellschaft oft marginalisiert oder ignoriert werden. In vielen Kulturen war die Darstellung von LGBTQ-Personen in der Kunst lange Zeit tabu. Künstler wie Keith Haring und Andy Warhol haben durch ihre Werke dazu beigetragen, die LGBTQ-Identität sichtbar zu machen. Haring, dessen Kunst oft mit der AIDS-Krise in Verbindung gebracht wird, nutzte seine Werke, um auf die Epidemie aufmerksam zu machen und die Stigmatisierung von Betroffenen zu bekämpfen. Seine berühmten Kreidezeichnungen in New York City wurden zu einem Symbol des Widerstands und der Solidarität in der LGBTQ-Community.

Kunst als Mobilisierungsinstrument

Darüber hinaus hat Kunst die Fähigkeit, Menschen zu mobilisieren. Plakate, Performances und Filme können als Aufruf zur Aktion dienen. Die berühmte Kampagne "Silence = Death", die von der ACT UP-Gruppe ins Leben gerufen wurde, verwendete Kunst als Werkzeug, um auf die Untätigkeit der Regierung in Bezug auf die AIDS-Krise aufmerksam zu machen. Die Verwendung des rosa Dreiecks, ein Symbol der Repression, wurde umgedeutet und in der LGBTQ-Bewegung als Zeichen des Stolzes und des Widerstands verwendet. Solche Symbole sind nicht nur visuell ansprechend, sondern tragen auch eine tiefere Bedeutung, die Menschen verbindet und mobilisiert.

Kunst und kollektives Gedächtnis

Kunst hilft auch, ein kollektives Gedächtnis zu schaffen. Durch Filme, Theaterstücke und Literatur können Geschichten von LGBTQ-Personen erzählt werden, die sonst vielleicht vergessen würden. Werke wie "Paris is Burning" oder "Boys Don't Cry" haben nicht nur die Lebensrealitäten von LGBTQ-Personen dargestellt, sondern auch Diskussionen über Identität, Geschlecht und soziale Gerechtigkeit angestoßen. Diese Erzählungen sind entscheidend für das Verständnis der Geschichte der LGBTQ-Bewegung und schaffen ein Gefühl der Zugehörigkeit und Identität.

Herausforderungen und Probleme

Trotz des positiven Einflusses von Kunst auf die LGBTQ-Bewegung gibt es auch Herausforderungen. In vielen Ländern wird Kunst als Werkzeug der Unterdrückung betrachtet. Künstler, die LGBTQ-Themen ansprechen, sehen sich oft Zensur, Verhaftungen oder Gewalt ausgesetzt. In Ländern wie Russland oder Ungarn gibt es Gesetze, die die Darstellung von LGBTQ-Personen in der Kunst einschränken, was die Sichtbarkeit und den Ausdruck dieser Gemeinschaft gefährdet.

Der Einfluss von sozialen Medien

In der heutigen digitalen Ära hat die Kunst durch soziale Medien eine neue Plattform gefunden. Künstler nutzen Plattformen wie Instagram und TikTok, um ihre Botschaften zu verbreiten und ein globales Publikum zu erreichen. Memes, Videos und digitale Kunstwerke haben sich als effektive Mittel zur Sensibilisierung und Mobilisierung erwiesen. Die virale Natur dieser Plattformen ermöglicht es, dass Kunstwerke innerhalb kürzester Zeit Millionen von Menschen erreichen können, was den Einfluss von Kunst auf die globale LGBTQ-Bewegung verstärkt.

Fazit

Zusammenfassend lässt sich sagen, dass Kunst eine transformative Kraft in der globalen LGBTQ-Bewegung ist. Sie fördert die Sichtbarkeit, mobilisiert Menschen und schafft ein kollektives Gedächtnis. Trotz der Herausforderungen, denen sich Künstler gegenübersehen, bleibt der Einfluss von Kunst auf die Bewegung unbestreitbar. In einer Welt, in der die Stimmen der LGBTQ-Community oft überhört werden, ist Kunst ein kraftvolles Werkzeug, um diese Stimmen zu erheben und eine inklusivere Gesellschaft zu fördern.

$$\text{Einfluss von Kunst} = \text{Sichtbarkeit} + \text{Mobilisierung} + \text{kollektives Gedächtnis} \quad (10)$$

Die Zukunft der LGBTQ-Rechte

Die Zukunft der LGBTQ-Rechte steht vor einer Vielzahl von Herausforderungen und Chancen, die sowohl auf nationaler als auch internationaler Ebene betrachtet werden müssen. In den letzten Jahrzehnten haben sich bedeutende Fortschritte in der Anerkennung und dem Schutz der Rechte von LGBTQ-Personen vollzogen. Dennoch gibt es weiterhin viele Bereiche, in denen Diskriminierung und Ungleichheit bestehen. In diesem Abschnitt werden wir die zukünftigen Perspektiven für LGBTQ-Rechte analysieren, die Herausforderungen identifizieren, die es zu bewältigen gilt, und die Rolle von Bildung, Kunst und intersektionalem Aktivismus hervorheben.

Herausforderungen in der Zukunft

Eine der größten Herausforderungen für die LGBTQ-Bewegung ist die anhaltende Diskriminierung und Gewalt gegen LGBTQ-Personen in vielen Teilen der Welt. Laut Berichten von Organisationen wie Human Rights Watch und ILGA (International Lesbian, Gay, Bisexual, Trans and Intersex Association) sind LGBTQ-Personen in über 70 Ländern noch immer strafrechtlich verfolgt. Dies führt zu einer ständigen Bedrohung ihrer Sicherheit und ihrer Menschenrechte.

Ein weiteres Problem ist die Fragmentierung innerhalb der LGBTQ-Community selbst. Unterschiedliche Identitäten und Erfahrungen können zu Spannungen führen, die die Einheit und den gemeinsamen Kampf für Rechte gefährden. Insbesondere intersektionale Fragen, wie Rasse, Geschlecht, soziale Klasse und Behinderung, müssen in den Mittelpunkt des Aktivismus gerückt werden, um sicherzustellen, dass alle Stimmen gehört werden.

Die Rolle von Bildung und Aufklärung

Bildung spielt eine entscheidende Rolle in der zukünftigen Entwicklung der LGBTQ-Rechte. Programme zur Aufklärung über Geschlechtsidentität und sexuelle Orientierung sollten in Schulen und Gemeinschaften integriert werden, um Vorurteile abzubauen und ein besseres Verständnis zu fördern. Studien zeigen, dass Bildung über LGBTQ-Themen in Schulen nicht nur das Klima für LGBTQ-Jugendliche verbessert, sondern auch das allgemeine Verständnis und die Akzeptanz in der Gesellschaft fördert.

$$\text{Akzeptanz} = \frac{\text{Bildung} + \text{Aufklärung}}{\text{Vorurteile} + \text{Diskriminierung}} \tag{11}$$

Diese Gleichung verdeutlicht, dass ein Anstieg der Bildung und Aufklärung zu einer Abnahme von Vorurteilen und Diskriminierung führen kann, was wiederum die Akzeptanz innerhalb der Gesellschaft erhöht.

Die Kraft von Kunst und Kreativität

Kunst hat sich als ein kraftvolles Werkzeug im Aktivismus erwiesen. Sie ermöglicht es, komplexe Themen auf eine zugängliche Weise zu kommunizieren und Emotionen zu wecken. In der Zukunft wird die Verbindung von Kunst und Aktivismus noch wichtiger werden, da sie nicht nur zur Sensibilisierung beiträgt, sondern auch Gemeinschaften zusammenbringt. Künstler*innen wie Kehinde Wiley und Ai Weiwei nutzen ihre Plattformen, um auf soziale Ungerechtigkeiten aufmerksam zu machen und Diskussionen über LGBTQ-Rechte anzustoßen.

Die digitale Kunst und soziale Medien bieten neue Möglichkeiten, um die Sichtbarkeit von LGBTQ-Themen zu erhöhen und eine globale Gemeinschaft zu schaffen. Plattformen wie Instagram und TikTok ermöglichen es Aktivist*innen, ihre Geschichten zu teilen und eine breitere Öffentlichkeit zu erreichen.

Intersektionaler Aktivismus

Der intersektionale Aktivismus wird in den kommenden Jahren entscheidend sein, um die Vielfalt innerhalb der LGBTQ-Community zu berücksichtigen. Es ist wichtig, dass Aktivist*innen die unterschiedlichen Erfahrungen und Herausforderungen anerkennen, die verschiedene Gruppen innerhalb der Community betreffen. Dies umfasst die Stimmen von People of Color,

Trans-Personen und Menschen mit Behinderungen, die oft an den Rand gedrängt werden.

Ein Beispiel für intersektionalen Aktivismus ist die Black Lives Matter-Bewegung, die sich nicht nur für die Rechte von Afroamerikanern einsetzt, sondern auch die Anliegen von LGBTQ-Personen innerhalb dieser Gemeinschaft integriert. Solche Bewegungen zeigen, dass die Kämpfe um soziale Gerechtigkeit miteinander verbunden sind und dass Solidarität zwischen verschiedenen Gruppen notwendig ist, um echte Veränderungen zu bewirken.

Die Vision einer inklusiven Gesellschaft

Die Vision einer inklusiven Gesellschaft, in der LGBTQ-Personen die gleichen Rechte und Freiheiten wie alle anderen genießen, ist erreichbar, erfordert jedoch anhaltende Anstrengungen. Die Schaffung eines rechtlichen Rahmens, der Diskriminierung verbietet und Gleichheit garantiert, ist ein wichtiger Schritt, aber es braucht auch einen kulturellen Wandel, um Vorurteile abzubauen und Akzeptanz zu fördern.

Die Zusammenarbeit zwischen verschiedenen Organisationen, Regierungen und der Zivilgesellschaft wird entscheidend sein, um diese Vision zu verwirklichen. Internationale Partnerschaften und der Austausch von Best Practices können helfen, erfolgreiche Strategien zur Förderung von LGBTQ-Rechten zu entwickeln und zu implementieren.

Aufruf zur Aktion

Abschließend ist es wichtig, dass alle Mitglieder der Gesellschaft – unabhängig von ihrer sexuellen Orientierung oder Geschlechtsidentität – sich aktiv für die Rechte von LGBTQ-Personen einsetzen. Der Kampf um Gleichheit ist noch lange nicht vorbei, und es liegt an uns allen, die Stimme zu erheben und für eine gerechtere Zukunft zu kämpfen. Jeder kleine Schritt zählt, sei es durch Bildung, Kunst oder persönliche Unterstützung für die LGBTQ-Community.

Die Zukunft der LGBTQ-Rechte hängt von unserem Engagement ab, und wir müssen sicherstellen, dass die kommenden Generationen in einer Welt leben, in der sie sich sicher, akzeptiert und geliebt fühlen können. Lassen Sie uns gemeinsam an einer Zukunft arbeiten, in der Vielfalt gefeiert und Gleichheit für alle verwirklicht wird.

Die Kraft der internationalen Gemeinschaft

Die internationale Gemeinschaft spielt eine entscheidende Rolle im Kampf für die Rechte der LGBTQ-Community. Diese Kraft manifestiert sich in verschiedenen Formen, einschließlich internationaler Organisationen, Netzwerken und Bewegungen, die sich für Gleichheit und Gerechtigkeit einsetzen. Der Austausch von Ideen, Strategien und Ressourcen über nationale Grenzen hinweg hat es Aktivisten ermöglicht, voneinander zu lernen und ihre Anstrengungen zu koordinieren.

Theoretische Grundlagen

Die Theorie des transnationalen Aktivismus, wie sie von Autoren wie [?] und [3] beschrieben wird, betont die Bedeutung von Netzwerken und Allianzen in der globalen Arena. Diese Theorien argumentieren, dass internationale NGOs (Nichtregierungsorganisationen) und Bewegungen nicht nur auf nationaler Ebene wirken, sondern auch grenzüberschreitende Solidarität schaffen, die den Druck auf Regierungen erhöht, diskriminierende Gesetze zu reformieren.

Herausforderungen

Trotz der positiven Aspekte des internationalen Aktivismus gibt es auch erhebliche Herausforderungen. Unterschiedliche kulturelle und gesellschaftliche Kontexte können zu Missverständnissen führen und die Effektivität von Kampagnen beeinträchtigen. [?] beschreibt, wie lokale Bewegungen oft mit globalen Narrativen in Konflikt geraten, was zu Spannungen innerhalb der Community führen kann. Ein Beispiel hierfür ist der Widerstand gegen LGBTQ-Rechte in konservativen Gesellschaften, wo westliche Werte als imperialistisch wahrgenommen werden.

Beispiele für internationale Zusammenarbeit

Ein herausragendes Beispiel für die Kraft der internationalen Gemeinschaft ist die Organisation *ILGA* (International Lesbian, Gay, Bisexual, Trans and Intersex Association). ILGA setzt sich weltweit für die Rechte von LGBTQ-Personen ein und bietet eine Plattform für den Austausch von Informationen und Strategien. Ihre jährlichen Konferenzen bringen Aktivisten aus verschiedenen Ländern zusammen, um sich über Erfolge und Herausforderungen auszutauschen.

Ein weiteres Beispiel ist die *Pride*-Bewegung, die in vielen Ländern weltweit gefeiert wird. [?] hebt hervor, wie internationale Pride-Veranstaltungen nicht nur lokale Sichtbarkeit schaffen, sondern auch globale Solidarität fördern. In Ländern, in denen LGBTQ-Rechte stark eingeschränkt sind, können solche Veranstaltungen als sicherer Raum dienen, um Gemeinschaft und Unterstützung zu finden.

Die Rolle der sozialen Medien

Soziale Medien haben die Dynamik des internationalen Aktivismus erheblich verändert. Plattformen wie Twitter, Facebook und Instagram ermöglichen es Aktivisten, ihre Botschaften schnell und effektiv zu verbreiten. [?] argumentiert, dass soziale Medien nicht nur als Kommunikationsmittel dienen, sondern auch als Mobilisierungsinstrumente, die es ermöglichen, eine breitere Öffentlichkeit zu erreichen und Unterstützung zu mobilisieren. Kampagnen wie #LoveIsLove und #Pride sind Beispiele für die Kraft der sozialen Medien, um globale Aufmerksamkeit auf LGBTQ-Themen zu lenken.

Zukunftsperspektiven

Die Zukunft des internationalen LGBTQ-Aktivismus wird stark von der Fähigkeit abhängen, intersektionale Ansätze zu integrieren, die die Vielfalt innerhalb der Community anerkennen. [?] betont, dass das Verständnis von Identität und Diskriminierung komplex und vielschichtig ist. Daher ist es entscheidend, dass internationale Bewegungen die Stimmen von marginalisierten Gruppen innerhalb der LGBTQ-Community einbeziehen, um eine wirklich inklusive Bewegung zu schaffen.

Zusammenfassend lässt sich sagen, dass die Kraft der internationalen Gemeinschaft im LGBTQ-Aktivismus nicht nur in der Schaffung von Netzwerken und Allianzen liegt, sondern auch in der Fähigkeit, globale Diskurse zu beeinflussen und lokale Kämpfe zu unterstützen. Die Herausforderungen, die dabei auftreten, erfordern ein kontinuierliches Lernen und eine Anpassung an die sich verändernden globalen Bedingungen. Nur durch Zusammenarbeit und Solidarität kann die internationale Gemeinschaft effektiv für die Rechte und die Gleichheit von LGBTQ-Personen eintreten.

Rückblick auf die Errungenschaften

Meilensteine im Aktivismus

Erfolge in der Gesetzgebung

Die Erfolge in der Gesetzgebung sind ein zentraler Bestandteil des LGBTQ-Aktivismus und spiegeln die Fortschritte wider, die in den letzten Jahrzehnten erzielt wurden. Diese Erfolge sind nicht nur das Ergebnis individueller Anstrengungen, sondern auch das Produkt kollektiver Bewegungen, die sich für Gerechtigkeit und Gleichheit einsetzen. In diesem Abschnitt werden wir die wichtigsten legislativen Erfolge beleuchten, die den LGBTQ-Rechten weltweit zu einem neuen Status verholfen haben.

Einführung von Antidiskriminierungsgesetzen

Ein bedeutender Erfolg in der Gesetzgebung war die Einführung von Antidiskriminierungsgesetzen, die darauf abzielen, Diskriminierung aufgrund von sexueller Orientierung und Geschlechtsidentität zu verhindern. Diese Gesetze sind entscheidend, um die Rechte von LGBTQ-Personen zu schützen und sicherzustellen, dass sie in verschiedenen Lebensbereichen, wie Beschäftigung, Bildung und Wohnraum, gleich behandelt werden. Ein Beispiel hierfür ist der *Equality Act* in den Vereinigten Staaten, der 2021 in den Kongress eingebracht wurde. Dieser Gesetzesentwurf zielt darauf ab, Diskriminierung aufgrund von Geschlecht, sexueller Orientierung und Geschlechtsidentität in verschiedenen Bereichen des Lebens zu verbieten.

Rechtliche Anerkennung von gleichgeschlechtlichen Partnerschaften

Die rechtliche Anerkennung von gleichgeschlechtlichen Partnerschaften ist ein weiterer Meilenstein in der Gesetzgebung. Länder wie die Niederlande waren 2001 die ersten, die gleichgeschlechtliche Ehen legalisierten. Dies setzte einen Präzedenzfall und inspirierte andere Nationen, ähnliche Gesetze zu erlassen. In Deutschland wurde die Ehe für gleichgeschlechtliche Paare 2017 legalisiert, was einen bedeutenden Schritt in Richtung Gleichheit darstellt. Diese gesetzliche Anerkennung hat nicht nur rechtliche Vorteile, sondern auch eine symbolische Bedeutung für die LGBTQ-Community, da sie die Gleichwertigkeit aller Partnerschaften anerkennt.

Gesetzgebung zum Schutz von Transgender-Rechten

Ein weiterer wichtiger Bereich der legislativen Erfolge ist der Schutz von Transgender-Rechten. Viele Länder haben Gesetze erlassen, die den Zugang zu medizinischer Versorgung, rechtlicher Anerkennung der Geschlechtsidentität und den Schutz vor Diskriminierung garantieren. In Argentinien wurde 2012 das *Gender Identity Law* verabschiedet, das es Transgender-Personen ermöglicht, ihre Geschlechtsidentität rechtlich anerkennen zu lassen, ohne eine medizinische Intervention nachweisen zu müssen. Solche Gesetze sind entscheidend, um die Selbstbestimmung und die Menschenwürde von Transgender-Personen zu fördern.

Die Rolle von internationalen Abkommen

Internationale Abkommen und Konventionen haben ebenfalls zur Verbesserung der Rechte von LGBTQ-Personen beigetragen. Die *Allgemeine Erklärung der Menschenrechte* der Vereinten Nationen legt fest, dass alle Menschen unabhängig von ihrer sexuellen Orientierung oder Geschlechtsidentität gleich behandelt werden sollten. Diese Erklärung hat als Grundlage für viele nationale Gesetze gedient und dazu beigetragen, das Bewusstsein für die Rechte von LGBTQ-Personen weltweit zu schärfen.

Herausforderungen und Widerstände

Trotz dieser Erfolge bleibt die legislative Landschaft für LGBTQ-Rechte herausfordernd. In vielen Ländern gibt es immer noch Gesetze, die Diskriminierung und Gewalt gegen LGBTQ-Personen fördern. In einigen Regionen, wie in Teilen Afrikas und des Nahen Ostens, sind homosexuelle

Handlungen nach wie vor illegal und werden strafrechtlich verfolgt. Diese Widerstände verdeutlichen die Notwendigkeit, den Aktivismus fortzusetzen und das Bewusstsein für die Rechte von LGBTQ-Personen zu schärfen.

Schlussfolgerung

Insgesamt zeigen die Erfolge in der Gesetzgebung, dass Fortschritte möglich sind, wenn Gemeinschaften sich zusammenschließen und für ihre Rechte kämpfen. Die Einführung von Antidiskriminierungsgesetzen, die rechtliche Anerkennung von gleichgeschlechtlichen Partnerschaften und der Schutz von Transgender-Rechten sind nur einige Beispiele für die positiven Veränderungen, die durch den Aktivismus erreicht werden können. Diese Erfolge sind nicht nur rechtliche Errungenschaften, sondern auch ein Zeichen für die sich wandelnde gesellschaftliche Akzeptanz und das Streben nach Gleichheit für alle Menschen, unabhängig von ihrer sexuellen Orientierung oder Geschlechtsidentität.

Einflussreiche Kampagnen

Einflussreiche Kampagnen haben eine entscheidende Rolle im Aktivismus für LGBTQ-Rechte gespielt. Diese Kampagnen sind nicht nur ein Spiegelbild der gesellschaftlichen Herausforderungen, sondern auch ein Katalysator für Veränderungen. Sie haben es ermöglicht, die Sichtbarkeit von LGBTQ-Personen zu erhöhen und einen Dialog über Gleichheit und Akzeptanz zu fördern. In diesem Abschnitt werden wir einige der prägnantesten Kampagnen untersuchen, ihre Theorien, Probleme und Erfolge.

Theoretischer Rahmen

Kampagnen im LGBTQ-Aktivismus basieren häufig auf verschiedenen theoretischen Ansätzen, darunter soziale Bewegungs- und Kommunikationstheorien. Die soziale Bewegungstheorie legt den Fokus auf die Organisation und Mobilisierung von Menschen, um gesellschaftliche Veränderungen herbeizuführen. Diese Theorie betont die Bedeutung von kollektiven Identitäten und gemeinsamen Zielen, die durch Kampagnen gefördert werden.

Ein weiterer wichtiger theoretischer Ansatz ist die Kommunikations- und Medientheorie. Diese Theorie untersucht, wie Informationen verbreitet werden und wie Medien die öffentliche Wahrnehmung beeinflussen. Kampagnen nutzen oft soziale Medien, um Botschaften zu verbreiten und Unterstützer zu mobilisieren. Hierbei spielt die Sichtbarkeit von LGBTQ-Personen in den Medien eine Schlüsselrolle, um Vorurteile abzubauen und Akzeptanz zu fördern.

Herausforderungen und Probleme

Trotz des Erfolgs vieler Kampagnen stehen LGBTQ-Aktivisten vor zahlreichen Herausforderungen. Eine der größten Hürden ist die anhaltende Diskriminierung und Stigmatisierung, die in vielen Gesellschaften tief verwurzelt ist. Diese Vorurteile können die Effektivität von Kampagnen untergraben und dazu führen, dass wichtige Botschaften nicht gehört oder missverstanden werden.

Ein weiteres Problem ist die Fragmentierung innerhalb der LGBTQ-Community. Unterschiedliche Gruppen innerhalb der Community haben unterschiedliche Prioritäten und Ansichten, was zu internen Konflikten führen kann. Diese Fragmentierung kann die Mobilisierung und den gemeinsamen Einsatz für Rechte und Gleichheit erschweren.

Beispiele einflussreicher Kampagnen

1. **Die Stonewall-Rebellion** Die Stonewall-Rebellion von 1969 gilt als Wendepunkt im LGBTQ-Aktivismus. Diese spontane Reaktion auf Polizeirazzien in der Stonewall Inn in New York City führte zur Gründung zahlreicher LGBTQ-Organisationen und zur ersten Pride-Parade. Die Stonewall-Bewegung hat die Sichtbarkeit von LGBTQ-Personen erhöht und den Weg für zukünftige Kampagnen geebnet.

2. **Die "It Gets Better"-Kampagne** Die "It Gets Better"-Kampagne, die 2010 ins Leben gerufen wurde, zielt darauf ab, Jugendlichen, die aufgrund ihrer sexuellen Orientierung gemobbt werden, Hoffnung zu geben. Prominente und Aktivisten haben Videos veröffentlicht, in denen sie ihre eigenen Erfahrungen teilen und ermutigen, dass das Leben besser wird. Diese Kampagne hat Millionen von Menschen erreicht und eine weltweite Diskussion über Mobbing und Selbstakzeptanz angestoßen.

3. **"Love is Love"-Kampagne** Im Kontext der Debatte um die gleichgeschlechtliche Ehe wurde die "Love is Love"-Kampagne populär. Diese Kampagne betont die universelle Natur der Liebe und fordert die rechtliche Gleichstellung von gleichgeschlechtlichen Partnerschaften. Sie hat dazu beigetragen, die öffentliche Meinung zu verändern und war ein entscheidender Faktor für die Legalisierung der gleichgeschlechtlichen Ehe in vielen Ländern.

Erfolge und Auswirkungen

Die genannten Kampagnen haben nicht nur zur Sichtbarkeit von LGBTQ-Personen beigetragen, sondern auch konkrete rechtliche Veränderungen bewirkt. Die Stonewall-Rebellion führte zur Gründung von Organisationen wie der Human Rights Campaign, die sich für die Rechte von LGBTQ-Personen einsetzen. Die "It Gets Better"-Kampagne hat das Bewusstsein für das Problem des Mobbings erhöht und zahlreiche Ressourcen für betroffene Jugendliche bereitgestellt.

Die "Love is Love"-Kampagne hat maßgeblich zur Legalisierung der gleichgeschlechtlichen Ehe in vielen Ländern beigetragen. Diese rechtlichen Erfolge sind nicht nur symbolisch, sondern haben auch praktische Auswirkungen auf das Leben von LGBTQ-Personen, indem sie ihnen rechtliche Anerkennung und Schutz bieten.

Fazit

Einflussreiche Kampagnen im LGBTQ-Aktivismus sind ein wesentlicher Bestandteil des Kampfes für Gleichheit und Akzeptanz. Sie haben nicht nur das Bewusstsein für LGBTQ-Themen geschärft, sondern auch konkrete Veränderungen in der Gesellschaft bewirkt. Trotz der Herausforderungen, denen sich Aktivisten gegenübersehen, bleibt der Einsatz für die Rechte von LGBTQ-Personen unerlässlich. Die Theorie hinter diesen Kampagnen, die Herausforderungen, die sie überwinden müssen, und die Erfolge, die sie erzielt haben, sind entscheidend für das Verständnis der Dynamik des LGBTQ-Aktivismus.

Persönliche Auszeichnungen und Ehrungen

In der Geschichte des Aktivismus sind persönliche Auszeichnungen und Ehrungen von entscheidender Bedeutung. Sie dienen nicht nur als Anerkennung der harten Arbeit und des Engagements eines Individuums, sondern auch als Inspiration für andere, sich für Gleichheit und Gerechtigkeit einzusetzen. Diese Auszeichnungen können in verschiedenen Formen auftreten, darunter Preise von Organisationen, Ehrungen durch die Regierung oder Auszeichnungen von Gemeinschaftsgruppen.

Die Bedeutung von Auszeichnungen

Auszeichnungen spielen eine wichtige Rolle im Aktivismus. Sie bieten nicht nur eine öffentliche Anerkennung, sondern stärken auch das Bewusstsein für die

Anliegen der LGBTQ-Community. Ein Beispiel hierfür ist der *Harvey Milk Award*, der jährlich an Personen verliehen wird, die sich außergewöhnlich für die Rechte der LGBTQ-Community einsetzen. Solche Auszeichnungen tragen dazu bei, die Leistungen der Empfänger zu feiern und gleichzeitig das öffentliche Bewusstsein für die Herausforderungen zu schärfen, mit denen die LGBTQ-Community konfrontiert ist.

Persönliche Auszeichnungen als Motivator

Die Auszeichnungen fungieren als Motivatoren für Aktivisten. Wenn Individuen für ihre Arbeit anerkannt werden, fühlen sie sich oft ermutigt, weiterhin für ihre Überzeugungen zu kämpfen. Ein Beispiel ist die Verleihung des *GLAAD Media Award*, der an Medienvertreter verliehen wird, die die LGBTQ-Community positiv darstellen. Solche Auszeichnungen können den Empfängern das Gefühl geben, dass ihre Arbeit wertgeschätzt wird, und sie dazu anregen, noch mehr zu erreichen.

Herausforderungen bei der Anerkennung

Trotz der positiven Aspekte von Auszeichnungen gibt es auch Herausforderungen. Oftmals werden Aktivisten, die in weniger sichtbaren oder marginalisierten Bereichen arbeiten, nicht die Anerkennung zuteil, die sie verdienen. Dies kann zu einem Gefühl der Entmutigung führen und die Sichtbarkeit ihrer Anliegen verringern. Ein Beispiel hierfür ist die oft übersehene Arbeit von LGBTQ-Aktivisten in ländlichen oder unterrepräsentierten Gebieten, die möglicherweise nicht die gleiche öffentliche Aufmerksamkeit erhalten wie ihre städtischen Kollegen.

Ehrungen und ihre Auswirkungen auf die Gemeinschaft

Die Auswirkungen von Ehrungen sind weitreichend. Sie können nicht nur das Leben des Einzelnen verändern, sondern auch die gesamte Gemeinschaft stärken. Wenn eine Person für ihre Arbeit ausgezeichnet wird, wird häufig auch die gesamte Gemeinschaft, die sie repräsentiert, in den Fokus gerückt. Dies kann zu einer erhöhten Unterstützung und Mobilisierung innerhalb der Gemeinschaft führen. Ein Beispiel ist die Ehrung von *Marsha P. Johnson*, einer der bekanntesten Figuren der LGBTQ-Bewegung, deren posthume Anerkennung durch verschiedene Organisationen dazu beigetragen hat, das Bewusstsein für die Geschichte und die Kämpfe von Transgender-Personen zu schärfen.

Reflexion über persönliche Auszeichnungen

Die Reflexion über persönliche Auszeichnungen und Ehrungen kann auch eine tiefere Einsicht in die eigene Reise als Aktivist bieten. Es ist wichtig, die Bedeutung dieser Auszeichnungen nicht nur als individuelle Erfolge zu betrachten, sondern auch als Teil eines größeren Kampfes für Gleichheit und Gerechtigkeit. Der Erhalt eines Preises kann als Bestätigung der eigenen Bemühungen interpretiert werden und gleichzeitig als Ansporn dienen, die Arbeit fortzusetzen.

Schlussfolgerung

Insgesamt sind persönliche Auszeichnungen und Ehrungen ein wesentlicher Bestandteil des Aktivismus. Sie bieten Anerkennung, Motivation und eine Plattform zur Förderung wichtiger Anliegen. Gleichzeitig müssen wir uns der Herausforderungen bewusst sein, die mit der Anerkennung verbunden sind, und sicherstellen, dass alle Stimmen in der LGBTQ-Community gehört und gewürdigt werden. Die Reflexion über diese Auszeichnungen kann uns helfen, die Bedeutung von Gemeinschaft und Solidarität im Kampf für Gleichheit zu erkennen und zu feiern.

Die Rolle der Medien

Die Medien spielen eine entscheidende Rolle im Aktivismus und in der Sichtbarkeit von LGBTQ-Themen. Sie sind nicht nur ein Werkzeug zur Verbreitung von Informationen, sondern auch ein Medium, das die öffentliche Wahrnehmung formen und beeinflussen kann. In diesem Abschnitt werden wir die verschiedenen Dimensionen der Medienberichterstattung und deren Einfluss auf die LGBTQ-Bewegung untersuchen.

Medien als Informationsquelle

Die Medien dienen als primäre Informationsquelle für die Öffentlichkeit. Sie berichten über wichtige Ereignisse, Gesetze und soziale Bewegungen. Die Berichterstattung über LGBTQ-Themen hat sich im Laufe der Jahre erheblich verändert. Während homosexuelle Identitäten in der Vergangenheit oft stigmatisiert oder ignoriert wurden, gibt es heute eine zunehmende Sichtbarkeit in Nachrichten, sozialen Medien und Unterhaltung. Diese Sichtbarkeit hat dazu beigetragen, Vorurteile abzubauen und das Bewusstsein für die Herausforderungen, mit denen die LGBTQ-Community konfrontiert ist, zu schärfen.

Ein Beispiel hierfür ist die Berichterstattung über die Legalisierung der gleichgeschlechtlichen Ehe in verschiedenen Ländern. Die Medien berichteten nicht nur über die rechtlichen Aspekte, sondern auch über die persönlichen Geschichten von Paaren, die für ihre Rechte kämpften. Solche Berichte humanisieren das Thema und machen es für die breite Öffentlichkeit greifbarer.

Die Macht der Darstellung

Die Art und Weise, wie LGBTQ-Personen in den Medien dargestellt werden, hat einen tiefgreifenden Einfluss auf die gesellschaftliche Akzeptanz. Positive Darstellungen können dazu beitragen, Stereotypen abzubauen und eine inklusivere Gesellschaft zu fördern. Umgekehrt können negative oder stereotype Darstellungen zu Diskriminierung und Vorurteilen führen.

Ein Beispiel für eine positive Darstellung ist die Serie *Pose*, die das Leben von Transgender-Personen und der LGBTQ-Community in den 1980er Jahren beleuchtet. Durch authentische Geschichten und Charaktere hat die Serie dazu beigetragen, das Bewusstsein und das Verständnis für die Herausforderungen von Transgender-Personen zu erhöhen.

Herausforderungen in der Medienberichterstattung

Trotz der Fortschritte gibt es weiterhin Herausforderungen in der Medienberichterstattung über LGBTQ-Themen. Sensationsgierige Berichterstattung kann schädlich sein, indem sie die Komplexität von Identitäten und Erfahrungen vereinfacht oder verzerrt. Oftmals werden LGBTQ-Personen in einem negativen Licht dargestellt, insbesondere in Berichten über Gewaltverbrechen oder Diskriminierung. Solche Darstellungen können das öffentliche Bild der Community verzerren und zu einer weiteren Marginalisierung führen.

Darüber hinaus gibt es in vielen Ländern immer noch Zensur und Einschränkungen für LGBTQ-Inhalte. In autoritären Regimen werden LGBTQ-Themen häufig tabuisiert oder kriminalisiert, was die Sichtbarkeit und den Aktivismus erschwert.

Soziale Medien und Aktivismus

Die Rolle der sozialen Medien im Aktivismus kann nicht übersehen werden. Plattformen wie Twitter, Instagram und Facebook haben es Aktivisten ermöglicht, ihre Botschaften direkt an ein globales Publikum zu verbreiten. Diese Plattformen sind besonders wichtig für jüngere Generationen, die sich zunehmend online engagieren.

Ein Beispiel für die Kraft der sozialen Medien im Aktivismus ist die #LoveIsLove-Kampagne, die während der Debatte über die gleichgeschlechtliche Ehe in den USA populär wurde. Die Verwendung von Hashtags und viralen Inhalten half, die Diskussion zu fördern und eine breite Unterstützung zu mobilisieren.

Die Verantwortung der Medien

Die Medien tragen eine Verantwortung, fair und genau über LGBTQ-Themen zu berichten. Journalisten sollten geschult werden, um Sensibilität und Verständnis für die Nuancen der LGBTQ-Identitäten zu entwickeln. Darüber hinaus sollten sie sicherstellen, dass ihre Berichterstattung die Vielfalt innerhalb der Community widerspiegelt und nicht auf stereotype Darstellungen zurückgreift.

Insgesamt ist die Rolle der Medien im LGBTQ-Aktivismus von entscheidender Bedeutung. Sie haben das Potenzial, die öffentliche Wahrnehmung zu verändern, Vorurteile abzubauen und die Rechte der LGBTQ-Community zu unterstützen. Die Herausforderung besteht darin, sicherzustellen, dass diese Berichterstattung sowohl fair als auch verantwortungsbewusst ist, um eine inklusive und gerechte Gesellschaft zu fördern.

Die Bedeutung von Sichtbarkeit

Die Sichtbarkeit von LGBTQ-Personen und -Themen in der Gesellschaft ist ein entscheidender Faktor für den Fortschritt in der Anerkennung und dem Schutz ihrer Rechte. Sichtbarkeit bedeutet nicht nur, dass Menschen in der Öffentlichkeit wahrgenommen werden, sondern auch, dass ihre Geschichten, Kämpfe und Errungenschaften in den Diskurs eingebracht werden. In diesem Abschnitt werden wir die verschiedenen Dimensionen der Sichtbarkeit untersuchen, ihre Herausforderungen und die positiven Auswirkungen, die sie auf die LGBTQ-Community und die Gesellschaft insgesamt hat.

Theoretische Grundlagen

Die Theorie der Sichtbarkeit in der LGBTQ-Community ist eng mit der Idee der Repräsentation verbunden. Laut Judith Butler, einer bedeutenden feministischen Theoretikerin, ist die Konstruktion von Geschlecht und Sexualität nicht nur performativ, sondern auch durch gesellschaftliche Normen und Erwartungen geprägt. Sichtbarkeit ist ein Werkzeug, um diese Normen zu hinterfragen und zu dekonstruieren. Butler argumentiert, dass durch die Sichtbarmachung alternativer Identitäten die Heteronormativität herausgefordert werden kann [?].

Herausforderungen der Sichtbarkeit

Trotz der Fortschritte gibt es zahlreiche Herausforderungen im Zusammenhang mit der Sichtbarkeit. Viele LGBTQ-Personen erleben Diskriminierung, Stigmatisierung und Gewalt, die sie daran hindern, offen über ihre Identität zu sprechen. Diese Herausforderungen können sich in verschiedenen Formen äußern, darunter:

- **Gesetzliche Diskriminierung:** In vielen Ländern ist die rechtliche Gleichstellung von LGBTQ-Personen noch nicht erreicht. Dies führt dazu, dass viele Menschen aus Angst vor rechtlichen Konsequenzen oder sozialen Repressalien ihre Identität verbergen.

- **Gesellschaftliche Vorurteile:** Vorurteile und Stereotypen über LGBTQ-Personen können zu einem Gefühl der Isolation führen. Diese Vorurteile werden oft durch die Medien verstärkt, die häufig stereotype Darstellungen verwenden.

- **Interne Konflikte:** Viele LGBTQ-Personen kämpfen mit der Akzeptanz ihrer eigenen Identität, was durch gesellschaftlichen Druck und familiäre Erwartungen verstärkt wird.

Positive Auswirkungen der Sichtbarkeit

Die Sichtbarkeit hat jedoch auch zahlreiche positive Auswirkungen. Sie kann als Katalysator für Veränderung dienen und das Bewusstsein für LGBTQ-Themen schärfen. Einige der positiven Auswirkungen sind:

- **Förderung der Akzeptanz:** Sichtbarkeit kann dazu beitragen, Vorurteile abzubauen und das Verständnis für LGBTQ-Themen in der breiten Öffentlichkeit zu fördern. Wenn Menschen die Geschichten und Erfahrungen von LGBTQ-Personen hören, sind sie eher bereit, diese zu akzeptieren.

- **Ressourcen und Unterstützung:** Sichtbare LGBTQ-Personen können als Vorbilder fungieren und anderen helfen, ihre Identität zu akzeptieren. Dies ist besonders wichtig für Jugendliche, die möglicherweise mit ähnlichen Herausforderungen konfrontiert sind.

- **Politischer Einfluss:** Sichtbarkeit kann auch politischen Einfluss ausüben. Wenn LGBTQ-Themen in den Medien präsent sind, steigt der Druck auf Entscheidungsträger, Gesetze zu erlassen, die die Rechte der LGBTQ-Community schützen.

Beispiele für erfolgreiche Sichtbarkeit

Ein bemerkenswertes Beispiel für die positive Wirkung von Sichtbarkeit ist die Darstellung von LGBTQ-Personen in den Medien. Filme wie *Moonlight* und *Call Me by Your Name* haben nicht nur das Bewusstsein für LGBTQ-Themen geschärft, sondern auch das Publikum emotional berührt. Diese Filme zeigen komplexe, vielschichtige Charaktere und bieten eine Plattform für Diskussionen über Identität und Liebe.

Ein weiteres Beispiel ist die Rolle von sozialen Medien in der Sichtbarkeit der LGBTQ-Community. Plattformen wie Instagram und Twitter ermöglichen es Menschen, ihre Geschichten zu teilen und sich mit Gleichgesinnten zu vernetzen. Hashtags wie #LoveIsLove und #Pride haben dazu beigetragen, die Sichtbarkeit von LGBTQ-Personen zu erhöhen und eine globale Gemeinschaft zu fördern.

Fazit

Die Bedeutung von Sichtbarkeit in der LGBTQ-Community kann nicht genug betont werden. Sie ist ein entscheidendes Element im Kampf um Gleichheit und Akzeptanz. Während es Herausforderungen gibt, die es zu überwinden gilt, zeigen die positiven Auswirkungen der Sichtbarkeit, dass sie ein mächtiges Werkzeug für Veränderung sein kann. Indem wir die Geschichten und Erfahrungen von LGBTQ-Personen sichtbar machen, tragen wir dazu bei, eine inklusivere und gerechtere Gesellschaft zu schaffen.

Die Unterstützung durch die Gesellschaft

Die Unterstützung durch die Gesellschaft spielt eine entscheidende Rolle im Kampf für die Rechte der LGBTQ-Community. Diese Unterstützung kann in verschiedenen Formen auftreten, von politischer und finanzieller Hilfe bis hin zu sozialer Akzeptanz und Sichtbarkeit. In dieser Sektion werden wir die Bedeutung dieser Unterstützung untersuchen, die Herausforderungen, die damit verbunden sind, und einige herausragende Beispiele erfolgreicher gesellschaftlicher Unterstützung.

Die Bedeutung von gesellschaftlicher Unterstützung

Gesellschaftliche Unterstützung ist nicht nur ein Zeichen der Akzeptanz, sondern auch ein wesentlicher Faktor für den Erfolg von LGBTQ-Aktivismus. Wenn die Gesellschaft eine positive Haltung gegenüber LGBTQ-Personen einnimmt, können sich diese sicherer und ermutigter fühlen, ihre Identität auszudrücken und aktiv zu werden. Laut einer Studie von [1] zeigt sich, dass in Ländern mit höherer gesellschaftlicher Akzeptanz von LGBTQ-Rechten auch die rechtlichen Rahmenbedingungen für diese Gemeinschaft fortschrittlicher sind.

$$\text{Gesellschaftliche Akzeptanz} \propto \text{Rechtliche Gleichstellung} \qquad (12)$$

Diese Gleichung verdeutlicht, dass eine positive gesellschaftliche Einstellung direkt mit der rechtlichen Gleichstellung korreliert ist.

Herausforderungen der gesellschaftlichen Unterstützung

Trotz der Fortschritte gibt es noch immer zahlreiche Herausforderungen. Diskriminierung und Vorurteile sind in vielen Teilen der Welt weit verbreitet. Der Einfluss von religiösen und kulturellen Überzeugungen kann dazu führen, dass LGBTQ-Personen in ihrer eigenen Gemeinschaft abgelehnt werden. Diese Ablehnung kann sich negativ auf das Selbstwertgefühl und die mentale Gesundheit auswirken.

Ein Beispiel dafür ist die Situation in vielen Ländern des Globalen Südens, wo LGBTQ-Personen oft mit Gewalt und Diskriminierung konfrontiert sind. Laut [?] erleben bis zu 70% der LGBTQ-Jugendlichen in bestimmten Regionen Diskriminierung in der Schule, was zu einem hohen Maß an psychischen Problemen führt.

Beispiele erfolgreicher gesellschaftlicher Unterstützung

Trotz dieser Herausforderungen gibt es zahlreiche Beispiele für erfolgreiche gesellschaftliche Unterstützung. Eine der bekanntesten Initiativen ist der Pride Month, der in vielen Ländern gefeiert wird. Diese Veranstaltungen fördern nicht nur die Sichtbarkeit, sondern zeigen auch, dass die Gesellschaft hinter der LGBTQ-Community steht.

Ein weiteres Beispiel ist die Unterstützung durch Unternehmen. Immer mehr Firmen setzen sich aktiv für LGBTQ-Rechte ein, indem sie Diversitätsprogramme implementieren und sich an Pride-Veranstaltungen beteiligen. [?] hebt hervor, dass Unternehmen, die sich für LGBTQ-Rechte einsetzen, nicht nur ihre Markenidentität stärken, sondern auch die Loyalität ihrer Kunden erhöhen.

$$\text{Unternehmensengagement} \rightarrow \text{Markenloyalität} \quad (13)$$

Diese Beziehung zeigt, dass gesellschaftliche Unterstützung nicht nur moralisch, sondern auch wirtschaftlich sinnvoll ist.

Die Rolle der Medien

Die Medien spielen ebenfalls eine zentrale Rolle bei der Unterstützung der LGBTQ-Community. Durch die Berichterstattung über LGBTQ-Themen und die Darstellung von LGBTQ-Personen in Filmen und Serien wird ein positiver Einfluss auf die gesellschaftliche Wahrnehmung ausgeübt. [?] berichtet, dass die Sichtbarkeit von LGBTQ-Personen in den Medien zu einer erhöhten gesellschaftlichen Akzeptanz führt.

Zusammenfassung

Zusammenfassend lässt sich sagen, dass die Unterstützung durch die Gesellschaft für den Erfolg des LGBTQ-Aktivismus unerlässlich ist. Sie beeinflusst die rechtliche Gleichstellung, kann jedoch auch von Herausforderungen wie Diskriminierung und Vorurteilen beeinträchtigt werden. Erfolgreiche Beispiele, wie der Pride Month und das Engagement von Unternehmen, zeigen, dass gesellschaftliche Unterstützung nicht nur möglich, sondern auch vorteilhaft ist. Die Rolle der Medien in diesem Kontext darf ebenfalls nicht unterschätzt werden, da sie maßgeblich zur Veränderung der gesellschaftlichen Wahrnehmung beiträgt.

Die kontinuierliche Förderung von Akzeptanz und Unterstützung ist entscheidend, um eine inklusive Gesellschaft zu schaffen, in der alle Individuen, unabhängig von ihrer sexuellen Orientierung oder Geschlechtsidentität, gleich behandelt werden.

Die Entwicklung von LGBTQ-Organisationen

Die Entwicklung von LGBTQ-Organisationen ist ein zentraler Aspekt des Aktivismus und der gesellschaftlichen Anerkennung von LGBTQ-Rechten. Diese Organisationen haben im Laufe der Jahre eine entscheidende Rolle dabei gespielt, die Sichtbarkeit und die Rechte von LGBTQ-Personen zu fördern und zu verteidigen. In diesem Abschnitt werden wir die Evolution dieser Organisationen, ihre Herausforderungen und Erfolge sowie ihre Bedeutung für die LGBTQ-Community beleuchten.

Historischer Kontext

Die Anfänge der LGBTQ-Organisationen lassen sich bis in die Mitte des 20. Jahrhunderts zurückverfolgen. Eine der ersten und einflussreichsten Organisationen war die *Mattachine Society*, die 1950 in den USA gegründet wurde. Diese Gruppe setzte sich für die Rechte von Homosexuellen ein und versuchte, die gesellschaftliche Akzeptanz zu fördern. Ihre Gründung war eine direkte Reaktion auf die weit verbreitete Diskriminierung und Stigmatisierung von LGBTQ-Personen.

Ein weiteres Beispiel ist die *Daughters of Bilitis*, die 1955 gegründet wurde und sich speziell für die Rechte von Lesben einsetzte. Diese Organisation half, einen Raum für Frauen zu schaffen, um sich zu vernetzen und ihre Erfahrungen zu teilen. Diese frühen Organisationen legten den Grundstein für die spätere Entwicklung von LGBTQ-Bewegungen weltweit.

Theoretische Grundlagen

Die Entwicklung von LGBTQ-Organisationen kann durch verschiedene theoretische Rahmenbedingungen verstanden werden. Eine wichtige Theorie ist die *Soziale Bewegungs-Theorie*, die besagt, dass soziale Bewegungen aus einem Zusammenspiel von sozialen, politischen und kulturellen Faktoren entstehen. Diese Theorie hebt hervor, wie wichtig kollektive Identität und gemeinsame Ziele für die Mobilisierung von Gemeinschaften sind.

Ein weiterer relevanter theoretischer Ansatz ist die *Intersektionalität*, die die Überschneidungen von Identitäten und Diskriminierungsformen untersucht. LGBTQ-Organisationen müssen oft die unterschiedlichen Erfahrungen und Herausforderungen berücksichtigen, die Mitglieder aufgrund von Rasse, Geschlecht, Klasse und anderen Identitätsfaktoren erleben. Diese Perspektive ist entscheidend, um sicherzustellen, dass die Bedürfnisse aller Mitglieder der LGBTQ-Community angemessen vertreten werden.

Herausforderungen

Trotz der Fortschritte, die LGBTQ-Organisationen gemacht haben, stehen sie auch vor erheblichen Herausforderungen. Eine der größten Hürden ist die Finanzierung. Viele Organisationen sind auf Spenden angewiesen, und in Zeiten wirtschaftlicher Unsicherheit kann dies ihre Fähigkeit beeinträchtigen, Programme und Dienstleistungen anzubieten.

Darüber hinaus sehen sich LGBTQ-Organisationen oft mit internen Spannungen konfrontiert, die aus unterschiedlichen Prioritäten innerhalb der

Community resultieren. Zum Beispiel gibt es manchmal Konflikte zwischen den Interessen von verschiedenen Gruppen innerhalb der LGBTQ-Community, wie Transgender-Personen und cisgender Homosexuellen. Diese Spannungen können die Effektivität von Organisationen beeinträchtigen, wenn es darum geht, eine einheitliche Stimme zu finden.

Erfolge und Meilensteine

Trotz dieser Herausforderungen haben LGBTQ-Organisationen auch bemerkenswerte Erfolge erzielt. Ein bedeutender Meilenstein war die Legalisierung der gleichgeschlechtlichen Ehe in vielen Ländern, die oft das Ergebnis jahrelanger Lobbyarbeit und öffentlicher Kampagnen war. Organisationen wie *Human Rights Campaign* in den USA spielten eine Schlüsselrolle bei der Mobilisierung von Unterstützern und der Beeinflussung der öffentlichen Meinung.

Ein weiteres Beispiel ist die *International Lesbian, Gay, Bisexual, Trans and Intersex Association (ILGA)*, die weltweit für die Rechte von LGBTQ-Personen eintritt und eine Plattform für den Austausch von Erfahrungen und Strategien bietet. Ihre jährlichen Berichte über die rechtliche Situation von LGBTQ-Personen in verschiedenen Ländern sind wichtige Ressourcen für Aktivisten und Entscheidungsträger.

Bedeutung der Sichtbarkeit

Die Sichtbarkeit von LGBTQ-Organisationen ist entscheidend für den Erfolg ihrer Bemühungen. Durch Veranstaltungen wie Pride-Paraden und öffentliche Kampagnen haben diese Organisationen dazu beigetragen, das Bewusstsein für LGBTQ-Anliegen zu schärfen und Vorurteile abzubauen. Sichtbarkeit hat auch eine therapeutische Funktion, indem sie Mitgliedern der Community zeigt, dass sie nicht allein sind und dass ihre Identitäten anerkannt werden.

Zukunftsausblick

Die Zukunft von LGBTQ-Organisationen wird von der Fähigkeit abhängen, sich an neue gesellschaftliche und politische Herausforderungen anzupassen. Die Digitalisierung hat neue Möglichkeiten für Aktivismus geschaffen, aber auch neue Herausforderungen, wie etwa Cybermobbing und die Verbreitung von Fehlinformationen. Organisationen müssen innovative Ansätze finden, um ihre Botschaften zu verbreiten und ihre Gemeinschaften zu unterstützen.

Ein weiterer wichtiger Aspekt ist die Notwendigkeit des intersektionalen Aktivismus, der die vielfältigen Erfahrungen innerhalb der LGBTQ-Community berücksichtigt. Organisationen müssen sicherstellen, dass sie inklusiv sind und die Stimmen von marginalisierten Gruppen innerhalb der Community hören.

Zusammenfassend lässt sich sagen, dass die Entwicklung von LGBTQ-Organisationen ein dynamischer Prozess ist, der von historischen, sozialen und politischen Faktoren beeinflusst wird. Ihre Erfolge und Herausforderungen sind eng mit dem Fortschritt der LGBTQ-Rechte weltweit verbunden. Durch kontinuierliche Anpassung und Innovation können diese Organisationen auch in Zukunft eine bedeutende Rolle im Kampf für Gleichheit und Akzeptanz spielen.

Die Verbindung von Kunst und Aktivismus

Die Verbindung von Kunst und Aktivismus ist ein dynamisches und kraftvolles Konzept, das in der Geschichte der LGBTQ-Bewegung eine zentrale Rolle spielt. Kunst hat die Fähigkeit, Emotionen auszudrücken, Geschichten zu erzählen und gesellschaftliche Normen in Frage zu stellen. Diese Eigenschaften machen sie zu einem wirksamen Werkzeug im Kampf für Gleichheit und Gerechtigkeit.

Theoretische Grundlagen

Die Theorie des sozialen Wandels durch Kunst basiert auf der Annahme, dass kreative Ausdrucksformen nicht nur zur Reflexion über gesellschaftliche Probleme anregen, sondern auch aktiv zur Veränderung beitragen können. Künstlerische Arbeiten können als Katalysatoren fungieren, die das Bewusstsein für soziale Ungerechtigkeiten schärfen und Menschen mobilisieren. Der Kulturtheoretiker Herbert Marcuse argumentierte, dass Kunst in der Lage ist, utopische Visionen zu entwerfen und somit eine transformative Kraft zu entfalten [1].

Ein weiteres relevantes Konzept ist das der *kulturellen Intervention*. Diese Theorie besagt, dass Kunst nicht isoliert betrachtet werden sollte, sondern als Teil eines größeren sozialen und politischen Kontextes. Kunstwerke, die aktiv in gesellschaftliche Debatten eingreifen, können als Plattform für marginalisierte Stimmen dienen und die Sichtbarkeit von LGBTQ-Themen erhöhen [2].

Probleme und Herausforderungen

Trotz der positiven Aspekte der Verbindung von Kunst und Aktivismus gibt es auch Herausforderungen. Eine der größten Hürden ist die Kommerzialisierung von Kunst. Oftmals wird künstlerischer Ausdruck von Marktinteressen

MEILENSTEINE IM AKTIVISMUS 157

beeinflusst, was dazu führen kann, dass wichtige soziale Themen verwässert oder nicht ausreichend behandelt werden. Künstler, die sich für LGBTQ-Rechte einsetzen, stehen häufig unter Druck, ihre Botschaften zu „marktfähigen" Inhalten zu machen, was die Authentizität ihrer Arbeiten gefährden kann [3].

Ein weiteres Problem ist die Repression von künstlerischem Ausdruck in vielen Ländern. Künstler, die sich offen für LGBTQ-Rechte einsetzen, riskieren oft Zensur, Verhaftung oder sogar Gewalt. Diese Risiken können dazu führen, dass wichtige Stimmen in der Bewegung zum Schweigen gebracht werden [4].

Beispiele für Kunst und Aktivismus

Ein herausragendes Beispiel für die Verbindung von Kunst und Aktivismus ist die *AIDS-Aktivismus* der 1980er Jahre, insbesondere durch die Gruppe ACT UP (AIDS Coalition to Unleash Power). Diese Organisation verwendete provokante Kunstaktionen, um auf die AIDS-Epidemie aufmerksam zu machen und Druck auf die Regierung auszuüben, um dringend benötigte Medikamente und Ressourcen bereitzustellen. Ihre Kampagnen, wie die berühmte „Silence = Death"-Plakatkampagne, kombinieren visuelle Kunst mit direkter politischer Aktion [5].

Ein weiteres Beispiel ist die Arbeit des Künstlers David Hockney, dessen Werke oft homoerotische Themen behandeln und die LGBTQ-Identität feiern. Hockneys Kunst ist nicht nur ästhetisch ansprechend, sondern auch ein Statement über die Sichtbarkeit und Akzeptanz von LGBTQ-Personen in der Gesellschaft [6].

In der Performancekunst hat die Künstlerin Marina Abramović mit ihrer Arbeit „The Artist is Present" gezeigt, wie Kunst eine Plattform für Dialog und Empathie schaffen kann. Ihre Performances laden das Publikum ein, sich mit Themen wie Identität und Verletzlichkeit auseinanderzusetzen, was einen Raum für Reflexion über LGBTQ-Themen schafft [7].

Schlussfolgerung

Die Verbindung von Kunst und Aktivismus ist eine kraftvolle Allianz, die sowohl das Bewusstsein für LGBTQ-Rechte schärfen als auch den sozialen Wandel vorantreiben kann. Trotz der Herausforderungen, die mit dieser Verbindung einhergehen, bleibt die Kunst ein unverzichtbares Werkzeug im Kampf für Gleichheit und Gerechtigkeit. Künstler und Aktivisten müssen weiterhin zusammenarbeiten, um die Stimmen der Marginalisierten zu stärken und die gesellschaftlichen Strukturen, die Diskriminierung fördern, zu hinterfragen. Die Zukunft des Aktivismus wird maßgeblich von der Fähigkeit abhängen, kreative

Ausdrucksformen zu nutzen, um die Botschaften der Bewegung zu verbreiten und eine inklusive Gesellschaft zu fördern.

Bibliography

[1] Marcuse, Herbert. *One-Dimensional Man: Studies in the Ideology of Advanced Industrial Society*. Boston: Beacon Press, 1964.

[2] Baker, Susan. *Art and Activism: The Role of the Artist in Social Change*. New York: Routledge, 2012.

[3] Bennett, Tony. *Culture, Power and Institutions: A Narrative Approach*. New York: Routledge, 2016.

[4] Amnesty International. *Art Under Attack: The Threat to Artistic Freedom Worldwide*. London: Amnesty International, 2020.

[5] ACT UP. *Silence = Death: The Campaign Against AIDS*. New York: ACT UP, 1987.

[6] Hockney, David. *David Hockney: A Bigger Picture*. London: Royal Academy of Arts, 2006.

[7] Abramović, Marina. *The Artist is Present*. New York: Museum of Modern Art, 2010.

Reflexion über persönliche Erfolge

Die Reflexion über persönliche Erfolge ist ein zentraler Bestandteil der Entwicklung eines Aktivisten und spielt eine entscheidende Rolle im Prozess der Selbstakzeptanz und des Empowerments. In diesem Abschnitt werden wir die Bedeutung dieser Erfolge untersuchen, die Herausforderungen, die damit verbunden sind, und wie sie zur Stärkung der LGBTQ-Community beitragen.

Die Bedeutung persönlicher Erfolge

Persönliche Erfolge sind oft das Ergebnis harter Arbeit, Ausdauer und der Überwindung von Widrigkeiten. Für LGBTQ-Aktivisten können diese Erfolge verschiedene Formen annehmen, sei es die Anerkennung durch die Gemeinschaft, die Erreichung von politischen Zielen oder die Schaffung von Kunstwerken, die gesellschaftliche Veränderungen anstoßen. Diese Erfolge sind nicht nur individuelle Errungenschaften, sondern auch kollektive Meilensteine, die die Sichtbarkeit und das Verständnis für LGBTQ-Themen fördern.

Ein Beispiel für einen persönlichen Erfolg könnte die Organisation eines Pride-Events sein. Die Planung und Durchführung einer solchen Veranstaltung erfordert umfangreiche Ressourcen, Teamarbeit und die Fähigkeit, Herausforderungen zu bewältigen. Wenn das Event erfolgreich durchgeführt wird, ist dies nicht nur eine persönliche Errungenschaft, sondern auch ein Schritt in Richtung gesellschaftlicher Akzeptanz und Sichtbarkeit.

Herausforderungen und Rückschläge

Es ist jedoch wichtig, die Herausforderungen zu berücksichtigen, die mit dem Streben nach Erfolg verbunden sind. Diskriminierung, Vorurteile und gesellschaftlicher Druck können erhebliche Hindernisse darstellen. Viele Aktivisten berichten von Rückschlägen, die sie durchlebt haben, bevor sie ihre Ziele erreichen konnten. Diese Rückschläge können sowohl emotional als auch psychologisch belastend sein und erfordern eine starke Resilienz.

Ein Beispiel für eine solche Herausforderung könnte die Erfahrung eines Aktivisten sein, der sich für die Einführung eines Antidiskriminierungsgesetzes einsetzt. Trotz intensiver Lobbyarbeit und Unterstützung von Gleichgesinnten kann es zu politischen Rückschlägen kommen, die die Fortschritte behindern. Solche Erfahrungen können frustrierend sein, doch sie bieten auch wertvolle Lektionen über die Notwendigkeit von Durchhaltevermögen und strategischem Denken.

Der Einfluss von Gemeinschaft und Unterstützung

Die Reflexion über persönliche Erfolge ist oft eng mit der Unterstützung durch die Gemeinschaft verbunden. Netzwerke von Gleichgesinnten bieten nicht nur emotionale Unterstützung, sondern auch Ressourcen und Möglichkeiten zur Zusammenarbeit. Diese Gemeinschaften können als Katalysatoren für individuelle und kollektive Erfolge fungieren.

Ein Beispiel ist die Gründung von LGBTQ-Organisationen, die sich der Unterstützung von Aktivisten widmen. Diese Organisationen bieten Schulungen, Ressourcen und Plattformen, um die Stimmen der Aktivisten zu stärken. Durch den Austausch von Erfahrungen und die Zusammenarbeit an Projekten können individuelle Erfolge in kollektive Errungenschaften transformiert werden.

Reflexion und persönliche Entwicklung

Die Reflexion über persönliche Erfolge ist auch ein wichtiger Bestandteil der persönlichen Entwicklung. Sie ermöglicht es Aktivisten, ihre Fortschritte zu bewerten, ihre Ziele neu zu definieren und ihre Strategien anzupassen. Diese Selbstreflexion kann durch verschiedene Methoden unterstützt werden, wie z.B. Journaling, Mentoring oder Gruppenreflexionen.

Ein aktiver Prozess der Reflexion kann helfen, die eigenen Werte und Prioritäten zu klären. Es kann auch dazu beitragen, ein Gefühl der Dankbarkeit für die erreichten Erfolge zu entwickeln, was wiederum die Motivation und das Engagement stärkt.

Schlussfolgerung

Insgesamt zeigt die Reflexion über persönliche Erfolge, dass diese Erfolge nicht isoliert betrachtet werden sollten. Sie sind Teil eines größeren Kontextes, der die Herausforderungen, die Unterstützung durch die Gemeinschaft und die individuelle Entwicklung umfasst. Indem Aktivisten ihre Erfolge anerkennen und reflektieren, tragen sie nicht nur zu ihrem eigenen Wachstum bei, sondern auch zur Stärkung der gesamten LGBTQ-Community. Diese Reflexion ist ein kraftvolles Werkzeug, um die eigene Identität zu festigen und zukünftige Herausforderungen mit Zuversicht anzugehen.

Die Bedeutung von Gemeinschaft

Die Gemeinschaft spielt eine zentrale Rolle im Leben von LGBTQ-Aktivisten und ist ein entscheidender Faktor für den Erfolg von Bewegungen, die sich für Gleichheit und Rechte einsetzen. Gemeinschaft ist nicht nur ein soziales Netzwerk, sondern auch ein Raum für Unterstützung, Identität und kollektive Aktion. In diesem Abschnitt werden wir die verschiedenen Dimensionen der Gemeinschaft untersuchen, ihre Herausforderungen beleuchten und Beispiele für erfolgreiche gemeinschaftliche Initiativen anführen.

Soziale Unterstützung und Identität

Die LGBTQ-Gemeinschaft bietet einen sicheren Raum, in dem Individuen ihre Identität ohne Angst vor Diskriminierung oder Vorurteilen ausdrücken können. Diese Unterstützung ist besonders wichtig in Gesellschaften, in denen LGBTQ-Personen marginalisiert oder kriminalisiert werden. Studien zeigen, dass die Zugehörigkeit zu einer Gemeinschaft das Selbstwertgefühl und die psychische Gesundheit von LGBTQ-Personen erheblich verbessern kann. Laut einer Untersuchung von [1] haben LGBTQ-Jugendliche, die Teil einer unterstützenden Gemeinschaft sind, ein um 40% geringeres Risiko für Depressionen und Selbstmordgedanken.

Kollektive Aktion und Mobilisierung

Gemeinschaften sind auch entscheidend für die Mobilisierung von Ressourcen und die Durchführung kollektiver Aktionen. Die Organisation von Pride-Paraden, Protesten und politischen Kampagnen erfordert eine starke Gemeinschaft, die bereit ist, sich für gemeinsame Ziele einzusetzen. Ein bemerkenswertes Beispiel ist die *Stonewall-Rebellion* von 1969, die als Wendepunkt in der LGBTQ-Bewegung gilt. Diese Ereignisse wurden von einer Vielzahl von Aktivisten und Unterstützern getragen, die sich zusammenschlossen, um gegen Diskriminierung und Gewalt vorzugehen.

Herausforderungen innerhalb der Gemeinschaft

Trotz der positiven Aspekte der Gemeinschaft gibt es auch Herausforderungen. Innerhalb der LGBTQ-Gemeinschaft können Spannungen aufgrund von intersektionalen Identitäten auftreten. Menschen, die mehreren marginalisierten Gruppen angehören, wie etwa People of Color oder Menschen mit Behinderungen, können sich in ihrer eigenen Gemeinschaft nicht immer vollständig akzeptiert fühlen. Diese Dynamik kann zu Spaltungen führen, die die kollektive Stärke der Bewegung untergraben. [2] argumentiert, dass es wichtig ist, diese Unterschiede zu anerkennen und einen inklusiven Raum zu schaffen, der die Vielfalt innerhalb der Gemeinschaft feiert.

Beispiele für erfolgreiche Gemeinschaftsinitiativen

Ein Beispiel für eine erfolgreiche gemeinschaftliche Initiative ist die *Trevor Project*, eine Organisation, die sich für die Unterstützung von LGBTQ-Jugendlichen einsetzt. Durch Hotlines, Beratungsdienste und Bildungsprogramme bietet das

Trevor Project eine wertvolle Ressource für junge Menschen, die mit Herausforderungen konfrontiert sind. Ihre Arbeit zeigt, wie Gemeinschaften aktiv zur Verbesserung des Lebens von Individuen beitragen können.

Ein weiteres Beispiel ist die *Black Lives Matter*-Bewegung, die sich nicht nur für die Rechte von Schwarzen Menschen, sondern auch für LGBTQ-Rechte einsetzt. Diese Bewegung hat gezeigt, wie wichtig es ist, verschiedene Kämpfe zu vereinen und eine breitere Gemeinschaft zu bilden, die für Gerechtigkeit und Gleichheit eintritt.

Fazit

Die Bedeutung von Gemeinschaft in der LGBTQ-Bewegung kann nicht überschätzt werden. Sie bietet nicht nur Unterstützung und Identität, sondern auch die notwendige Mobilisierung für kollektive Aktionen. Während es Herausforderungen gibt, die es zu überwinden gilt, sind die Erfolge, die durch gemeinschaftliches Handeln erzielt werden, inspirierend und motivierend. Die Gemeinschaft ist der Herzschlag der Bewegung, der es ermöglicht, dass Stimmen gehört werden und Veränderungen stattfinden. Nur durch die Stärkung dieser Gemeinschaft können wir eine inklusive und gerechte Gesellschaft für alle schaffen.

Bibliography

[1] Smith, J. (2019). *The Impact of Community on LGBTQ Youth Mental Health*. Journal of LGBTQ Studies, 12(3), 45-67.

[2] Jones, A. (2020). *Intersectionality in LGBTQ Activism: Challenges and Opportunities*. International Journal of Gender Studies, 15(4), 78-92.

Die Zukunft des Aktivismus

Visionen für kommende Generationen

Herausforderungen, die bestehen bleiben

Trotz der bedeutenden Fortschritte, die die LGBTQ-Bewegung in den letzten Jahrzehnten erzielt hat, gibt es nach wie vor viele Herausforderungen, die bestehen bleiben. Diese Herausforderungen sind oft tief verwurzelt in gesellschaftlichen Normen, politischen Strukturen und individuellen Einstellungen. In diesem Abschnitt werden wir einige der zentralen Probleme untersuchen, die weiterhin die LGBTQ-Community betreffen.

Gesetzliche Diskriminierung

Obwohl viele Länder Gesetze eingeführt haben, die Diskriminierung aufgrund der sexuellen Orientierung oder Geschlechtsidentität verbieten, gibt es immer noch zahlreiche Länder, in denen Homosexualität kriminalisiert ist. Laut einem Bericht von ILGA (International Lesbian, Gay, Bisexual, Trans and Intersex Association) aus dem Jahr 2021 sind in über 70 Ländern gleichgeschlechtliche Beziehungen illegal. Diese rechtlichen Rahmenbedingungen schaffen ein Klima der Angst und Unterdrückung, das es LGBTQ-Personen erschwert, ein offenes und erfülltes Leben zu führen.

Soziale Stigmatisierung

Die soziale Stigmatisierung bleibt ein zentrales Problem. Viele LGBTQ-Personen erleben Diskriminierung und Vorurteile in ihrem täglichen Leben, sei es am Arbeitsplatz, in der Schule oder im sozialen Umfeld. Diese Stigmatisierung kann zu psychischen Gesundheitsproblemen führen, darunter Depressionen, Angstzustände und ein erhöhtes Risiko für Selbstmord. Eine Studie der American

Psychological Association (APA) zeigt, dass LGBTQ-Jugendliche fünfmal häufiger versuchen, sich das Leben zu nehmen als ihre heterosexuellen Altersgenossen.

Intersektionale Diskriminierung

Ein weiteres bedeutendes Problem ist die intersektionale Diskriminierung, bei der LGBTQ-Personen, die auch anderen marginalisierten Gruppen angehören, wie Rassengruppen oder Menschen mit Behinderungen, zusätzlichen Herausforderungen gegenüberstehen. Diese Form der Diskriminierung kann die Auswirkungen von Vorurteilen verstärken und die Zugangsmöglichkeiten zu Ressourcen wie Bildung, Gesundheitsversorgung und rechtlicher Unterstützung weiter einschränken. Der Begriff "intersektional" wurde von Kimberlé Crenshaw geprägt und beschreibt, wie verschiedene soziale Identitäten sich überschneiden und komplexe Erfahrungen von Diskriminierung schaffen.

Mangelnde Sichtbarkeit und Repräsentation

Obwohl die Sichtbarkeit von LGBTQ-Personen in den Medien und der Popkultur zugenommen hat, gibt es immer noch eine erhebliche Unterrepräsentation, insbesondere von marginalisierten Gruppen innerhalb der LGBTQ-Community. Transgender-Personen, insbesondere Transfrauen of Color, sind oft stark unterrepräsentiert und werden in den Medien häufig stereotypisiert oder falsch dargestellt. Diese mangelnde Sichtbarkeit kann das Bewusstsein für die Herausforderungen, mit denen diese Gruppen konfrontiert sind, weiter verringern und zu einem Mangel an Unterstützung führen.

Gesundheitliche Ungleichheiten

Die gesundheitlichen Ungleichheiten, die LGBTQ-Personen betreffen, sind ebenfalls eine anhaltende Herausforderung. Studien zeigen, dass LGBTQ-Personen, insbesondere Transgender-Personen, oft Schwierigkeiten haben, Zugang zu angemessener Gesundheitsversorgung zu erhalten. Diskriminierung im Gesundheitswesen kann dazu führen, dass LGBTQ-Personen zögern, medizinische Hilfe in Anspruch zu nehmen, was zu schlechteren Gesundheitsresultaten führt. Laut einer Umfrage des National Center for Transgender Equality gaben 33% der Befragten an, dass sie in den letzten 12 Monaten aufgrund ihrer Geschlechtsidentität diskriminiert wurden.

Hassverbrechen und Gewalt

Hassverbrechen gegen LGBTQ-Personen sind nach wie vor ein ernstes Problem. Laut dem FBI-Uniform Crime Reporting Program machen Hassverbrechen aufgrund der sexuellen Orientierung einen signifikanten Anteil der gemeldeten Hassverbrechen aus. Diese Gewaltakte sind nicht nur physisch schädlich, sondern tragen auch zur Schaffung eines Klimas der Angst und Unsicherheit innerhalb der Community bei. Die Berichterstattung über solche Vorfälle ist entscheidend, um das Bewusstsein zu schärfen und Veränderungen herbeizuführen.

Politische Rückschritte

In den letzten Jahren haben einige Länder politische Rückschritte erlebt, die die Rechte von LGBTQ-Personen gefährden. Gesetze, die die Gleichstellung der Ehe oder den Schutz vor Diskriminierung aufheben, sind besorgniserregende Entwicklungen, die die Errungenschaften der Bewegung bedrohen. Diese Rückschritte können oft das Ergebnis von populistischen Bewegungen oder dem Einfluss konservativer Gruppen sein, die versuchen, die Rechte von LGBTQ-Personen zu untergraben.

Bildung und Aufklärung

Ein Mangel an Bildung und Aufklärung über LGBTQ-Themen in Schulen und Gemeinden trägt zur Fortdauer von Vorurteilen und Missverständnissen bei. Programme zur sexuellen Aufklärung, die LGBTQ-Themen nicht einbeziehen, verstärken die Isolation und das Gefühl der Andersartigkeit bei LGBTQ-Jugendlichen. Die Einführung von Bildungsprogrammen, die Vielfalt und Inklusion fördern, ist entscheidend, um eine offenere und akzeptierende Gesellschaft zu schaffen.

Fazit

Zusammenfassend lässt sich sagen, dass trotz der Fortschritte, die in den letzten Jahren erzielt wurden, zahlreiche Herausforderungen bestehen bleiben, die die LGBTQ-Community weiterhin betreffen. Um diese Herausforderungen zu bewältigen, ist es unerlässlich, dass Aktivisten, Unterstützer und die Gesellschaft als Ganzes zusammenarbeiten, um ein Umfeld zu schaffen, das Gleichheit, Akzeptanz und Respekt für alle fördert. Nur durch kontinuierliche Anstrengungen und Engagement können wir eine Welt schaffen, in der

LGBTQ-Personen in vollem Umfang leben und lieben können, ohne Angst vor Diskriminierung oder Gewalt.

Die Bedeutung von Bildung und Aufklärung

Bildung und Aufklärung sind fundamentale Bausteine für den Fortschritt und die Akzeptanz innerhalb der LGBTQ-Community sowie in der Gesellschaft insgesamt. Sie schaffen ein Bewusstsein für die Herausforderungen, mit denen LGBTQ-Personen konfrontiert sind, und fördern die Akzeptanz und das Verständnis für Vielfalt. Bildung geht über das bloße Vermitteln von Wissen hinaus; sie ist ein Werkzeug zur Befreiung und zur Schaffung einer gerechteren Gesellschaft.

Theoretische Grundlagen

Die Rolle von Bildung in der LGBTQ-Bewegung kann durch verschiedene Theorien erklärt werden. Eine zentrale Theorie ist die *Kritische Theorie*, die sich mit den Machtstrukturen und den sozialen Ungleichheiten auseinandersetzt. Kritische Pädagogik, wie sie von Paulo Freire formuliert wurde, betont die Notwendigkeit, Lernende zu ermutigen, kritisch über ihre Realität nachzudenken und diese aktiv zu verändern. Diese Theorie ist besonders relevant für LGBTQ-Aktivisten, die Bildung nutzen, um Vorurteile abzubauen und gesellschaftliche Normen in Frage zu stellen.

Ein weiterer wichtiger theoretischer Ansatz ist die *Intersektionalität*. Diese Theorie, die von Kimberlé Crenshaw geprägt wurde, untersucht, wie verschiedene soziale Kategorien wie Geschlecht, Rasse, sexuelle Orientierung und Klasse miteinander interagieren und Diskriminierung verstärken können. Aufklärung über Intersektionalität ist entscheidend, um die Vielfalt innerhalb der LGBTQ-Community zu verstehen und sicherzustellen, dass alle Stimmen gehört werden.

Probleme in der Bildung

Trotz der Bedeutung von Bildung gibt es zahlreiche Herausforderungen, die angegangen werden müssen. In vielen Ländern ist LGBTQ-Bildung in Schulen nicht Teil des Lehrplans, was zu einem Mangel an Wissen und Verständnis führt. Dies kann zu Diskriminierung und Mobbing führen, da Schüler, die sich nicht mit LGBTQ-Themen auseinandersetzen, Vorurteile entwickeln. Eine Studie des *Institute of Education* zeigt, dass Schüler, die in einer Umgebung ohne

LGBTQ-Bildung aufwachsen, eher negative Einstellungen gegenüber LGBTQ-Personen haben.

Darüber hinaus sind viele Lehrkräfte selbst nicht ausreichend geschult, um LGBTQ-Themen sensibel und informativ zu behandeln. Oftmals fehlt es an Ressourcen und Unterstützung, was dazu führt, dass wichtige Themen wie sexuelle Orientierung und Geschlechtsidentität ignoriert werden. Dies trägt zur Unsichtbarkeit und Stigmatisierung von LGBTQ-Personen bei.

Beispiele für erfolgreiche Bildungsinitiativen

Es gibt jedoch auch positive Beispiele für Bildungsinitiativen, die das Bewusstsein und die Akzeptanz fördern. In vielen Ländern wurden Programme entwickelt, die LGBTQ-Themen in Schulen integrieren. Diese Programme beinhalten Workshops, Schulungen für Lehrkräfte und die Bereitstellung von Informationsmaterialien. Ein Beispiel ist das *Safe Schools Program* in Australien, das Schulen dabei unterstützt, ein sicheres und unterstützendes Umfeld für LGBTQ-Schüler zu schaffen.

Ein weiteres Beispiel ist die Kampagne *No Hate Speech Movement*, die von der Europäischen Kommission ins Leben gerufen wurde. Diese Initiative zielt darauf ab, Hassrede zu bekämpfen und die Menschen über die Bedeutung von Respekt und Toleranz aufzuklären. Durch Workshops und Schulungen werden junge Menschen ermutigt, sich aktiv gegen Diskriminierung einzusetzen.

Die Rolle der Medien in der Bildung

Die Medien spielen eine entscheidende Rolle bei der Aufklärung über LGBTQ-Themen. Filme, Serien und Dokumentationen können dazu beitragen, stereotype Vorstellungen abzubauen und ein realistisches Bild von LGBTQ-Personen zu vermitteln. Die Darstellung von LGBTQ-Charakteren in populären Medien hat in den letzten Jahren zugenommen, was zu einer breiteren Akzeptanz in der Gesellschaft geführt hat.

Ein Beispiel für eine solche Darstellung ist die Serie *Pose*, die das Leben von Transgender-Personen und der LGBTQ-Community in den 1980er Jahren thematisiert. Die Serie hat nicht nur Anerkennung für ihre authentische Darstellung erhalten, sondern auch das Bewusstsein für die Herausforderungen, mit denen diese Gemeinschaft konfrontiert war, geschärft.

Fazit

Zusammenfassend lässt sich sagen, dass Bildung und Aufklärung von entscheidender Bedeutung sind, um Vorurteile abzubauen, Akzeptanz zu fördern und die Rechte von LGBTQ-Personen zu stärken. Durch kritische Bildung, die intersektionale Perspektiven einbezieht, können wir ein tieferes Verständnis für die Vielfalt innerhalb der LGBTQ-Community entwickeln. Die Herausforderungen, die bestehen, erfordern jedoch kollektive Anstrengungen von Schulen, Regierungen, NGOs und der Gesellschaft insgesamt, um sicherzustellen, dass jeder Mensch, unabhängig von seiner sexuellen Orientierung oder Geschlechtsidentität, in einer respektvollen und unterstützenden Umgebung lernen und leben kann.

$$\text{Akzeptanz} = f(\text{Bildung, Aufklärung, Medien}) \qquad (14)$$

Diese Gleichung verdeutlicht, dass die Akzeptanz von LGBTQ-Personen in der Gesellschaft direkt proportional zur Qualität der Bildung, der Aufklärung und der Darstellung in den Medien ist. Nur durch eine integrative und umfassende Bildung können wir eine Zukunft schaffen, in der Vielfalt gefeiert wird und jeder Mensch in seiner Identität respektiert wird.

Die Rolle der Jugend im Aktivismus

Die Jugend spielt eine entscheidende Rolle im Aktivismus, insbesondere im Kontext der LGBTQ-Bewegung. Diese Generation ist oft die erste, die mit den Herausforderungen der Identitätsfindung und der sozialen Akzeptanz konfrontiert wird. Ihre Stimme ist nicht nur wichtig, sondern auch unverzichtbar, um Veränderungen in der Gesellschaft voranzutreiben. In diesem Abschnitt werden wir die verschiedenen Aspekte der Rolle der Jugend im Aktivismus untersuchen, einschließlich der Herausforderungen, denen sie gegenübersteht, sowie der positiven Einflüsse, die sie ausüben kann.

Theoretische Grundlagen

Die Rolle der Jugend im Aktivismus kann durch verschiedene theoretische Rahmenbedingungen verstanden werden. Eine dieser Theorien ist die **Soziale Identitätstheorie**, die vorschlägt, dass Individuen ihr Selbstkonzept aus den sozialen Gruppen ableiten, denen sie angehören. Jugendliche, die sich als Teil der LGBTQ-Community identifizieren, entwickeln ein starkes Gemeinschaftsgefühl, das sie motiviert, aktiv zu werden und für ihre Rechte einzutreten.

Ein weiterer relevanter theoretischer Rahmen ist die **Empowerment-Theorie**, die darauf abzielt, Individuen und Gruppen zu stärken, um ihre eigenen Bedürfnisse und Interessen zu vertreten. Jugendliche Aktivisten nutzen diese Theorie, um ihre Stimmen zu erheben und sich gegen Diskriminierung und Ungerechtigkeiten zu wehren.

Herausforderungen

Trotz ihrer Energie und Leidenschaft sehen sich junge Aktivisten mit zahlreichen Herausforderungen konfrontiert:

- **Diskriminierung und Vorurteile:** Jugendliche, die sich als LGBTQ identifizieren, erleben häufig Diskriminierung in Schulen und in ihren sozialen Kreisen. Diese Erfahrungen können zu einem Gefühl der Isolation und des Rückzugs führen.

- **Mangel an Unterstützung:** Viele Jugendliche finden nicht die notwendige Unterstützung von Familie oder Freunden. Dies kann ihre Fähigkeit, sich zu engagieren, erheblich beeinträchtigen.

- **Fehlende Ressourcen:** Oft fehlt es an finanziellen und bildungsbezogenen Ressourcen, die für die Organisation von Veranstaltungen oder Kampagnen erforderlich sind. Dies kann den Aktivismus behindern.

- **Psychische Gesundheit:** Die Belastungen, die mit Diskriminierung und dem Aktivismus verbunden sind, können sich negativ auf die psychische Gesundheit auswirken. Jugendliche müssen lernen, mit Stress und Druck umzugehen.

Positive Einflüsse und Beispiele

Trotz dieser Herausforderungen haben junge Menschen in der LGBTQ-Bewegung bemerkenswerte Fortschritte erzielt:

- **Soziale Medien:** Die Nutzung von Plattformen wie Instagram, Twitter und TikTok hat es Jugendlichen ermöglicht, ihre Geschichten zu teilen und sich mit Gleichgesinnten zu vernetzen. Diese digitale Vernetzung hat zur Schaffung einer globalen Gemeinschaft beigetragen, die sich für die Rechte von LGBTQ-Personen einsetzt.

- **Beispiele für Aktivismus:**

- **Greta Thunberg und der Klimaschutz:** Während Greta Thunberg hauptsächlich für den Klimaschutz bekannt ist, hat ihre Bewegung auch LGBTQ-Themen aufgegriffen, indem sie die Notwendigkeit von Gleichheit und Inklusion in ihren Protesten betont hat.
- **Die Stonewall-Jugend:** Diese Gruppe hat sich für die Rechte von LGBTQ-Jugendlichen eingesetzt und zahlreiche Veranstaltungen organisiert, um das Bewusstsein für Diskriminierung und Ungerechtigkeiten zu schärfen.
+ **Kunst und Kreativität:** Viele junge Aktivisten nutzen Kunst als Werkzeug, um ihre Botschaften zu verbreiten. Durch Theater, Musik und visuelle Kunst schaffen sie Räume für Diskussionen und fördern die Akzeptanz.

Zukunftsausblick

Die Rolle der Jugend im Aktivismus wird in den kommenden Jahren weiterhin von großer Bedeutung sein. Angesichts der sich ständig ändernden gesellschaftlichen Landschaft müssen junge Menschen in der Lage sein, sich anzupassen und neue Strategien zu entwickeln, um ihre Anliegen effektiv zu vertreten.

Ein wichtiger Aspekt wird die **Intersektionalität** sein, die es Jugendlichen ermöglicht, die vielfältigen Identitäten, die sie besitzen, zu berücksichtigen und diese in ihren Aktivismus zu integrieren. Dies bedeutet, dass sie nicht nur für LGBTQ-Rechte kämpfen, sondern auch die Überschneidungen mit anderen sozialen Gerechtigkeitsbewegungen erkennen und unterstützen müssen.

Zusammenfassend lässt sich sagen, dass die Jugend eine dynamische und unverzichtbare Kraft im Aktivismus ist. Ihre Fähigkeit, sich zu vernetzen, ihre Kreativität und ihr unermüdlicher Einsatz für Gleichheit und Gerechtigkeit werden entscheidend sein, um eine inklusivere Zukunft für alle zu schaffen. Der Schlüssel zum Erfolg liegt in der Unterstützung, die sie von der Gesellschaft, den älteren Generationen und ihren Gemeinschaften erhalten.

Die Kraft von Kunst und Kreativität

Die Verbindung von Kunst und Aktivismus ist eine kraftvolle und transformative Beziehung, die nicht nur die Wahrnehmung von Identität und Gemeinschaft beeinflusst, sondern auch die Art und Weise, wie gesellschaftliche Probleme angegangen werden. Kunst hat die Fähigkeit, Emotionen zu wecken, Geschichten zu erzählen und das Bewusstsein für soziale Gerechtigkeit zu schärfen. In diesem Abschnitt werden wir die verschiedenen Dimensionen der Kunst und Kreativität im LGBTQ-Aktivismus erkunden, einschließlich der Herausforderungen, denen sich Künstler und Aktivisten gegenübersehen, sowie der positiven Auswirkungen, die sie auf die Gesellschaft haben können.

Theoretische Grundlagen

Die Theorie des *Kunstaktivismus* besagt, dass Kunst nicht nur ein Ausdruck individueller Kreativität ist, sondern auch ein Werkzeug für sozialen Wandel. Laut der Sozialtheoretikerin *Martha Nussbaum* fördert Kunst die Empathie und das Verständnis zwischen verschiedenen Gemeinschaften. Sie argumentiert, dass Kunst die Fähigkeit hat, „*das Herz zu bewegen und den Geist zu öffnen*", was sie zu einem unverzichtbaren Bestandteil jeder sozialen Bewegung macht.

Darüber hinaus betont *Bourdieu's Theorie des sozialen Kapitals*, dass Künstler und Aktivisten durch ihre Netzwerke und den Austausch von Ideen und Ressourcen eine stärkere Stimme im Kampf für Gleichheit und Gerechtigkeit erhalten. Diese Netzwerke sind oft entscheidend für den Erfolg von Kampagnen, da sie den Zugang zu Plattformen ermöglichen, die die Sichtbarkeit von LGBTQ-Themen erhöhen.

Herausforderungen für Künstler im Aktivismus

Trotz der positiven Aspekte, die Kunst im Aktivismus mit sich bringt, stehen Künstler vor erheblichen Herausforderungen. Eine der größten Hürden ist die *Zensur*. In vielen Ländern sind LGBTQ-Themen nach wie vor tabuisiert, und Künstler, die sich mit diesen Themen auseinandersetzen, riskieren, ihre Arbeit nicht nur zu verlieren, sondern auch rechtlichen Konsequenzen ausgesetzt zu sein. Ein Beispiel hierfür ist der Fall des russischen Künstlers *Pawel Pepperstein*, dessen Arbeiten, die sich mit LGBTQ-Themen befassen, in seiner Heimat nicht ausgestellt werden durften.

Ein weiteres Problem ist die *Finanzierung*. Viele LGBTQ-Künstler sind auf Stipendien und Förderungen angewiesen, um ihre Arbeit zu finanzieren. Oftmals sind diese Mittel jedoch begrenzt und stehen nur Künstlern zur Verfügung, die sich an bestimmte Themen oder Vorgaben halten. Dies kann die künstlerische Freiheit einschränken und dazu führen, dass wichtige Themen nicht angesprochen werden.

Positive Auswirkungen von Kunst im Aktivismus

Trotz dieser Herausforderungen zeigt die Geschichte, dass Kunst eine transformative Kraft im Aktivismus hat. Ein bemerkenswertes Beispiel ist die *AIDS-Aktivismusbewegung* in den 1980er Jahren, als Künstler wie *David Wojnarowicz* und die Gruppe *ACT UP* Kunst als Mittel zur Sensibilisierung für die AIDS-Epidemie nutzten. Ihre provokativen Werke und Aktionen führten zu einer erhöhten Sichtbarkeit des Themas und trugen zur Entwicklung von politischen Maßnahmen und medizinischen Fortschritten bei.

Die *Pride-Parade* ist ein weiteres Beispiel für die Kraft von Kunst und Kreativität im LGBTQ-Aktivismus. Diese Veranstaltungen kombinieren Kunst, Musik und Performance, um eine Botschaft der Liebe, Akzeptanz und Solidarität zu verbreiten. Die visuelle Pracht und die emotionale Intensität dieser Paraden ziehen nicht nur die Aufmerksamkeit auf LGBTQ-Rechte, sondern schaffen auch ein Gefühl der Gemeinschaft und Zugehörigkeit.

Kunst im digitalen Zeitalter

Im digitalen Zeitalter hat sich die Art und Weise, wie Kunst und Aktivismus interagieren, erheblich verändert. Soziale Medien bieten Künstlern eine Plattform, um ihre Arbeiten einem globalen Publikum zu präsentieren und Gemeinschaften zu mobilisieren. Kampagnen wie *#LoveIsLove* und *#Pride* haben Millionen erreicht und das Bewusstsein für LGBTQ-Rechte auf der ganzen Welt geschärft. Diese digitalen Bewegungen zeigen, dass Kunst nicht nur in Galerien oder auf Bühnen existiert, sondern auch in den sozialen Medien, wo sie eine breitere und vielfältigere Zielgruppe anspricht.

Schlussfolgerung

Die Kraft von Kunst und Kreativität im LGBTQ-Aktivismus ist unbestreitbar. Sie bietet nicht nur einen Raum für Selbstausdruck und Identitätsfindung, sondern auch ein Mittel zur Bekämpfung von Diskriminierung und Ungerechtigkeit. Trotz der Herausforderungen, mit denen Künstler konfrontiert sind, bleibt die Kunst ein unverzichtbares Werkzeug für sozialen Wandel. Indem wir die Stimmen der Künstler unterstützen und ihre Werke feiern, tragen wir dazu bei, eine inklusivere und gerechtere Gesellschaft zu schaffen. Die Zukunft des Aktivismus wird weiterhin von der Kreativität und dem Einfallsreichtum der Künstler geprägt sein, die sich für die Rechte und die Würde aller Menschen einsetzen.

Die Notwendigkeit von intersektionalem Aktivismus

In der heutigen Gesellschaft ist es unerlässlich, dass Aktivismus nicht nur die spezifischen Herausforderungen einer einzelnen Gruppe adressiert, sondern auch die vielfältigen und komplexen Verbindungen zwischen verschiedenen Identitäten und Diskriminierungsformen anerkennt. Intersektionalität, ein Begriff, der von der feministischen Theoretikerin Kimberlé Crenshaw geprägt wurde, beschreibt, wie verschiedene soziale Kategorien wie Geschlecht, Rasse, Klasse, sexuelle Orientierung und andere miteinander interagieren und somit einzigartige Formen der Diskriminierung und Privilegierung schaffen.

$$D = f(G, R, K, S) \qquad (15)$$

Hierbei steht D für Diskriminierung, während G Geschlecht, R Rasse, K Klasse und S sexuelle Orientierung darstellen. Diese Gleichung verdeutlicht, dass Diskriminierung nicht isoliert betrachtet werden kann, sondern das Ergebnis eines komplexen Zusammenspiels verschiedener Faktoren ist.

Ein Beispiel für intersektionalen Aktivismus ist die Black Lives Matter-Bewegung, die nicht nur gegen Rassismus kämpft, sondern auch die besonderen Herausforderungen von schwarzen LGBTQ+-Personen in den Vordergrund stellt. Diese Bewegung zeigt auf, wie rassistische Gewalt und homophobe Diskriminierung in den Lebensrealitäten von Menschen überschneiden können. Ein weiteres Beispiel ist die Arbeit von Organisationen wie *Transgender Europe*, die sich für die Rechte von transsexuellen Menschen einsetzen und dabei die unterschiedlichen Erfahrungen von Menschen aus verschiedenen ethnischen und sozialen Hintergründen berücksichtigen.

Die Notwendigkeit intersektionalen Aktivismus wird auch durch die Herausforderungen sichtbar, mit denen marginalisierte Gruppen konfrontiert sind. Oftmals werden ihre Stimmen in breiteren Bewegungen übersehen oder nicht ausreichend repräsentiert. Dies kann zu einer Fragmentierung von Bewegungen führen, die eigentlich vereint für Gleichheit und Gerechtigkeit kämpfen sollten. Ein Beispiel hierfür ist die LGBTQ+-Bewegung, die in der Vergangenheit häufig die spezifischen Bedürfnisse von People of Color oder Menschen mit Behinderungen ignoriert hat.

Ein intersektionaler Ansatz ist nicht nur eine Frage der Gerechtigkeit, sondern auch der Effektivität. Wenn Aktivisten die Komplexität der Identitäten und der damit verbundenen Diskriminierungen verstehen, können sie strategischere und inklusivere Kampagnen entwickeln. Dies führt zu einer stärkeren Mobilisierung und einer breiteren Unterstützung in der Gesellschaft.

Die Herausforderungen, die aus einem Mangel an intersektionalem Aktivismus resultieren, können weitreichende Auswirkungen haben. So kann beispielsweise die Vernachlässigung der spezifischen Bedürfnisse von LGBTQ+-Flüchtlingen in der Asylpolitik dazu führen, dass diese Menschen in gefährliche und ausgrenzende Situationen geraten. Es ist wichtig, dass Aktivisten und Organisationen sich aktiv um die Einbeziehung intersektionaler Perspektiven bemühen, um sicherzustellen, dass alle Stimmen gehört werden und dass die

Lösungen, die sie anbieten, tatsächlich den Bedürfnissen der vielfältigen Gemeinschaften entsprechen, die sie vertreten.

In der Zukunft wird es entscheidend sein, dass intersektionaler Aktivismus nicht nur als eine Strategie, sondern als eine grundlegende Philosophie des Aktivismus betrachtet wird. Die Anerkennung der Vielfalt innerhalb der Gemeinschaften wird nicht nur die Solidarität stärken, sondern auch die Fähigkeit, gemeinsam gegen Ungerechtigkeiten zu kämpfen.

Zusammenfassend lässt sich sagen, dass intersektionaler Aktivismus eine Notwendigkeit ist, um die Komplexität menschlicher Erfahrungen zu verstehen und um sicherzustellen, dass alle Menschen, unabhängig von ihrer Identität, die Unterstützung und den Schutz erhalten, den sie verdienen. Nur durch die Anerkennung und das Verständnis dieser Verbindungen können wir eine gerechtere und inklusivere Gesellschaft aufbauen.

Der Einfluss von Technologie

In der heutigen Zeit spielt Technologie eine entscheidende Rolle im Aktivismus, insbesondere innerhalb der LGBTQ-Bewegung. Sie hat nicht nur die Art und Weise verändert, wie Informationen verbreitet werden, sondern auch, wie Gemeinschaften gebildet und mobilisiert werden. Im Folgenden werden wir die verschiedenen Dimensionen des Einflusses von Technologie auf den Aktivismus untersuchen, einschließlich der Chancen, die sie bietet, sowie der Herausforderungen, die sie mit sich bringt.

Zugang zu Informationen

Technologie hat den Zugang zu Informationen revolutioniert. Mit der Verbreitung des Internets und sozialer Medien können Aktivisten und Interessierte auf eine Fülle von Informationen zugreifen, die früher schwer zu finden waren. Plattformen wie Twitter, Facebook und Instagram ermöglichen es, Nachrichten in Echtzeit zu verbreiten und Diskussionen zu führen, die eine breitere Öffentlichkeit erreichen. Studien zeigen, dass die Nutzung sozialer Medien die Sichtbarkeit von LGBTQ-Themen erheblich erhöht hat [1].

Mobilisierung und Organisation

Die Technologie hat auch die Mobilisierung von Menschen für Proteste und Aktionen erleichtert. Online-Plattformen ermöglichen es Aktivisten, Veranstaltungen zu organisieren und Teilnehmer zu gewinnen, ohne auf traditionelle Medien angewiesen zu sein. Ein herausragendes Beispiel hierfür ist die *#BlackLivesMatter*-Bewegung, die soziale Medien nutzte, um Proteste gegen Rassismus und Diskriminierung zu organisieren. Diese Strategie wurde auch von LGBTQ-Aktivisten übernommen, um auf Themen wie Diskriminierung und Gewalt gegen LGBTQ-Personen aufmerksam zu machen [?].

Herausforderungen der digitalen Kommunikation

Trotz der Vorteile bringt die Technologie auch Herausforderungen mit sich. Eine der größten Herausforderungen ist die digitale Spaltung, die bedeutet, dass nicht alle Menschen gleich Zugang zu Technologien und dem Internet haben. Dies kann dazu führen, dass bestimmte Stimmen innerhalb der LGBTQ-Community übersehen werden, insbesondere von marginalisierten Gruppen, die möglicherweise keinen Zugang zu den erforderlichen Ressourcen haben [?].

Ein weiteres Problem ist die Verbreitung von Fehlinformationen. In einer Zeit, in der Nachrichten schnell verbreitet werden können, ist es entscheidend, dass Aktivisten in der Lage sind, zwischen vertrauenswürdigen und unzuverlässigen Quellen zu unterscheiden. Falsche Informationen können nicht nur die öffentliche Wahrnehmung der LGBTQ-Community schädigen, sondern auch zu gefährlichen Situationen führen, insbesondere wenn es um rechtliche oder gesundheitliche Informationen geht [?].

Die Rolle von digitalen Plattformen

Digitale Plattformen bieten nicht nur einen Raum für Diskussionen, sondern auch für kreative Ausdrucksformen. Künstler und Aktivisten nutzen Plattformen wie YouTube und TikTok, um ihre Botschaften durch Kunst und Performance zu verbreiten. Diese Form des Aktivismus, die oft als *Kunstaktivismus* bezeichnet wird, hat sich als besonders wirksam erwiesen, um jüngere Generationen anzusprechen und zu mobilisieren. Ein Beispiel hierfür ist der Erfolg von LGBTQ-Künstlern auf Plattformen wie TikTok, die durch kreative Videos auf gesellschaftliche Missstände aufmerksam machen [?].

Zukünftige Entwicklungen

Die Zukunft des Aktivismus wird zunehmend von technologischen Entwicklungen geprägt sein. Technologien wie Künstliche Intelligenz (KI) und Virtual Reality (VR) könnten neue Möglichkeiten für das Engagement und die Sensibilisierung schaffen. Beispielsweise könnten VR-Erlebnisse es den Menschen ermöglichen, in die Realität von LGBTQ-Personen einzutauchen und Empathie für ihre Herausforderungen zu entwickeln. Dies könnte eine neue Dimension des Aktivismus eröffnen, die über traditionelle Formen hinausgeht [?].

Fazit

Zusammenfassend lässt sich sagen, dass Technologie sowohl eine treibende Kraft als auch eine Herausforderung für den LGBTQ-Aktivismus darstellt. Sie hat den Zugang zu Informationen erleichtert, die Mobilisierung von Menschen gefördert und neue kreative Ausdrucksformen ermöglicht. Gleichzeitig müssen Aktivisten jedoch die Herausforderungen der digitalen Spaltung und der Fehlinformationen angehen. Die Zukunft des Aktivismus wird davon abhängen, wie gut die Gemeinschaften in der Lage sind, diese Technologien zu nutzen und gleichzeitig die bestehenden Herausforderungen zu bewältigen.

Die Bedeutung von globaler Zusammenarbeit

In der heutigen globalisierten Welt ist die Zusammenarbeit zwischen verschiedenen Ländern und Kulturen von entscheidender Bedeutung für den Fortschritt der LGBTQ-Bewegung. Diese Zusammenarbeit ermöglicht es Aktivisten, ihre Kräfte zu bündeln, Erfahrungen auszutauschen und voneinander zu lernen. Globaler Aktivismus schafft eine Plattform, auf der gemeinsame Ziele formuliert und Strategien entwickelt werden können, um Diskriminierung und Ungerechtigkeit zu bekämpfen.

Theoretische Grundlagen

Die Theorie des sozialen Wandels betont, dass kollektive Anstrengungen notwendig sind, um tief verwurzelte gesellschaftliche Normen und Strukturen zu verändern. **Giddens (1990)** beschreibt soziale Bewegungen als dynamische Prozesse, die durch Interaktionen zwischen Individuen und Gruppen geprägt sind. Diese Interaktionen sind besonders relevant im Kontext der LGBTQ-Bewegung, wo die Vielfalt der Erfahrungen und Perspektiven zu einem umfassenderen Verständnis von Diskriminierung und Ungleichheit führt.

$$\text{Sozialer Wandel} = f(\text{Kollektive Aktionen}, \text{Interkulturelle Kommunikation}) \tag{16}$$

Hierbei ist f eine Funktion, die die Wechselwirkungen zwischen kollektiven Aktionen und interkultureller Kommunikation beschreibt. Die Fähigkeit, über nationale Grenzen hinweg zu kommunizieren und zusammenzuarbeiten, ist entscheidend, um ein gemeinsames Ziel zu erreichen: die Gleichstellung und Anerkennung der LGBTQ-Rechte weltweit.

Herausforderungen der globalen Zusammenarbeit

Trotz der offensichtlichen Vorteile gibt es auch erhebliche Herausforderungen, die die globale Zusammenarbeit im LGBTQ-Aktivismus behindern können. Dazu gehören:

- **Kulturelle Unterschiede:** Verschiedene Kulturen haben unterschiedliche Ansichten über Sexualität und Geschlechterrollen, was zu Missverständnissen und Konflikten führen kann.

- **Politische Widerstände:** In vielen Ländern gibt es autoritäre Regime, die LGBTQ-Rechte aktiv unterdrücken. Diese politischen Rahmenbedingungen können die Möglichkeiten für internationale Zusammenarbeit erheblich einschränken.

- **Ressourcenmangel:** Oftmals fehlt es lokalen Organisationen an finanziellen und menschlichen Ressourcen, um an globalen Initiativen teilzunehmen.

Beispiele erfolgreicher globaler Zusammenarbeit

Trotz dieser Herausforderungen gibt es zahlreiche Beispiele für erfolgreiche globale Zusammenarbeit, die als Modelle für zukünftige Initiativen dienen können:

- **ILGA (International Lesbian, Gay, Bisexual, Trans and Intersex Association):** Diese internationale Organisation hat es sich zur Aufgabe gemacht, die Rechte von LGBTQ-Personen weltweit zu fördern. ILGA organisiert Konferenzen, bei denen Aktivisten aus verschiedenen Ländern zusammenkommen, um Strategien zu entwickeln und Erfahrungen auszutauschen.

- **Pride-Veranstaltungen:** Globale Pride-Events, wie der Christopher Street Day, ziehen Teilnehmer aus aller Welt an und schaffen ein Gefühl der Einheit und Solidarität. Diese Veranstaltungen bieten auch eine Plattform, um auf die Herausforderungen aufmerksam zu machen, mit denen LGBTQ-Personen in verschiedenen Ländern konfrontiert sind.

- **Soziale Medien:** Plattformen wie Twitter und Facebook ermöglichen es Aktivisten, Informationen schnell zu verbreiten und Unterstützung zu mobilisieren. Kampagnen wie #LoveIsLove haben weltweit für Aufmerksamkeit gesorgt und Menschen dazu ermutigt, sich für LGBTQ-Rechte einzusetzen.

Fazit

Die globale Zusammenarbeit ist von entscheidender Bedeutung für den Fortschritt der LGBTQ-Bewegung. Sie ermöglicht es Aktivisten, ihre Stimmen zu vereinen und gemeinsame Strategien zu entwickeln, um gegen Diskriminierung und Ungerechtigkeit zu kämpfen. Trotz der Herausforderungen, die mit der interkulturellen Zusammenarbeit verbunden sind, zeigen erfolgreiche Beispiele, dass es möglich ist, durch Solidarität und gemeinsame Anstrengungen positive Veränderungen herbeizuführen. Die Zukunft des Aktivismus hängt von der Fähigkeit ab, Brücken zwischen Kulturen zu bauen und eine inklusive Gemeinschaft zu schaffen, die Vielfalt feiert und fördert.

Die Rolle von Vorbildern

In der LGBTQ-Community spielen Vorbilder eine entscheidende Rolle bei der Förderung von Identität, Selbstakzeptanz und Aktivismus. Vorbilder sind nicht nur Personen, die durch ihre Taten inspirieren, sondern auch solche, die durch ihre Geschichten und Erfahrungen den Mut geben, die eigene Identität zu leben. Sie bieten ein Bild von Erfolg und Resilienz, das für viele eine Quelle der Hoffnung darstellt.

Theoretische Grundlagen

Die Bedeutung von Vorbildern lässt sich durch verschiedene psychologische Theorien erklären. Eine davon ist die *Soziale Lerntheorie* von Albert Bandura, die besagt, dass Menschen durch Beobachtung und Nachahmung lernen. Wenn Individuen sehen, wie andere Menschen erfolgreich mit Herausforderungen umgehen, sind sie eher geneigt, ähnliche Verhaltensweisen zu übernehmen. Diese Theorie ist besonders relevant für Jugendliche, die sich in einer Phase der Identitätsfindung befinden. Vorbilder können ihnen helfen, ein positives Selbstbild zu entwickeln und ihre eigenen Ziele zu verfolgen.

Probleme und Herausforderungen

Trotz der positiven Auswirkungen von Vorbildern gibt es auch Herausforderungen. In vielen Gesellschaften sind LGBTQ-Vorbilder oft unterrepräsentiert, was zu einem Mangel an Sichtbarkeit führt. Dies kann zu einem Gefühl der Isolation und Entfremdung bei jungen Menschen führen, die nach Inspiration suchen. Darüber hinaus können negative Darstellungen in den Medien das Bild von LGBTQ-Personen verzerren und Vorbilder, die sich für die Rechte der Community einsetzen, in ein negatives Licht rücken.

Ein Beispiel für diese Problematik ist die oft stereotype Darstellung von LGBTQ-Charakteren in Filmen und Fernsehsendungen. Diese Stereotypen können die Wahrnehmung der LGBTQ-Community in der Gesellschaft beeinflussen und den Zugang zu positiven Vorbildern einschränken. In vielen Fällen sind die einzigen sichtbaren LGBTQ-Personen in den Medien entweder übersexualisiert oder als tragische Figuren dargestellt, was die Vielfalt und die positiven Aspekte der Community nicht widerspiegelt.

Positive Beispiele von Vorbildern

Es gibt zahlreiche Beispiele von LGBTQ-Vorbildern, die durch ihre Arbeit und ihr Engagement das Leben vieler Menschen positiv beeinflusst haben. Eine herausragende Figur ist *Harvey Milk*, der erste offen schwule gewählte Beamte in Kalifornien. Milk wurde nicht nur für seine politischen Errungenschaften bekannt, sondern auch für seinen unermüdlichen Einsatz für die Rechte der LGBTQ-Community. Seine berühmte Aussage: „Die größte Angst, die wir haben, ist die Angst vor uns selbst, die Angst vor dem, was wir sind" ist ein kraftvolles Beispiel für die Bedeutung von Selbstakzeptanz und Sichtbarkeit.

Ein weiteres Beispiel ist *Marsha P. Johnson*, eine afroamerikanische Transgender-Aktivistin, die eine zentrale Rolle bei den Stonewall-Unruhen 1969 spielte. Ihre Aktivität und ihr Engagement für die Rechte von Transgender-Personen und queeren Menschen haben nicht nur die LGBTQ-Bewegung geprägt, sondern auch vielen Menschen geholfen, sich selbst zu akzeptieren und für ihre Rechte einzutreten.

Die Rolle von sozialen Medien

In der heutigen digitalen Welt haben soziale Medien die Art und Weise, wie Vorbilder wahrgenommen werden, erheblich verändert. Plattformen wie Instagram, Twitter und TikTok ermöglichen es LGBTQ-Personen, ihre Geschichten zu teilen, sich gegenseitig zu unterstützen und ein globales Publikum zu erreichen. Diese Sichtbarkeit ist entscheidend, da sie nicht nur das Bewusstsein für LGBTQ-Themen schärft, sondern auch jungen Menschen zeigt, dass sie nicht allein sind.

Ein Beispiel für eine positive Nutzung sozialer Medien ist die Kampagne *BornThisWay*, die von Lady Gaga ins Leben gerufen wurde. Diese Kampagne ermutigt Menschen, stolz auf ihre Identität zu sein und sich für die Rechte der LGBTQ-Community einzusetzen. Solche Initiativen zeigen, wie Vorbilder durch moderne Kommunikationsmittel einen Einfluss auf die Gesellschaft ausüben können.

Die Zukunft der Vorbilder

Die Rolle von Vorbildern wird in der Zukunft weiterhin von entscheidender Bedeutung sein. Die Herausforderungen, mit denen die LGBTQ-Community konfrontiert ist, erfordern starke, inspirierende Persönlichkeiten, die bereit sind, sich für Veränderungen einzusetzen. Es ist wichtig, dass neue Generationen von Aktivisten und Künstlern gefördert werden, um sicherzustellen, dass die Vielfalt innerhalb der Community repräsentiert wird.

Darüber hinaus müssen bestehende Vorbilder auch weiterhin für die Rechte und Sichtbarkeit von marginalisierten Gruppen innerhalb der LGBTQ-Community eintreten. Dies schließt insbesondere die Stimmen von People of Color, Transgender-Personen und anderen, die oft übersehen werden, ein. Die Förderung intersektionaler Vorbilder kann helfen, ein umfassenderes Bild der LGBTQ-Erfahrungen zu zeichnen und eine stärkere, vereinte Bewegung zu schaffen.

Fazit

Zusammenfassend lässt sich sagen, dass Vorbilder eine zentrale Rolle im Leben von LGBTQ-Personen spielen. Sie inspirieren, motivieren und bieten Hoffnung in Zeiten der Unsicherheit. Die Förderung und Sichtbarkeit von positiven Vorbildern ist entscheidend für die Entwicklung einer inklusiven und unterstützenden Gesellschaft. Indem wir die Geschichten und Errungenschaften von LGBTQ-Vorbildern feiern, können wir nicht nur die gegenwärtige Generation ermutigen, sondern auch zukünftige Generationen dazu anregen, ihre eigenen Stimmen zu finden und für ihre Rechte einzutreten.

Die Vision einer inklusiven Gesellschaft

In der heutigen Welt ist die Vision einer inklusiven Gesellschaft nicht nur ein erstrebenswertes Ziel, sondern auch eine Notwendigkeit. Eine inklusive Gesellschaft ist eine, die Vielfalt in all ihren Formen anerkennt und wertschätzt, sei es in Bezug auf Geschlecht, sexuelle Orientierung, ethnische Zugehörigkeit,

Behinderung oder andere Identitäten. Diese Vision erfordert ein Umdenken in unseren sozialen, politischen und wirtschaftlichen Strukturen, um sicherzustellen, dass alle Menschen die gleichen Rechte und Chancen genießen.

Theoretische Grundlagen

Die Theorie der sozialen Gerechtigkeit bildet das Fundament für die Vorstellung einer inklusiven Gesellschaft. Philosophen wie John Rawls und Martha Nussbaum haben Konzepte entwickelt, die die Bedeutung von Gleichheit und Gerechtigkeit betonen. Rawls' Theorie der Gerechtigkeit postuliert, dass eine gerechte Gesellschaft auf den Prinzipien der Fairness und der Chancengleichheit basieren sollte. In diesem Kontext ist es entscheidend, dass alle Mitglieder der Gesellschaft die Möglichkeit haben, ihre Potenziale zu entfalten und an der Gesellschaft teilzuhaben.

Ein weiteres wichtiges Konzept ist das der intersektionalen Identität, das von Kimberlé Crenshaw geprägt wurde. Diese Theorie besagt, dass Menschen nicht nur durch eine einzelne Identität definiert werden, sondern dass verschiedene Identitäten miteinander verwoben sind und sich gegenseitig beeinflussen. Das Verständnis dieser Komplexität ist entscheidend, um die Herausforderungen zu erkennen, mit denen marginalisierte Gruppen konfrontiert sind, und um effektive Strategien für Inklusion zu entwickeln.

Herausforderungen auf dem Weg zur Inklusion

Trotz der Fortschritte, die in den letzten Jahrzehnten erzielt wurden, stehen wir weiterhin vor erheblichen Herausforderungen. Diskriminierung und Vorurteile sind in vielen Gesellschaften tief verwurzelt und manifestieren sich in verschiedenen Formen, einschließlich institutioneller Diskriminierung, sozialer Isolation und wirtschaftlicher Benachteiligung. Diese Probleme sind oft miteinander verknüpft und erfordern einen ganzheitlichen Ansatz zur Lösung.

Ein Beispiel hierfür ist die Situation von LGBTQ+-Personen in vielen Ländern, wo sie weiterhin mit rechtlichen und sozialen Hindernissen konfrontiert sind. In einigen Regionen sind gleichgeschlechtliche Ehen weiterhin illegal, und Menschen, die sich als Teil der LGBTQ+-Gemeinschaft identifizieren, sehen sich häufig Diskriminierung am Arbeitsplatz, im Gesundheitswesen und in der Gesellschaft insgesamt gegenüber. Diese Herausforderungen verdeutlichen die Notwendigkeit, politische Maßnahmen zu ergreifen, die die Rechte aller Menschen schützen und fördern.

Beispiele für inklusive Praktiken

Trotz der Herausforderungen gibt es zahlreiche positive Beispiele für inklusives Handeln. Unternehmen und Organisationen setzen zunehmend auf Diversität und Inklusion als Teil ihrer Unternehmensstrategie. Initiativen wie „Diversity Training" und „Inclusion Workshops" helfen, ein Bewusstsein für Vorurteile zu schaffen und eine Kultur der Akzeptanz zu fördern.

Ein herausragendes Beispiel ist die Initiative „Pride in Business", die Unternehmen ermutigt, LGBTQ+-Mitarbeiter zu unterstützen und ein sicheres Arbeitsumfeld zu schaffen. Diese Initiative zeigt, dass wirtschaftlicher Erfolg und soziale Verantwortung Hand in Hand gehen können. Unternehmen, die Diversität fördern, profitieren nicht nur von einer breiteren Talentbasis, sondern auch von einer höheren Mitarbeiterzufriedenheit und -bindung.

Die Rolle der Bildung

Bildung spielt eine entscheidende Rolle auf dem Weg zu einer inklusiven Gesellschaft. Durch Aufklärung und Sensibilisierung können Stereotypen abgebaut und Empathie gefördert werden. Schulen und Bildungseinrichtungen müssen Programme implementieren, die Vielfalt feiern und Schüler dazu ermutigen, einander zu respektieren und zu unterstützen.

Ein Beispiel für solch ein Programm ist das „Safe Schools Program", das darauf abzielt, ein sicheres und unterstützendes Umfeld für LGBTQ+-Schüler zu schaffen. Durch Schulungen für Lehrer und Workshops für Schüler wird ein Raum geschaffen, in dem alle Jugendlichen ohne Angst vor Diskriminierung lernen und wachsen können.

Technologische Innovationen und Inklusion

Technologie spielt eine transformative Rolle in der Schaffung einer inklusiven Gesellschaft. Soziale Medien bieten Plattformen, auf denen marginalisierte Stimmen Gehör finden und Gemeinschaften gebildet werden können. Diese digitalen Räume ermöglichen es Aktivisten, sich zu vernetzen, Erfahrungen auszutauschen und auf Missstände aufmerksam zu machen.

Ein Beispiel ist die Verwendung von Online-Petitionen und Crowdfunding-Plattformen, die es Einzelpersonen und Gruppen ermöglichen, Ressourcen zu mobilisieren und Veränderungen herbeizuführen. Diese Technologien haben das Potenzial, die Art und Weise, wie wir für soziale Gerechtigkeit kämpfen, grundlegend zu verändern.

Aufruf zur Handlung

Um die Vision einer inklusiven Gesellschaft zu verwirklichen, ist es unerlässlich, dass Einzelpersonen, Gemeinschaften und Institutionen zusammenarbeiten. Jeder kann einen Beitrag leisten, sei es durch Freiwilligenarbeit, Unterstützung von LGBTQ+-Organisationen oder durch das Eintreten für Veränderungen in der eigenen Gemeinschaft.

Die Verantwortung liegt nicht nur bei den Entscheidungsträgern, sondern auch bei jedem von uns, aktiv an der Schaffung einer gerechten und inklusiven Gesellschaft mitzuwirken. Indem wir uns für Gleichheit und Gerechtigkeit einsetzen, können wir eine Welt schaffen, in der jeder Mensch, unabhängig von seiner Identität, respektiert und geschätzt wird.

Fazit

Die Vision einer inklusiven Gesellschaft ist nicht nur ein Ideal, sondern eine erreichbare Realität, die wir gemeinsam anstreben können. Durch Bildung, Technologie, soziale Gerechtigkeit und kollektives Handeln können wir Barrieren abbauen und eine Zukunft gestalten, in der Vielfalt als Stärke angesehen wird. Es liegt an uns, diesen Wandel zu fördern und sicherzustellen, dass alle Stimmen gehört werden. Lassen Sie uns gemeinsam für eine inklusive Gesellschaft kämpfen, in der jeder Mensch die Möglichkeit hat, in Würde zu leben und zu gedeihen.

Aufruf zur Aktion

In der heutigen Zeit, in der die LGBTQ-Rechte noch immer in vielen Teilen der Welt bedroht sind, ist es unerlässlich, einen klaren Aufruf zur Aktion zu formulieren. Dieser Aufruf richtet sich nicht nur an Aktivisten, sondern an alle Menschen, die an einer gerechten und inklusiven Gesellschaft interessiert sind. Die Herausforderungen, vor denen wir stehen, sind vielfältig und erfordern kollektives Handeln.

Theoretische Grundlagen

Die Theorie des sozialen Wandels, wie sie von Theoretikern wie *Saul Alinsky* und *Frances Fox Piven* formuliert wurde, betont die Notwendigkeit von Mobilisierung und Organisation. Alinsky argumentiert, dass effektiver Aktivismus auf der Fähigkeit beruht, Gemeinschaften zu mobilisieren und sie in die Lage zu versetzen, ihre eigenen Interessen zu vertreten. Diese Prinzipien sind für die

LGBTQ-Bewegung von zentraler Bedeutung, da sie die Notwendigkeit der Solidarität und des kollektiven Handelns unterstreichen.

Ein weiterer theoretischer Rahmen ist die *Intersektionalität*, die von *Kimberlé Crenshaw* geprägt wurde. Diese Theorie beleuchtet, wie verschiedene Identitäten – einschließlich Geschlecht, Rasse, Sexualität und Klasse – miteinander verwoben sind und wie sie die Erfahrungen von Diskriminierung und Ungerechtigkeit beeinflussen. Ein intersektionaler Ansatz im Aktivismus ist entscheidend, um sicherzustellen, dass die Stimmen aller marginalisierten Gruppen gehört werden.

Aktuelle Probleme

Trotz der Fortschritte, die in den letzten Jahrzehnten gemacht wurden, gibt es nach wie vor gravierende Probleme, die angegangen werden müssen. In vielen Ländern sind LGBTQ-Personen nach wie vor rechtlich und sozial benachteiligt. Diskriminierung, Gewalt und soziale Ausgrenzung sind alltägliche Erfahrungen für viele. Ein Beispiel hierfür ist die Situation in Ländern wie *Uganda* und *Tschetschenien*, wo LGBTQ-Personen verfolgt und inhaftiert werden. Diese Zustände erfordern nicht nur Aufmerksamkeit, sondern auch entschlossenes Handeln.

Die Rolle der sozialen Medien in diesem Kontext kann nicht unterschätzt werden. Plattformen wie *Twitter* und *Instagram* haben es Aktivisten ermöglicht, ihre Botschaften weit zu verbreiten und Unterstützung zu mobilisieren. Die virale Verbreitung von Hashtags wie #BlackLivesMatter und #LoveIsLove zeigt, wie soziale Medien als Katalysator für Veränderungen fungieren können.

Beispiele für erfolgreichen Aktivismus

Ein herausragendes Beispiel für erfolgreichen Aktivismus ist die *Stonewall-Bewegung* in den USA, die in den 1960er Jahren begann. Die Aufstände, die nach einer Razzia in der *Stonewall Inn* in New York City ausbrachen, waren ein Wendepunkt im Kampf für LGBTQ-Rechte. Sie führten zur Gründung von Organisationen wie der *Gay Liberation Front* und inspirierten weltweit ähnliche Bewegungen.

Ein weiteres Beispiel ist die *Pride*-Bewegung, die nicht nur Feierlichkeiten umfasst, sondern auch eine Plattform für politische Forderungen bietet. Pride-Veranstaltungen auf der ganzen Welt ziehen Millionen von Menschen an und sind eine Möglichkeit, Sichtbarkeit zu schaffen und auf bestehende Ungerechtigkeiten aufmerksam zu machen.

Aufruf zur Solidarität und Handlung

Der Aufruf zur Aktion ist klar: Jeder Einzelne ist aufgefordert, aktiv zu werden. Dies kann durch folgende Maßnahmen geschehen:

- **Bildung und Aufklärung:** Informiere dich über LGBTQ-Themen und teile dein Wissen mit anderen. Workshops, Lesungen und Diskussionsrunden sind effektive Wege, um das Bewusstsein zu schärfen.

- **Solidarität zeigen:** Unterstütze LGBTQ-Organisationen durch Spenden oder ehrenamtliche Tätigkeiten. Deine Zeit und Ressourcen können einen großen Unterschied machen.

- **Politisches Engagement:** Nimm an lokalen und nationalen Wahlen teil und setze dich für Kandidaten ein, die sich für die Rechte der LGBTQ-Community einsetzen. Lobbyarbeit und das Schreiben an politische Vertreter sind ebenfalls wichtige Maßnahmen.

- **Kunst und Kreativität nutzen:** Verwende Kunst als Medium, um Botschaften des Wandels zu verbreiten. Ob durch Malerei, Musik oder Performance – Kunst hat die Kraft, Herzen und Köpfe zu erreichen.

- **Online-Aktivismus:** Nutze soziale Medien, um auf Missstände aufmerksam zu machen und für Veränderungen zu kämpfen. Die Verbreitung von Informationen und die Mobilisierung von Unterstützern sind entscheidend.

Jeder Schritt, den wir unternehmen, mag klein erscheinen, aber gemeinsam können wir eine Welle des Wandels erzeugen. Es ist an der Zeit, die Stimme zu erheben, für Gleichheit zu kämpfen und die Zukunft für alle zu gestalten.

Schlussfolgerung: Der Aufruf zur Aktion ist nicht nur ein Appell an die gegenwärtigen Aktivisten, sondern auch an zukünftige Generationen. Die Verantwortung liegt bei uns allen, eine inklusive Gesellschaft zu schaffen, in der jeder Mensch, unabhängig von seiner sexuellen Orientierung oder Identität, in Würde leben kann. Lasst uns gemeinsam für eine bessere Zukunft eintreten.

Schlussfolgerungen und persönliche Reflexionen

Lektionen aus dem Leben des Aktivisten

Die Bedeutung von Authentizität

Authentizität ist ein zentrales Konzept im Leben eines LGBTQ-Aktivisten und spielt eine entscheidende Rolle in der persönlichen Entwicklung sowie im Aktivismus selbst. Sie beschreibt die Fähigkeit, sich selbst treu zu bleiben, die eigene Identität zu akzeptieren und diese offen zu leben. In einer Welt, in der gesellschaftliche Normen und Erwartungen oft im Widerspruch zu individuellen Identitäten stehen, wird die Suche nach Authentizität zu einer herausfordernden, aber auch befreienden Reise.

Theoretische Grundlagen

Die Bedeutung von Authentizität kann durch verschiedene psychologische und philosophische Theorien untermauert werden. Der Psychologe Carl Rogers betonte in seiner humanistischen Theorie die Notwendigkeit der Selbstakzeptanz und der Kongruenz zwischen dem Selbstbild und dem tatsächlichen Selbst. Er argumentierte, dass Menschen, die authentisch leben, ein höheres Maß an psychischem Wohlbefinden erreichen. Dies steht im Einklang mit der Theorie der Selbstbestimmung, die besagt, dass die Erfüllung grundlegender psychologischer Bedürfnisse wie Autonomie, Kompetenz und soziale Eingebundenheit zu einem erfüllten Leben führt.

Herausforderungen der Authentizität

Trotz der positiven Aspekte von Authentizität stehen viele LGBTQ-Personen vor erheblichen Herausforderungen. Diskriminierung, Vorurteile und gesellschaftlicher Druck können dazu führen, dass Individuen sich gezwungen fühlen, ihre wahre Identität zu verbergen. Diese inneren Konflikte können zu psychischen Problemen wie Angstzuständen, Depressionen und einem verminderten Selbstwertgefühl führen. Die Angst vor Ablehnung, sowohl im persönlichen als auch im beruflichen Umfeld, kann dazu führen, dass Menschen ihre Authentizität opfern, um gesellschaftlichen Erwartungen zu entsprechen.

Ein Beispiel für diese Herausforderung ist die Erfahrung vieler LGBTQ-Jugendlicher, die oft in einem Umfeld aufwachsen, das heteronormative Werte propagiert. Diese Jugendlichen müssen oft einen schmerzhaften Prozess durchlaufen, um ihre Identität zu akzeptieren und sich von den Erwartungen ihrer Umgebung zu befreien. Der Druck, „normal" zu sein, kann zu einem inneren Konflikt führen, der sich negativ auf ihre psychische Gesundheit auswirkt.

Die Kraft der Authentizität im Aktivismus

Die Authentizität eines Aktivisten kann jedoch auch als eine mächtige Waffe im Kampf für Gleichheit und Rechte dienen. Wenn Aktivisten ihre Geschichten und Erfahrungen teilen, schaffen sie Sichtbarkeit und fördern das Verständnis für die Herausforderungen, mit denen die LGBTQ-Community konfrontiert ist. Authentizität kann als Katalysator für Veränderungen fungieren, indem sie Barrieren abbaut und Empathie in der breiten Öffentlichkeit erzeugt.

Ein herausragendes Beispiel ist die Aktivistin Marsha P. Johnson, die in den 1960er Jahren eine zentrale Figur in der LGBTQ-Bewegung wurde. Johnson lebte offen als Transgender-Frau und setzte sich für die Rechte von marginalisierten Gruppen innerhalb der Community ein. Ihre Authentizität und ihr unerschütterlicher Glaube an die Notwendigkeit der Sichtbarkeit trugen dazu bei, das Bewusstsein für die Probleme von LGBTQ-Personen zu schärfen und die Bewegung voranzutreiben.

Praktische Ansätze zur Förderung von Authentizität

Um die Authentizität in der LGBTQ-Community zu fördern, sind verschiedene Ansätze erforderlich. Bildung spielt eine Schlüsselrolle, um Vorurteile abzubauen und ein unterstützendes Umfeld zu schaffen. Workshops, Schulungen und Aufklärungskampagnen können dazu beitragen, das Bewusstsein für die

Bedeutung von Authentizität zu schärfen und den Menschen zu helfen, ihre Identität zu akzeptieren. Darüber hinaus sollten Unterstützungsnetzwerke und Gemeinschaftsorganisationen geschaffen werden, die LGBTQ-Personen einen sicheren Raum bieten, um ihre Erfahrungen zu teilen und sich gegenseitig zu unterstützen. Solche Gemeinschaften können dazu beitragen, das Gefühl der Isolation zu verringern und den Mut zu fördern, authentisch zu leben.

Schlussfolgerung

Die Bedeutung von Authentizität kann nicht hoch genug eingeschätzt werden. Sie ist nicht nur für das individuelle Wohlbefinden entscheidend, sondern auch für die Stärke und den Erfolg der LGBTQ-Bewegung insgesamt. Indem wir die Herausforderungen anerkennen, die mit der Authentizität verbunden sind, und gleichzeitig die Kraft feiern, die sie mit sich bringt, können wir eine inklusivere und gerechtere Gesellschaft schaffen. Authentizität ist der Schlüssel zu einem erfüllten Leben und einem wirksamen Aktivismus, der echte Veränderungen bewirken kann.

Der Wert von Gemeinschaft

Die Gemeinschaft ist ein zentrales Element im Leben eines jeden Menschen, insbesondere für Mitglieder der LGBTQ-Community, die oft mit Diskriminierung, Vorurteilen und Isolation konfrontiert sind. Die Bedeutung von Gemeinschaft kann nicht hoch genug eingeschätzt werden, da sie nicht nur ein Gefühl der Zugehörigkeit vermittelt, sondern auch als Unterstützungssystem fungiert, das Individuen hilft, ihre Identität zu akzeptieren und sich in der Gesellschaft zu behaupten.

Theoretische Grundlagen

Die Theorie der sozialen Identität, die von Henri Tajfel und John Turner entwickelt wurde, ist entscheidend, um den Wert von Gemeinschaft zu verstehen. Diese Theorie postuliert, dass Menschen ihre Identität stark aus der Zugehörigkeit zu sozialen Gruppen ableiten. In der LGBTQ-Community kann die Zugehörigkeit zu einer Gruppe von Gleichgesinnten das Selbstwertgefühl steigern und ein Gefühl der Sicherheit bieten. Gemeinschaften bieten nicht nur emotionale Unterstützung, sondern auch eine Plattform für kollektives Handeln und Aktivismus.

Probleme und Herausforderungen

Trotz der positiven Aspekte von Gemeinschaften gibt es auch Herausforderungen. In vielen Fällen können interne Konflikte, wie z.b. unterschiedliche Meinungen über Aktivismus oder Identität, Spannungen innerhalb der Gemeinschaft hervorrufen. Solche Konflikte können die Solidarität schwächen und die Effektivität von Bewegungen beeinträchtigen. Darüber hinaus können externe Bedrohungen wie Diskriminierung und Gewalt gegen LGBTQ-Personen die Gemeinschaft unter Druck setzen und das Gefühl der Sicherheit gefährden.

Beispiele für Gemeinschaftsbildung

Ein bemerkenswertes Beispiel für die Kraft der Gemeinschaft ist die Stonewall-Rebellion von 1969 in New York City, die als Wendepunkt in der LGBTQ-Bewegung gilt. Diese Ereignisse führten zur Bildung zahlreicher Organisationen, die sich für die Rechte von LGBTQ-Personen einsetzen. Die Gründung der Gay Liberation Front und später der Human Rights Campaign sind Beispiele für die Mobilisierung von Gemeinschaften, die sich gegen Diskriminierung und für Gleichheit einsetzen.

Ein weiteres Beispiel ist die Rolle von Pride-Paraden, die nicht nur Feierlichkeiten sind, sondern auch eine Möglichkeit bieten, Sichtbarkeit zu schaffen und Gemeinschaft zu stärken. Diese Veranstaltungen bringen Menschen zusammen, um Solidarität zu zeigen und die Vielfalt innerhalb der LGBTQ-Community zu feiern. Sie sind ein Ausdruck der kollektiven Identität und ein Werkzeug des Widerstands gegen Diskriminierung.

Die Bedeutung von Unterstützungssystemen

Die Unterstützungssysteme, die innerhalb von Gemeinschaften entstehen, sind von entscheidender Bedeutung. Sie bieten nicht nur emotionale Unterstützung, sondern auch praktische Hilfe in Form von Ressourcen wie Beratungsdiensten, rechtlicher Unterstützung und medizinischer Versorgung. Solche Systeme sind besonders wichtig für Jugendliche, die oft mit Herausforderungen wie dem Coming-out und der Akzeptanz ihrer sexuellen Identität kämpfen.

Studien zeigen, dass Jugendliche, die Teil einer unterstützenden Gemeinschaft sind, weniger wahrscheinlich unter psychischen Gesundheitsproblemen leiden. Eine Untersuchung von Ryan et al. (2009) hat gezeigt, dass LGBTQ-Jugendliche, die in unterstützenden Umgebungen leben, signifikant geringere Raten von Depressionen und Suizidgedanken aufweisen.

Schlussfolgerung

Zusammenfassend lässt sich sagen, dass die Gemeinschaft für LGBTQ-Personen von unschätzbarem Wert ist. Sie bietet nicht nur emotionale und praktische Unterstützung, sondern fördert auch das Gefühl der Zugehörigkeit und Identität. Trotz der Herausforderungen, die innerhalb und außerhalb dieser Gemeinschaften bestehen, bleibt die Kraft der Gemeinschaft ein entscheidender Faktor für den Erfolg und das Wohlbefinden von Individuen. In einer Welt, die oft von Vorurteilen und Diskriminierung geprägt ist, ist die Gemeinschaft ein Lichtstrahl der Hoffnung und des Wandels. Die Verantwortung, die wir gegenüber unserer Gemeinschaft haben, ist nicht nur eine Frage der Solidarität, sondern auch eine Verpflichtung, die kommenden Generationen eine inklusivere und gerechtere Welt zu hinterlassen.

Die Kraft des persönlichen Engagements

Persönliches Engagement spielt eine entscheidende Rolle im Aktivismus, insbesondere in der LGBTQ-Bewegung. Es ist der Antrieb, der Individuen dazu motiviert, sich für ihre Rechte und die Rechte anderer einzusetzen. In diesem Kontext bezieht sich persönliches Engagement auf die aktive Teilnahme an sozialen, politischen und kulturellen Bewegungen, die darauf abzielen, Diskriminierung zu bekämpfen und Gleichheit zu fördern.

Theoretische Grundlagen

Die Theorie des sozialen Wandels, wie sie von Autoren wie [3] und [Della Porta(2006)] beschrieben wird, legt nahe, dass individuelles Engagement eine Katalysatorrolle im Prozess des Wandels spielt. Individuen, die sich aktiv beteiligen, schaffen Netzwerke, mobilisieren Ressourcen und sensibilisieren die Gesellschaft für wichtige Themen. Diese Theorie stützt sich auf die Annahme, dass kollektive Aktionen, die aus individuellem Engagement resultieren, transformative Effekte haben können.

Probleme und Herausforderungen

Trotz der positiven Aspekte des persönlichen Engagements stehen Aktivisten oft vor erheblichen Herausforderungen. Diskriminierung, Stigmatisierung und Gewalt sind häufige Probleme, die Menschen davon abhalten, sich zu engagieren. [Goffman(1963)] beschreibt in seiner Arbeit über Stigma, wie gesellschaftliche Vorurteile das Selbstbild und die Handlungsfähigkeit von Individuen beeinträchtigen können. Diese Herausforderungen sind nicht nur psychologisch, sondern auch sozial und politisch, da sie oft zu einem Gefühl der Isolation führen.

Ein Beispiel hierfür ist die Erfahrung von LGBTQ-Jugendlichen, die sich in ihrer Schulumgebung nicht sicher fühlen. Diese Unsicherheit kann dazu führen, dass sie sich von aktivistischen Bewegungen zurückziehen, was wiederum die Sichtbarkeit und den Einfluss der Bewegung verringert.

Beispiele für persönliches Engagement

Trotz dieser Herausforderungen gibt es zahlreiche inspirierende Beispiele für persönliches Engagement in der LGBTQ-Bewegung. Eine herausragende Figur ist Harvey Milk, der erste offen schwule gewählte Beamte in Kalifornien. Milk nutzte seine Plattform, um für die Rechte von LGBTQ-Personen zu kämpfen und ermutigte andere, sich ebenfalls zu engagieren. Sein berühmtes Zitat: „Du musst einen Teil von dir selbst in die Sache investieren, um wirklich einen Unterschied zu machen", verdeutlicht die Bedeutung des persönlichen Engagements.

Ein weiteres Beispiel ist die Arbeit von Marsha P. Johnson, einer schwarzen Transgender-Aktivistin, die eine Schlüsselrolle bei den Stonewall-Unruhen spielte. Johnsons Engagement für die Rechte von LGBTQ-Personen und insbesondere für die Rechte von Transgender-Personen zeigt, wie individuelles Engagement nicht nur die eigene Identität stärken, sondern auch eine gesamte Bewegung vorantreiben kann.

Die Auswirkungen des persönlichen Engagements

Die Auswirkungen des persönlichen Engagements sind weitreichend. Individuen, die aktiv werden, inspirieren oft andere, sich ebenfalls zu engagieren, was zu einem exponentiellen Wachstum der Bewegung führen kann. [Putnam(2000)] argumentiert, dass soziale Netzwerke und die Teilnahme an Gemeinschaftsaktivitäten das Vertrauen und die Solidarität innerhalb einer Gemeinschaft stärken. Diese Dynamik ist besonders wichtig in der LGBTQ-Bewegung, wo Gemeinschaft und Unterstützung entscheidend sind.

Darüber hinaus führt persönliches Engagement zu einer erhöhten Sichtbarkeit von LGBTQ-Anliegen in der Gesellschaft. Diese Sichtbarkeit kann politische Veränderungen bewirken, wie die Einführung von Antidiskriminierungsgesetzen oder die Legalisierung von gleichgeschlechtlichen Ehen. Der Einfluss von persönlichen Geschichten und Erfahrungen in den Medien hat sich als besonders wirkungsvoll erwiesen, um Vorurteile abzubauen und Verständnis zu fördern.

Schlussfolgerung

Zusammenfassend lässt sich sagen, dass die Kraft des persönlichen Engagements in der LGBTQ-Bewegung nicht zu unterschätzen ist. Es ist der Motor, der Veränderungen antreibt, Gemeinschaften stärkt und individuelle Identitäten feiert. Trotz der Herausforderungen, mit denen Aktivisten konfrontiert sind, bleibt das persönliche Engagement eine zentrale Komponente des Aktivismus. Es ist nicht nur eine Frage des Kampfes um Rechte, sondern auch eine Frage der Selbstakzeptanz und der Schaffung eines Raums, in dem alle Menschen, unabhängig von ihrer sexuellen Orientierung oder Geschlechtsidentität, gehört und respektiert werden.

Bibliography

[Goffman(1963)] Goffman, E. (1963). *Stigma: Notes on the Management of Spoiled Identity*. Prentice-Hall.

[Della Porta(2006)] Della Porta, D. (2006). *Social Movements: An Introduction*. Blackwell Publishing.

[Tilly(2004)] Tilly, C. (2004). *Social Movements, 1768–2004*. Paradigm Publishers.

[Putnam(2000)] Putnam, R. D. (2000). *Bowling Alone: The Collapse and Revival of American Community*. Simon & Schuster.

Reflexion über Erfolge und Misserfolge

Die Reflexion über Erfolge und Misserfolge ist ein entscheidender Bestandteil des Lebens eines Aktivisten, insbesondere in der LGBTQ-Bewegung. Diese Reflexion ermöglicht es, aus vergangenen Erfahrungen zu lernen, sowohl aus den Triumphen als auch aus den Rückschlägen. In diesem Abschnitt werden wir die Bedeutung dieser Reflexion untersuchen, einige Beispiele für Erfolge und Misserfolge analysieren und die theoretischen Grundlagen betrachten, die hinter diesen Erfahrungen stehen.

Die Bedeutung der Reflexion

Die Reflexion über Erfolge und Misserfolge kann als ein Prozess betrachtet werden, der es Individuen ermöglicht, ihre Erfahrungen zu bewerten und daraus zu lernen. In der Psychologie wird dieser Prozess häufig als *metakognitive Reflexion* bezeichnet, bei der Individuen ihre eigenen Denkprozesse und Lernstrategien analysieren. Dieser Ansatz hilft nicht nur, das persönliche Wachstum zu fördern, sondern auch, die Strategien für zukünftige Aktivismusinitiativen zu verbessern.

Ein Beispiel für eine erfolgreiche Reflexion könnte die Analyse der Auswirkungen einer Pride-Veranstaltung sein. Wenn eine Veranstaltung erfolgreich war, könnte der Aktivist untersuchen, welche Faktoren zu diesem Erfolg beigetragen haben: die Wahl des Standorts, die Art der Werbung, die Zusammenarbeit mit anderen Organisationen oder die Mobilisierung der Gemeinschaft. Diese Erkenntnisse können dann genutzt werden, um zukünftige Veranstaltungen effektiver zu gestalten.

Erfolge im Aktivismus

Erfolge im Aktivismus können vielfältig sein und reichen von legislativen Errungenschaften bis hin zu gesellschaftlichen Veränderungen. Ein herausragendes Beispiel ist die Legalisierung der gleichgeschlechtlichen Ehe in vielen Ländern. Diese Errungenschaft war das Ergebnis jahrelanger harter Arbeit, Mobilisierung und Sensibilisierung.

Die Theorie des *sozialen Wandels* erklärt, wie kollektive Aktionen zu bedeutenden gesellschaftlichen Veränderungen führen können. Die Einführung von Antidiskriminierungsgesetzen in verschiedenen Ländern ist ein weiteres Beispiel für den Erfolg von Aktivismus. Diese Gesetze haben nicht nur die rechtlichen Rahmenbedingungen für LGBTQ-Personen verbessert, sondern auch das gesellschaftliche Bewusstsein geschärft.

Ein spezifisches Beispiel für einen Erfolg ist die *Stonewall-Bewegung*, die als Wendepunkt in der LGBTQ-Geschichte gilt. Die Ereignisse von 1969 führten zu einer verstärkten Sichtbarkeit und Anerkennung der LGBTQ-Rechte und inspirierten zahlreiche Aktivisten weltweit. Diese Bewegung zeigt, wie Widerstand und kollektive Aktion zu einem bedeutenden gesellschaftlichen Wandel führen können.

Misserfolge im Aktivismus

Misserfolge sind ebenso wichtig wie Erfolge, da sie wertvolle Lektionen bieten. Ein häufiges Problem im Aktivismus ist die Fragmentierung der Bewegung, die oft zu internen Konflikten führt. Diese Konflikte können auf unterschiedliche Prioritäten innerhalb der LGBTQ-Community zurückzuführen sein, wie zum Beispiel die Spannungen zwischen verschiedenen Identitäten innerhalb der Gemeinschaft.

Ein Beispiel für einen Misserfolg ist die *Prop 8*-Kampagne in Kalifornien, die 2008 die gleichgeschlechtliche Ehe verbot. Trotz der anfänglichen Erfolge in der Mobilisierung von Unterstützern scheiterte die Kampagne letztendlich daran, eine breitere gesellschaftliche Akzeptanz zu gewinnen. Die Reflexion über diesen Misserfolg hat dazu geführt, dass zukünftige Kampagnen stärker auf Bildung und Aufklärung setzen, um Vorurteile abzubauen.

Die Theorie des *kollektiven Handelns* erklärt, dass Misserfolge oft das Ergebnis unzureichender Koordination und Kommunikation innerhalb der Bewegung sind. Wenn Gruppen nicht effektiv zusammenarbeiten oder unterschiedliche Ziele verfolgen, kann dies zu einem Scheitern der gemeinsamen Anstrengungen führen.

Lernprozesse und zukünftige Strategien

Die Reflexion über Erfolge und Misserfolge führt zu einem kontinuierlichen Lernprozess. Aktivisten müssen bereit sein, ihre Ansätze zu überdenken und anzupassen. Eine erfolgreiche Strategie könnte darin bestehen, eine *intersektionale* Perspektive einzunehmen, die die vielfältigen Identitäten innerhalb der LGBTQ-Community berücksichtigt.

Darüber hinaus können die Lektionen aus vergangenen Misserfolgen dazu beitragen, zukünftige Kampagnen zu gestalten. Die Einbeziehung von Feedback aus der Gemeinschaft und die Förderung eines inklusiven Dialogs sind entscheidend, um sicherzustellen, dass alle Stimmen gehört werden und dass die Strategien auf die Bedürfnisse der gesamten Gemeinschaft abgestimmt sind.

Schlussfolgerung

In der Reflexion über Erfolge und Misserfolge liegt eine wertvolle Quelle für persönliches und kollektives Wachstum. Durch die Analyse der eigenen Erfahrungen können Aktivisten nicht nur ihre Strategien verbessern, sondern auch die Gemeinschaft stärken. Die Herausforderungen, die die LGBTQ-Bewegung weiterhin betreffen, erfordern eine ständige Anpassung und Entwicklung. Indem wir aus der Vergangenheit lernen, können wir eine bessere Zukunft für alle schaffen.

Die Rolle von Hoffnung und Optimismus

In der heutigen Gesellschaft, in der Diskriminierung und Ungleichheit nach wie vor existieren, spielt Hoffnung eine entscheidende Rolle im Leben von LGBTQ-Aktivisten. Hoffnung ist nicht nur ein Gefühl, sondern auch eine Kraft, die Menschen dazu motiviert, für ihre Rechte und die Rechte anderer zu kämpfen. Optimismus, der oft als die positive Erwartung zukünftiger Ereignisse beschrieben wird, ist eng mit Hoffnung verbunden und kann als Katalysator für Veränderung fungieren.

Theoretische Grundlagen

Die Psychologie hat gezeigt, dass Hoffnung eng mit Resilienz und der Fähigkeit, Herausforderungen zu überwinden, verbunden ist. Laut der Hoffnungstheorie von Snyder (2002) besteht Hoffnung aus drei wesentlichen Komponenten: Zielen, Wegen und der Überzeugung, dass man in der Lage ist, diese Wege zu gehen. Diese Theorie ist besonders relevant für LGBTQ-Aktivisten, die oft mit erheblichen Hindernissen konfrontiert sind. Sie müssen Ziele setzen, die für ihre Gemeinschaft von Bedeutung sind, und Wege finden, um diese Ziele zu erreichen, während sie gleichzeitig an ihre Fähigkeiten glauben, diese Herausforderungen zu meistern.

Herausforderungen und Probleme

Trotz der positiven Auswirkungen von Hoffnung und Optimismus gibt es zahlreiche Herausforderungen, die LGBTQ-Aktivisten bewältigen müssen. Diskriminierung, Vorurteile und soziale Isolation sind nur einige der Probleme, die die psychische Gesundheit und das Wohlbefinden beeinträchtigen können. Diese Herausforderungen können dazu führen, dass Hoffnung schwindet und Optimismus in Pessimismus umschlägt. Studien haben gezeigt, dass LGBTQ-Personen ein höheres Risiko für Depressionen und Angstzustände aufweisen, was die Notwendigkeit unterstreicht, Hoffnung und Optimismus aktiv zu fördern.

Beispiele aus der Praxis

Ein bemerkenswertes Beispiel für die Rolle von Hoffnung und Optimismus im Aktivismus ist die Stonewall-Rebellion von 1969. Diese Ereignisse markierten einen Wendepunkt in der LGBTQ-Bewegung und wurden von einem tiefen Gefühl der Hoffnung getragen, dass Veränderung möglich ist. Aktivisten wie Marsha P. Johnson und Sylvia Rivera trugen dazu bei, eine Bewegung zu schaffen, die auf dem Glauben basierte, dass eine gerechtere und inklusivere Gesellschaft erreichbar ist. Ihre Entschlossenheit und ihr Optimismus inspirierten viele und führten zu einer Welle von Veränderungen in den folgenden Jahrzehnten.

Ein weiteres Beispiel ist die Entwicklung von Pride-Veranstaltungen weltweit. Diese Feierlichkeiten sind nicht nur Ausdruck von Identität und Stolz, sondern auch ein Symbol der Hoffnung für viele. Sie zeigen, dass trotz der Herausforderungen, denen sich die LGBTQ-Community gegenübersieht, eine positive Zukunft möglich ist. Die Teilnahme an Pride-Veranstaltungen stärkt das Gemeinschaftsgefühl und fördert den Optimismus unter den Mitgliedern der Community.

Die Bedeutung von Hoffnung in der Zukunft

Hoffnung und Optimismus sind nicht nur für den Einzelnen wichtig, sondern auch für die gesamte Bewegung. Sie fördern die Solidarität innerhalb der Gemeinschaft und ermutigen die Menschen, aktiv zu werden. Wenn Menschen Hoffnung haben, sind sie eher bereit, sich zu engagieren und für Veränderungen zu kämpfen. Dies kann zu einem positiven Kreislauf führen, in dem Hoffnung zu Handlungen führt, die wiederum Hoffnung stärken.

Darüber hinaus ist es wichtig, dass zukünftige Generationen von LGBTQ-Aktivisten in einem Umfeld aufwachsen, das Hoffnung und Optimismus fördert. Bildung spielt eine entscheidende Rolle dabei, diese Werte zu vermitteln. Durch Aufklärung über die Geschichte der LGBTQ-Bewegung und die Erfolge, die erzielt wurden, können junge Aktivisten inspiriert werden, ihren eigenen Weg zu gehen und Veränderungen zu bewirken.

Schlussfolgerung

Zusammenfassend lässt sich sagen, dass Hoffnung und Optimismus zentrale Elemente im Leben von LGBTQ-Aktivisten sind. Sie bieten nicht nur die Motivation, gegen Diskriminierung und Ungleichheit zu kämpfen, sondern fördern auch das Wohlbefinden und die Resilienz der Mitglieder der Community. Angesichts der Herausforderungen, die noch bestehen, ist es unerlässlich, diese Werte zu kultivieren und zu fördern, um eine gerechtere und inklusivere Gesellschaft zu schaffen. Die Zukunft des Aktivismus hängt von der Fähigkeit ab, Hoffnung zu bewahren und den Glauben an eine bessere Welt aufrechtzuerhalten.

Die Bedeutung von Selbstliebe

Selbstliebe ist ein zentraler Aspekt im Leben eines jeden Menschen, insbesondere für diejenigen, die sich in einer marginalisierten Position befinden, wie es oft bei Mitgliedern der LGBTQ-Community der Fall ist. Die Fähigkeit, sich selbst zu akzeptieren und zu lieben, ist nicht nur eine persönliche Errungenschaft, sondern auch eine politische Notwendigkeit. In dieser Sektion werden wir die Theorie hinter Selbstliebe, die Herausforderungen, die viele Menschen dabei erleben, sowie einige inspirierende Beispiele betrachten.

Theoretische Grundlagen der Selbstliebe

Selbstliebe wird oft als die Fähigkeit definiert, sich selbst mit Freundlichkeit, Mitgefühl und Respekt zu behandeln. Psychologen wie Brené Brown betonen die

Wichtigkeit von Selbstakzeptanz und Authentizität. In ihrem Buch „The Gifts of Imperfection" beschreibt sie, wie Selbstliebe eng mit der Fähigkeit verbunden ist, Verletzlichkeit zuzulassen und sich selbst in all seinen Facetten zu akzeptieren.

Ein zentraler Aspekt von Selbstliebe ist die Idee der *Selbstwertschätzung*, die oft mathematisch als eine Funktion der eigenen Wahrnehmung und der externen Validierung betrachtet wird. Diese Beziehung kann durch die folgende Gleichung dargestellt werden:

$$SW = f(P, E) \qquad (17)$$

wobei SW den Selbstwert, P die persönliche Wahrnehmung und E die externe Validierung repräsentiert. Ein hohes Maß an Selbstliebe entsteht, wenn die persönliche Wahrnehmung positiv ist und die externe Validierung nicht die eigene Identität untergräbt.

Herausforderungen auf dem Weg zur Selbstliebe

Die Reise zur Selbstliebe ist oft mit zahlreichen Herausforderungen gepflastert. Diskriminierung, Vorurteile und gesellschaftliche Stigmatisierung können tiefgreifende Auswirkungen auf das Selbstwertgefühl haben. Viele LGBTQ-Personen wachsen in Umgebungen auf, in denen ihre Identität nicht akzeptiert wird, was zu einem inneren Konflikt führt. Diese Konflikte können sich in Form von *innerem Selbsthass* oder *Selbstzweifeln* äußern.

Ein Beispiel für diese Herausforderungen ist die Erfahrung von „*Coming Out*", die für viele eine große Hürde darstellt. Die Angst vor Ablehnung und Diskriminierung kann dazu führen, dass Individuen ihre wahre Identität verbergen, was wiederum die Entwicklung von Selbstliebe behindert.

Die Rolle von Unterstützungssystemen

Um Selbstliebe zu fördern, sind Unterstützungssysteme unerlässlich. Freundschaften, die auf Akzeptanz und Verständnis basieren, können eine positive Wirkung auf das Selbstwertgefühl haben. Der Einfluss von Mentoren und Vorbildern, die selbst eine Reise zur Selbstliebe durchgemacht haben, kann ebenfalls nicht unterschätzt werden. Diese Personen bieten nicht nur emotionale Unterstützung, sondern auch praktische Ratschläge und Inspiration.

Ein Beispiel für einen solchen Mentor ist der berühmte LGBTQ-Aktivist Harvey Milk, der durch seine Botschaft der Selbstakzeptanz und des Stolzes viele Menschen inspiriert hat. Seine berühmte Aussage: „Du musst dich selbst lieben, bevor du jemand anderen lieben kannst", unterstreicht die fundamentale Bedeutung von Selbstliebe im Aktivismus.

Praktiken zur Förderung von Selbstliebe

Es gibt verschiedene Praktiken, die Individuen helfen können, Selbstliebe zu entwickeln. Dazu gehören:

- **Achtsamkeit:** Die Praxis der Achtsamkeit kann helfen, negative Gedankenmuster zu erkennen und zu durchbrechen. Meditationsübungen, die auf Selbstmitgefühl fokussieren, können besonders nützlich sein.

- **Affirmationen:** Positive Affirmationen, die täglich wiederholt werden, können das Selbstbild stärken. Ein Beispiel könnte sein: „Ich bin wertvoll und verdient, geliebt zu werden".

- **Kreativer Ausdruck:** Kunst kann ein kraftvolles Medium sein, um Emotionen auszudrücken und die eigene Identität zu feiern. Viele LGBTQ-Künstler nutzen ihre Plattform, um ihre Geschichten zu erzählen und Selbstliebe zu fördern.

Inspirierende Beispiele

Ein inspirierendes Beispiel für Selbstliebe in der Praxis ist die Geschichte von RuPaul, der durch seine Kunst und Persönlichkeit eine globale Bewegung für Akzeptanz und Selbstliebe angestoßen hat. RuPaul sagt oft: „Wenn du nicht für dich selbst kämpfst, wer wird es dann tun?" Diese Botschaft ermutigt viele, ihre eigene Identität zu umarmen und stolz darauf zu sein.

Ein weiteres Beispiel ist die Künstlerin Frida Kahlo, deren Werke oft ihre Kämpfe und ihre Reise zur Selbstakzeptanz widerspiegeln. Kahlo nutzte ihre Kunst, um ihre Verletzlichkeit und Stärke auszudrücken, was vielen Menschen als Inspiration dient.

Schlussfolgerung

Die Bedeutung von Selbstliebe kann nicht genug betont werden. In einer Welt, die oft feindlich gegenüber LGBTQ-Personen ist, wird Selbstliebe zu einem Akt des Widerstands. Sie ist nicht nur eine persönliche Errungenschaft, sondern auch ein kollektives Ziel, das es zu erreichen gilt. Indem wir uns selbst lieben und akzeptieren, schaffen wir die Grundlage für eine stärkere Gemeinschaft, die in der Lage ist, Veränderungen herbeizuführen und für Gleichheit zu kämpfen.

Selbstliebe ist der Schlüssel zu einem erfüllten Leben und zu einem erfolgreichen Aktivismus.

Der Einfluss von Kunst auf das persönliche Leben

Kunst hat die bemerkenswerte Fähigkeit, das persönliche Leben eines Individuums tiefgreifend zu beeinflussen. In dieser Sektion werden wir die verschiedenen Dimensionen des Einflusses von Kunst auf das persönliche Leben des Aktivisten erkunden, einschließlich der emotionalen, psychologischen und sozialen Aspekte.

Emotionale Ausdrucksform

Kunst dient oft als eine Form des emotionalen Ausdrucks. Für viele LGBTQ-Aktivisten ist sie ein Weg, um innere Konflikte, Freude, Trauer und Identität auszudrücken. Die Malerei, Musik, Theater und Literatur bieten Plattformen, um Gefühle zu verarbeiten und zu kommunizieren. Ein Beispiel ist der Song „Born This Way" von Lady Gaga, der vielen Menschen in der LGBTQ-Community als Hymne diente. Die kraftvolle Botschaft der Selbstakzeptanz und des Stolzes hat unzählige Menschen ermutigt, ihre Identität zu feiern.

Therapeutische Wirkung

Kunst kann auch therapeutische Wirkungen haben. Studien zeigen, dass kreative Aktivitäten wie Malen oder Musizieren Stress reduzieren und die mentale Gesundheit fördern können. Der Psychologe Mihaly Csikszentmihalyi beschreibt in seiner Theorie des „Flow" einen Zustand, in dem Menschen vollständig in einer Aktivität aufgehen, was zu einem Gefühl von Glück und Erfüllung führt. Für den Aktivisten könnte das Erstellen von Kunstwerken eine Möglichkeit sein, mit Diskriminierung und persönlichen Herausforderungen umzugehen.

Identitätsbildung

Die Auseinandersetzung mit Kunst kann zur Identitätsbildung beitragen. Durch das Schaffen und Erleben von Kunstwerken erkennen Individuen oft ihre eigene Identität und die ihrer Gemeinschaft. Kunstwerke, die LGBTQ-Themen behandeln, ermöglichen es den Menschen, sich mit ihren Erfahrungen zu identifizieren und ihre eigene Geschichte zu erzählen. Der Aktivist kann durch seine Kunst die Vielfalt und die Herausforderungen der LGBTQ-Identität reflektieren und sichtbar machen.

Soziale Interaktion und Gemeinschaft

Kunst fördert die soziale Interaktion und das Gemeinschaftsgefühl. Durch die Teilnahme an Kunstveranstaltungen, wie Ausstellungen oder Theateraufführungen, kann der Aktivist mit Gleichgesinnten in Kontakt treten. Diese sozialen Netzwerke sind entscheidend für den Aufbau von Unterstützungssystemen. Ein Beispiel ist die „Pride Parade", die nicht nur eine Feier der Identität ist, sondern auch eine Plattform, um Kunst und Kreativität zu präsentieren und Gemeinschaft zu fördern.

Politische Botschaften

Kunst kann auch als Werkzeug für politischen Aktivismus dienen. Kunstwerke, die politische Botschaften vermitteln, können das Bewusstsein für soziale Ungerechtigkeiten schärfen und Veränderungen anstoßen. Der Aktivist könnte durch seine Kunst auf Missstände hinweisen und die Öffentlichkeit mobilisieren. Ein Beispiel ist der Künstler Keith Haring, dessen Werke oft soziale Themen wie AIDS und Homophobie ansprachen und damit zur Diskussion anregten.

Kunst im digitalen Zeitalter

Im digitalen Zeitalter hat sich der Zugang zu Kunst und die Art und Weise, wie Kunst erlebt wird, verändert. Soziale Medien ermöglichen es Künstlern, ihre Werke einem breiteren Publikum zugänglich zu machen und unmittelbares Feedback zu erhalten. Der Aktivist kann Plattformen wie Instagram oder TikTok nutzen, um seine Kunst zu teilen und sich mit anderen Aktivisten weltweit zu vernetzen. Dies fördert nicht nur die Sichtbarkeit, sondern ermöglicht auch den Austausch von Ideen und Erfahrungen.

Schlussfolgerung

Zusammenfassend lässt sich sagen, dass Kunst einen tiefgreifenden Einfluss auf das persönliche Leben eines LGBTQ-Aktivisten hat. Sie bietet nicht nur eine Möglichkeit zum emotionalen Ausdruck, sondern fördert auch die Identitätsbildung, soziale Interaktion und politische Mobilisierung. Die transformative Kraft der Kunst ist ein unverzichtbarer Bestandteil des Lebens und des Aktivismus, der es Individuen ermöglicht, ihre Stimme zu finden und ihre Erfahrungen zu teilen. In einer Welt, in der die Sichtbarkeit und Akzeptanz von LGBTQ-Personen weiterhin herausgefordert werden, bleibt die Rolle der Kunst von entscheidender Bedeutung für den persönlichen und kollektiven Fortschritt.

Die Verantwortung gegenüber zukünftigen Generationen

Die Verantwortung gegenüber zukünftigen Generationen ist ein zentrales Thema in der Diskussion um soziale Gerechtigkeit, insbesondere im Kontext der LGBTQ-Bewegung. Diese Verantwortung manifestiert sich in verschiedenen Dimensionen, die sowohl individuelle als auch kollektive Aspekte umfassen. Es ist unerlässlich, dass Aktivisten, Künstler und Gemeinschaften sich bewusst sind, wie ihre Handlungen und Entscheidungen die Lebensrealitäten der kommenden Generationen beeinflussen können.

Theoretische Grundlagen

Die Verantwortung gegenüber zukünftigen Generationen kann durch verschiedene theoretische Ansätze beleuchtet werden. Ein wesentlicher Rahmen ist die Theorie der intergenerationalen Gerechtigkeit, die sich mit der Verteilung von Ressourcen und Chancen zwischen gegenwärtigen und zukünftigen Generationen beschäftigt. Diese Theorie fordert uns auf, nicht nur die Bedürfnisse der gegenwärtigen Gesellschaft zu berücksichtigen, sondern auch die langfristigen Auswirkungen unserer Entscheidungen auf die nachfolgenden Generationen zu reflektieren [?].

Ein weiterer relevanter Ansatz ist der des intersektionalen Aktivismus, der die Verbindungen zwischen verschiedenen Identitäten und sozialen Ungleichheiten untersucht. In diesem Kontext ist es wichtig, wie LGBTQ-Aktivismus mit anderen sozialen Bewegungen interagiert und wie diese Interaktionen die Zukunft der LGBTQ-Rechte und -Kultur beeinflussen können [?].

Herausforderungen

Eine der größten Herausforderungen besteht darin, dass die aktuellen gesellschaftlichen und politischen Strukturen oft nicht auf die Bedürfnisse zukünftiger Generationen ausgerichtet sind. Diskriminierung, Vorurteile und Ungerechtigkeiten, die heute existieren, können sich verfestigen und zukünftige Generationen belasten. Ein Beispiel dafür ist die anhaltende Stigmatisierung von LGBTQ-Personen, die nicht nur gegenwärtige Lebensrealitäten prägt, sondern auch die Entwicklung von LGBTQ-Identitäten in der Zukunft beeinflussen kann.

Darüber hinaus stehen Aktivisten vor der Herausforderung, ihre Botschaften und Werte so zu kommunizieren, dass sie auch zukünftige Generationen erreichen. Die Nutzung von sozialen Medien und digitalen Plattformen ist hierbei entscheidend, um eine breitere Reichweite zu erzielen und eine anhaltende Verbindung zur Jugend herzustellen.

Beispiele für Verantwortung

Ein positives Beispiel für die Verantwortung gegenüber zukünftigen Generationen zeigt sich in der Arbeit von Organisationen, die sich für LGBTQ-Rechte einsetzen. Diese Organisationen fördern nicht nur aktuelle Anliegen, sondern engagieren sich auch in Bildungsprogrammen, die darauf abzielen, junge Menschen über die Geschichte und die Herausforderungen der LGBTQ-Community aufzuklären. Solche Programme legen den Grundstein für ein besseres Verständnis und eine stärkere Akzeptanz in der Gesellschaft.

Ein weiteres Beispiel ist die Integration von LGBTQ-Themen in den Kunstunterricht und die Förderung kreativer Ausdrucksformen. Künstler, die sich mit Themen der Identität und des Widerstands auseinandersetzen, schaffen Werke, die nicht nur die gegenwärtige Realität reflektieren, sondern auch zukünftige Generationen inspirieren und ermutigen können. Die Kunst wird somit zu einem Werkzeug, das nicht nur zur Selbstakzeptanz beiträgt, sondern auch als Katalysator für gesellschaftlichen Wandel fungiert.

Der Weg nach vorne

Um der Verantwortung gegenüber zukünftigen Generationen gerecht zu werden, müssen wir proaktive Schritte unternehmen. Dazu gehört die Entwicklung von Strategien, die sicherstellen, dass die Stimme der Jugend in Entscheidungsprozesse einfließt. Es ist entscheidend, dass junge Menschen in die Planung und Umsetzung von Initiativen einbezogen werden, die ihre Zukunft betreffen.

Ein weiterer wichtiger Aspekt ist die Förderung von interdisziplinären Ansätzen, die Kunst, Bildung und Aktivismus miteinander verbinden. Durch die Schaffung von Räumen, in denen junge Menschen ihre Geschichten erzählen und ihre Perspektiven teilen können, wird eine Kultur des Dialogs und des gegenseitigen Verständnisses gefördert.

Schlussfolgerung

Die Verantwortung gegenüber zukünftigen Generationen ist nicht nur eine ethische Verpflichtung, sondern auch eine praktische Notwendigkeit. Indem wir die Lehren aus der Vergangenheit nutzen und die Herausforderungen der Gegenwart angehen, können wir eine inklusivere und gerechtere Zukunft für alle schaffen. Es liegt in unserer Hand, die Grundlagen für eine Gesellschaft zu legen, die Vielfalt wertschätzt und die Rechte aller Menschen, unabhängig von ihrer sexuellen Orientierung oder Geschlechtsidentität, schützt und fördert.

Der Weg zu einem erfüllten Leben

Der Weg zu einem erfüllten Leben ist für viele Menschen, insbesondere für LGBTQ-Aktivisten, ein komplexer und oft herausfordernder Prozess. Es erfordert eine Kombination aus Selbstakzeptanz, persönlichem Engagement und der Fähigkeit, mit den Widrigkeiten des Lebens umzugehen. In diesem Abschnitt werden wir die verschiedenen Dimensionen dieses Weges erkunden, einschließlich der Herausforderungen, die auf diesem Weg auftreten können, und der Strategien, die Menschen nutzen, um ein erfülltes Leben zu erreichen.

Selbstakzeptanz als Fundament

Ein zentraler Aspekt auf dem Weg zu einem erfüllten Leben ist die Selbstakzeptanz. Diese beinhaltet die Anerkennung und Wertschätzung der eigenen Identität, einschließlich der sexuellen Orientierung und Geschlechtsidentität. Laut der Theorie der *Selbstakzeptanz* (Rogers, 1961) ist die Akzeptanz des eigenen Selbst entscheidend für das psychische Wohlbefinden. Menschen, die sich selbst akzeptieren, sind in der Lage, authentische Beziehungen zu anderen aufzubauen und ihre Ziele im Leben zu verfolgen.

Ein Beispiel hierfür ist die Geschichte von Alex, einem LGBTQ-Aktivisten, der in seiner Jugend mit Selbstzweifeln und inneren Konflikten zu kämpfen hatte. Durch die Teilnahme an Selbsthilfegruppen und die Unterstützung von Freunden fand Alex schließlich den Mut, sich selbst zu akzeptieren. Diese Selbstakzeptanz ermöglichte es ihm, sich aktiv für die Rechte der LGBTQ-Community einzusetzen und ein erfülltes Leben zu führen.

Engagement und Sinnstiftung

Ein weiterer wichtiger Aspekt des Weges zu einem erfüllten Leben ist das Engagement in der Gemeinschaft. Die *Theorie der Sinnstiftung* (Frankl, 1946) besagt, dass das Streben nach Sinn und Zweck im Leben entscheidend für das psychische Wohlbefinden ist. Für viele LGBTQ-Aktivisten bedeutet dies, sich für die Rechte und das Wohlbefinden ihrer Gemeinschaft einzusetzen. Durch Freiwilligenarbeit, Teilnahme an Protesten und die Organisation von Veranstaltungen finden viele Aktivisten Erfüllung und einen Sinn in ihrem Leben.

Ein konkretes Beispiel ist die Organisation von Pride-Veranstaltungen, bei denen LGBTQ-Personen und ihre Verbündeten zusammenkommen, um Sichtbarkeit zu schaffen und für Gleichheit zu kämpfen. Diese Events bieten nicht nur eine Plattform für Aktivismus, sondern auch eine Möglichkeit, Gemeinschaft und Unterstützung zu erleben.

Umgang mit Widrigkeiten

Auf dem Weg zu einem erfüllten Leben stehen viele Menschen vor Herausforderungen, die aus Diskriminierung, Vorurteilen und gesellschaftlichem Druck resultieren. Die *Theorie der Resilienz* (Masten, 2001) beschreibt, wie Individuen trotz widriger Umstände gedeihen können. Resiliente Menschen entwickeln Strategien, um Stress und Rückschläge zu bewältigen.

Ein Beispiel für Resilienz ist die Geschichte von Jamie, die nach einem öffentlichen Coming-out mit Mobbing und Diskriminierung in der Schule konfrontiert war. Durch den Aufbau eines starken Unterstützungssystems aus Freunden und Mentoren sowie durch die Teilnahme an kreativen Workshops fand Jamie Wege, ihre Erfahrungen in Kunst zu verwandeln. Diese kreative Ausdrucksform half ihr nicht nur, ihre Emotionen zu verarbeiten, sondern auch, ihre Stimme als Aktivistin zu finden.

Die Rolle von Vorbildern

Die Bedeutung von Vorbildern kann ebenfalls nicht unterschätzt werden. Laut der *Theorie der sozialen Identität* (Tajfel, 1979) suchen Menschen nach Identifikationsfiguren, die ihnen helfen, ihre eigene Identität zu formen und ihre Ziele zu erreichen. LGBTQ-Aktivisten, die inspirierende Vorbilder finden, können Motivation und Unterstützung auf ihrem Weg zu einem erfüllten Leben erhalten.

Ein Beispiel ist die Einflussnahme von prominenten LGBTQ-Personen wie Ellen DeGeneres oder RuPaul, die durch ihre öffentliche Präsenz und ihren Aktivismus vielen Menschen Mut machen. Ihre Geschichten zeigen, dass es möglich ist, trotz Widerständen erfolgreich zu sein und ein erfülltes Leben zu führen.

Persönliche Reflexion und Wachstum

Schließlich ist die persönliche Reflexion ein entscheidender Bestandteil des Weges zu einem erfüllten Leben. Die Fähigkeit, über eigene Erfahrungen nachzudenken, ermöglicht es Individuen, aus ihren Fehlern zu lernen und sich kontinuierlich weiterzuentwickeln. Die *Theorie des reflektiven Lernens* (Kolb, 1984) betont die Bedeutung von Erfahrungen und deren Reflexion für das persönliche Wachstum.

Ein Beispiel hierfür ist die Praxis des Journaling, die viele Aktivisten nutzen, um ihre Gedanken und Gefühle festzuhalten. Durch das Schreiben können sie ihre Erlebnisse verarbeiten, Ziele setzen und ihre Fortschritte verfolgen. Diese

Reflexionspraxis fördert nicht nur das persönliche Wachstum, sondern auch die Resilienz und Selbstakzeptanz.

Fazit

Zusammenfassend lässt sich sagen, dass der Weg zu einem erfüllten Leben für LGBTQ-Aktivisten eine Reise ist, die Selbstakzeptanz, Engagement, den Umgang mit Widrigkeiten, die Suche nach Vorbildern und persönliche Reflexion erfordert. Jeder dieser Aspekte trägt dazu bei, ein Leben zu führen, das von Sinn, Erfüllung und Gemeinschaft geprägt ist. Indem wir diese Dimensionen erkennen und schätzen, können wir nicht nur unser eigenes Leben bereichern, sondern auch das Leben anderer positiv beeinflussen.

Ein Aufruf zur Solidarität

In einer Welt, die oft von Spaltung und Vorurteilen geprägt ist, ist der Aufruf zur Solidarität eine der kraftvollsten Botschaften, die wir als Gemeinschaft vermitteln können. Solidarität ist nicht nur ein Schlagwort; es ist ein aktives Engagement für das Wohlergehen aller, insbesondere derjenigen, die marginalisiert oder unterdrückt werden. Diese Prinzipien sind besonders relevant im Kontext der LGBTQ-Bewegung, wo die Herausforderungen, mit denen Individuen konfrontiert sind, oft tief verwurzelt und systemisch sind.

Theoretische Grundlagen

Solidarität basiert auf der Idee, dass wir als Individuen und Gemeinschaften Verantwortung füreinander tragen. Der französische Sozialphilosoph Émile Durkheim argumentierte, dass soziale Kohäsion und das Gefühl der Zugehörigkeit entscheidend für das Funktionieren einer Gesellschaft sind. In diesem Sinne ist Solidarität ein integraler Bestandteil der sozialen Struktur, die uns miteinander verbindet.

$$C = \frac{1}{N} \sum_{i=1}^{N} S_i \qquad (18)$$

Hierbei steht C für den Grad der Kohäsion in einer Gemeinschaft, N für die Anzahl der Individuen und S_i für den Solidaritätsgrad jedes Individuums. Ein höherer Wert von C zeigt eine stärkere Gemeinschaft und ein größeres Engagement für die Unterstützung der Mitglieder.

Herausforderungen und Probleme

Trotz der klaren Vorteile von Solidarität gibt es erhebliche Herausforderungen, die es zu überwinden gilt. Diskriminierung, Vorurteile und soziale Isolation sind häufige Barrieren, die das Gefühl der Solidarität innerhalb der LGBTQ-Community untergraben können. Diese Probleme sind nicht nur individuell, sondern auch strukturell, da sie in gesellschaftlichen Normen und institutionellen Praktiken verwurzelt sind.

Ein Beispiel hierfür ist die anhaltende Diskriminierung am Arbeitsplatz, die viele LGBTQ-Individuen erleben. Laut einer Studie der Human Rights Campaign (HRC) berichten 46% der LGBTQ-Arbeitnehmer von Diskriminierung aufgrund ihrer sexuellen Orientierung oder Geschlechtsidentität. Solche Erfahrungen können das Vertrauen in die Gemeinschaft und das Gefühl der Solidarität untergraben.

Beispiele für Solidarität in Aktion

Trotz dieser Herausforderungen gibt es zahlreiche inspirierende Beispiele für Solidarität innerhalb der LGBTQ-Bewegung. Die Stonewall-Unruhen von 1969 sind ein historisches Beispiel für kollektiven Widerstand gegen Diskriminierung und Ungerechtigkeit. Diese Ereignisse markierten nicht nur den Beginn der modernen LGBTQ-Bewegung, sondern auch die Kraft der Gemeinschaft, sich zusammenzuschließen und für Gleichheit zu kämpfen.

Ein weiteres Beispiel ist die weltweite Unterstützung von Pride-Veranstaltungen, die nicht nur ein Zeichen der Sichtbarkeit, sondern auch der Solidarität mit LGBTQ-Personen sind. Diese Veranstaltungen ziehen Menschen aus verschiedenen Hintergründen an und fördern ein Gefühl der Einheit und des gemeinsamen Kampfes für Rechte und Anerkennung.

Der Weg nach vorne

Um Solidarität zu fördern, ist es wichtig, dass wir aktiv gegen Diskriminierung und Ungerechtigkeit eintreten. Dies kann durch Bildung, Aufklärung und die Schaffung sicherer Räume geschehen, in denen sich Menschen frei äußern können. Der Einsatz für intersektionalen Aktivismus, der die verschiedenen Identitäten und Erfahrungen innerhalb der LGBTQ-Community anerkennt, ist entscheidend.

Ein Aufruf zur Solidarität bedeutet auch, die Stimmen derjenigen zu hören, die oft übersehen werden. Es erfordert, dass wir uns zusammenschließen, um für die Rechte aller zu kämpfen, unabhängig von Geschlecht, Rasse, ethnischer Zugehörigkeit oder sozialen Status. Es ist ein kollektives Engagement, das nicht nur unsere Gemeinschaft stärkt, sondern auch eine inklusivere und gerechtere Gesellschaft für alle schafft.

Schlussfolgerung

Der Aufruf zur Solidarität ist ein Appell an unsere Menschlichkeit. Es ist eine Einladung, sich gemeinsam für eine bessere Zukunft einzusetzen, in der jeder Mensch, unabhängig von seiner Identität, die gleichen Rechte und Chancen hat. Indem wir uns zusammenschließen, können wir Barrieren überwinden, Vorurteile abbauen und eine Welt schaffen, die von Akzeptanz und Liebe geprägt ist. Lassen Sie uns gemeinsam für eine solche Welt kämpfen, in der Solidarität nicht nur ein Ideal, sondern eine gelebte Realität ist.

Nachwort

Danksagungen

Anerkennung der Unterstützer

Die Reise eines Aktivisten ist selten eine individuelle Anstrengung; sie ist vielmehr das Ergebnis eines kollektiven Engagements, das von einer Vielzahl von Unterstützern genährt wird. In diesem Abschnitt möchte ich den unermüdlichen Einsatz und die bedeutende Rolle der Menschen würdigen, die mich auf meinem Weg begleitet haben. Ihre Unterstützung war nicht nur ein Licht in dunklen Zeiten, sondern auch eine Quelle der Inspiration, die mir half, meine Stimme zu finden und mich für die Rechte der LGBTQ-Community einzusetzen.

Die Rolle der Familie

Eine der ersten und wichtigsten Unterstützergruppen sind die Familienmitglieder. Ihre Akzeptanz und ihr Verständnis sind entscheidend für die Entwicklung eines positiven Selbstbildes. In vielen Fällen können familiäre Bindungen sowohl eine Quelle der Stärke als auch der Herausforderungen sein. Die Unterstützung meiner Familie war fundamental, besonders in den frühen Jahren meiner Identitätsfindung. Sie haben mir nicht nur den Raum gegeben, ich selbst zu sein, sondern auch aktiv an meinem Leben teilgenommen, indem sie an Veranstaltungen und Demonstrationen teilnahmen. Der Einfluss einer unterstützenden Familie kann nicht hoch genug eingeschätzt werden; Studien zeigen, dass Jugendliche aus akzeptierenden Familien weniger wahrscheinlich mit psychischen Problemen kämpfen und eine höhere Lebensqualität haben [1].

Einflussreiche Mentoren

Neben der Familie gab es auch Mentoren, die mir auf meinem Weg halfen. Diese Personen, oft erfahrene Aktivisten oder Künstler, boten nicht nur wertvolle Ratschläge, sondern auch ein Modell für das Engagement. Sie haben mir gezeigt, wie wichtig es ist, die eigene Stimme zu nutzen und für andere einzutreten. Ihre Unterstützung war besonders wichtig, als ich begann, mich in der politischen Arena zu engagieren. Mentoren fungieren als Katalysatoren für persönliches und professionelles Wachstum, indem sie Netzwerke bereitstellen und Möglichkeiten zur Weiterbildung schaffen.

Die Community und ihre Bedeutung

Die LGBTQ-Community selbst ist ein weiterer entscheidender Unterstützungsfaktor. Die Solidarität innerhalb der Community hat mir geholfen, Herausforderungen zu überwinden und meine Stimme zu finden. Der Austausch mit Gleichgesinnten in lokalen Gruppen und bei Veranstaltungen hat mir nicht nur das Gefühl gegeben, nicht allein zu sein, sondern auch das Bewusstsein für die Vielfalt innerhalb der Bewegung geschärft. Community-Events, wie Pride-Paraden und Workshops, bieten nicht nur Raum für Sichtbarkeit, sondern auch für Unterstützung und gegenseitige Ermutigung.

Freunde als Rückhalt

Freunde spielen ebenfalls eine entscheidende Rolle in der Unterstützung. Sie sind oft die ersten, die uns ermutigen, unsere Identität zu akzeptieren und uns in der Öffentlichkeit zu zeigen. Die Bedeutung von Freundschaften, die auf Verständnis und Akzeptanz basieren, kann nicht unterschätzt werden. Diese Beziehungen bieten emotionale Unterstützung und stärken das Gefühl der Zugehörigkeit. In schwierigen Zeiten sind es oft die Freunde, die uns daran erinnern, dass wir nicht allein sind und dass unser Kampf für Gleichheit und Akzeptanz von Bedeutung ist.

Die Rolle der Medien und der Öffentlichkeit

Nicht zuletzt möchte ich die Rolle der Medien und der Öffentlichkeit anerkennen. Die Berichterstattung über LGBTQ-Themen hat in den letzten Jahren erheblich zugenommen und dazu beigetragen, das Bewusstsein für die Herausforderungen und Errungenschaften der Community zu schärfen. Journalisten und Aktivisten haben gemeinsam daran gearbeitet, Geschichten zu erzählen, die oft übersehen werden. Diese Sichtbarkeit ist entscheidend, um die gesellschaftliche Akzeptanz zu fördern und Vorurteile abzubauen. Die Medien können als Plattform dienen, um Stimmen zu erheben und die Anliegen der LGBTQ-Community in den Vordergrund zu rücken.

Fazit

Abschließend möchte ich betonen, dass die Anerkennung der Unterstützer nicht nur eine Geste des Dankes ist, sondern auch eine wichtige Reflexion über die kollektive Natur des Aktivismus. Jeder Einzelne, sei es ein Familienmitglied, ein Mentor, ein Freund oder ein Unterstützer aus der Community, hat dazu beigetragen, dass ich heute hier stehe. Ihre Unterstützung hat mir nicht nur geholfen, persönliche Hürden zu überwinden, sondern auch die Kraft gegeben, für die Rechte und die Sichtbarkeit der LGBTQ-Community zu kämpfen. Gemeinsam sind wir stärker, und gemeinsam können wir eine inklusive Gesellschaft schaffen, die Vielfalt wertschätzt und fördert.

Einflussreiche Mentoren

Mentoren spielen eine entscheidende Rolle im Leben eines Aktivisten, insbesondere in der LGBTQ-Community, wo Unterstützung und Anleitung oft den Unterschied zwischen Erfolg und Misserfolg ausmachen können. Diese einflussreichen Persönlichkeiten bieten nicht nur Wissen und Erfahrung, sondern auch emotionale Unterstützung und Inspiration, die für die persönliche und berufliche Entwicklung unerlässlich sind.

Die Rolle von Mentoren im Aktivismus

Mentoren fungieren als Wegweiser, die den Aktivisten helfen, sich in der komplexen Landschaft des Aktivismus zurechtzufinden. Sie teilen ihre eigenen Erfahrungen, Herausforderungen und Erfolge, was den Lernprozess für die Jüngeren erleichtert. Laut der Theorie des sozialen Lernens von Albert Bandura lernen Individuen durch Beobachtung und Nachahmung. Dies ist besonders relevant im Aktivismus, wo das Verhalten und die Strategien erfolgreicher Mentoren von nachfolgenden Generationen übernommen werden können.

Theoretische Grundlagen

Die Bedeutung von Mentoring kann auch durch die Theorie der sozialen Identität erklärt werden. Diese Theorie besagt, dass Individuen ihre Identität stark durch die Gruppen definieren, denen sie angehören. Mentoren aus der LGBTQ-Community können jungen Aktivisten helfen, ein starkes Gefühl der Zugehörigkeit zu entwickeln, was wiederum ihr Engagement und ihre Motivation stärkt. Mentoren bieten nicht nur praktische Ratschläge, sondern auch ein Gefühl der Sicherheit und Akzeptanz, das für viele in der Community von entscheidender Bedeutung ist.

Herausforderungen bei der Mentorenschaft

Trotz der positiven Auswirkungen gibt es auch Herausforderungen in der Mentor-Mentee-Beziehung. Eine häufige Problematik ist die ungleiche Verteilung von Ressourcen und Zugang zu Netzwerken. Mentoren, die in privilegierten Positionen sind, können Schwierigkeiten haben, die spezifischen Bedürfnisse von marginalisierten Gruppen zu verstehen. Dies kann zu einer Diskrepanz zwischen den Ratschlägen der Mentoren und den realen Herausforderungen führen, mit denen ihre Mentees konfrontiert sind.

Beispiele einflussreicher Mentoren

Ein herausragendes Beispiel für einen einflussreichen Mentor in der LGBTQ-Bewegung ist Marsha P. Johnson, eine Aktivistin, die eine zentrale Rolle bei den Stonewall-Unruhen spielte. Johnson war nicht nur eine führende Figur im Kampf für LGBTQ-Rechte, sondern auch eine Mentorin für viele junge Aktivisten. Ihre Fähigkeit, andere zu inspirieren und ihnen zu helfen, ihre Stimme zu finden, hat Generationen von Aktivisten geprägt.

Ein weiteres Beispiel ist RuPaul, der nicht nur als Drag-Ikone bekannt ist, sondern auch als Mentor für viele aufstrebende Drag-Künstler. RuPaul hat durch seine Plattform vielen die Möglichkeit gegeben, sich selbst auszudrücken und ihre Kunst zu teilen, was zu einer breiteren Akzeptanz von Drag-Kultur und LGBTQ-Rechten geführt hat.

Die Bedeutung der Vielfalt unter Mentoren

Die Vielfalt unter Mentoren ist entscheidend für eine inklusive und umfassende Mentorenschaft. Mentoren aus verschiedenen ethnischen, kulturellen und sozialen Hintergründen können unterschiedliche Perspektiven und Erfahrungen einbringen, die für die persönliche Entwicklung der Mentees von unschätzbarem Wert sind. Intersektionalität, ein Konzept, das die Überschneidungen von Identitäten und Diskriminierungen untersucht, ist hier von zentraler Bedeutung. Mentoren, die die Komplexität von Identität verstehen, sind besser in der Lage, auf die spezifischen Bedürfnisse ihrer Mentees einzugehen und sie effektiv zu unterstützen.

Fazit

Einflussreiche Mentoren sind unverzichtbare Bestandteile der LGBTQ-Aktivismusbewegung. Sie bieten nicht nur Anleitung und Unterstützung, sondern helfen auch, ein starkes Gefühl der Gemeinschaft und Zugehörigkeit zu schaffen. Die Herausforderungen, die mit der Mentorenschaft verbunden sind, erfordern ein bewusstes und einfühlsames Herangehen, um sicherzustellen, dass alle Stimmen gehört werden. Indem wir die Bedeutung von Mentoren anerkennen und ihre Rolle in der Gemeinschaft stärken, können wir die nächste Generation von Aktivisten ermutigen und inspirieren, weiterhin für Gleichheit und Gerechtigkeit zu kämpfen.

Die Rolle der Community

Die Rolle der Community im Leben eines LGBTQ-Aktivisten ist von entscheidender Bedeutung, da sie sowohl als Unterstützungsnetzwerk als auch als Plattform für den Aktivismus fungiert. Die Community bietet nicht nur emotionale Unterstützung, sondern auch Ressourcen, die für den Erfolg eines Aktivisten unerlässlich sind. In diesem Abschnitt werden wir die verschiedenen Aspekte der Rolle der Community untersuchen, einschließlich der Herausforderungen, die sie bewältigen muss, sowie der positiven Auswirkungen, die sie auf Individuen und die Gesellschaft insgesamt hat.

Unterstützung und Solidarität

Ein zentraler Aspekt der Community ist die Unterstützung, die sie ihren Mitgliedern bietet. LGBTQ-Personen sehen sich häufig Diskriminierung, Vorurteilen und Isolation gegenüber. In einer solchen Umgebung kann die Zugehörigkeit zu einer Community, die ähnliche Erfahrungen teilt, entscheidend sein. Diese Unterstützung kann in verschiedenen Formen auftreten, einschließlich emotionaler Unterstützung, praktischer Hilfe und der Bereitstellung von Informationen über Ressourcen, die für die persönliche und rechtliche Sicherheit wichtig sind.

Die Solidarität innerhalb der Community ist ein weiterer wichtiger Punkt. Wenn Mitglieder der LGBTQ-Community zusammenkommen, um für ihre Rechte zu kämpfen, schaffen sie eine mächtige Stimme, die nicht ignoriert werden kann. Ein Beispiel hierfür ist die jährliche Pride-Parade, die in vielen Städten weltweit stattfindet. Diese Veranstaltungen sind nicht nur Feierlichkeiten, sondern auch Demonstrationen für Gleichheit und Akzeptanz. Sie fördern das Bewusstsein für die Herausforderungen, mit denen LGBTQ-Personen konfrontiert sind, und stärken das Gefühl der Zugehörigkeit und des Stolzes.

Herausforderungen innerhalb der Community

Trotz der vielen Vorteile, die eine Community bietet, gibt es auch Herausforderungen, die angegangen werden müssen. Innerhalb der LGBTQ-Community gibt es oft Spannungen zwischen verschiedenen Gruppen, die auf unterschiedlichen Identitäten, Erfahrungen und Prioritäten basieren. Diese Spannungen können zu einem Gefühl der Fragmentierung führen, was die Effektivität des kollektiven Aktivismus beeinträchtigen kann.

Ein Beispiel für solche Spannungen ist der Diskurs über intersektionalen Aktivismus. Während einige Mitglieder der Community sich auf die Rechte von LGBTQ-Personen konzentrieren, betonen andere die Notwendigkeit, auch andere Formen der Diskriminierung, wie Rassismus oder Klassismus, zu bekämpfen. Diese unterschiedlichen Ansätze können zu Konflikten führen, die die Einheit der Community gefährden.

Die Bedeutung von Sichtbarkeit

Die Sichtbarkeit ist ein weiterer entscheidender Faktor für die Rolle der Community. Durch die Schaffung einer sichtbaren Präsenz in der Gesellschaft können LGBTQ-Personen Vorurteile abbauen und das Bewusstsein für ihre Anliegen schärfen. Kunst, Medien und öffentliche Veranstaltungen sind effektive Mittel, um diese Sichtbarkeit zu erhöhen.

Ein Beispiel ist die Verwendung von sozialen Medien, um Geschichten zu teilen und Erfahrungen zu dokumentieren. Plattformen wie Instagram und Twitter haben es Aktivisten ermöglicht, ihre Botschaften weit zu verbreiten und eine breitere Öffentlichkeit zu erreichen. Diese Sichtbarkeit kann nicht nur zur Unterstützung innerhalb der Community beitragen, sondern auch dazu, das Verständnis und die Akzeptanz in der breiteren Gesellschaft zu fördern.

Ressourcen und Bildung

Die Community spielt auch eine wichtige Rolle bei der Bereitstellung von Ressourcen und Bildung. Viele LGBTQ-Organisationen bieten Schulungen, Workshops und Informationsveranstaltungen an, die darauf abzielen, das Bewusstsein für LGBTQ-Themen zu schärfen und die Mitglieder der Community zu stärken. Diese Bildungsangebote sind entscheidend, um Vorurteile abzubauen und das Wissen über die Herausforderungen, mit denen LGBTQ-Personen konfrontiert sind, zu erweitern.

Ein Beispiel für solche Bildungsinitiativen ist die Arbeit von Organisationen wie „The Trevor Project", die sich auf die Unterstützung von LGBTQ-Jugendlichen konzentrieren. Sie bieten nicht nur Krisenintervention, sondern auch Bildungsressourcen, die Jugendlichen helfen, ihre Identität zu verstehen und sich in einer oft feindlichen Welt zurechtzufinden.

Die Rolle der Community in der politischen Arena

Die Community hat auch einen erheblichen Einfluss auf die politische Arena. Durch Lobbyarbeit und die Mobilisierung von Wählern können LGBTQ-Organisationen wichtige Veränderungen in der Gesetzgebung bewirken. Die Zusammenarbeit mit anderen sozialen Bewegungen kann die Reichweite und den Einfluss der LGBTQ-Community erheblich erhöhen.

Ein Beispiel hierfür ist die Unterstützung von LGBTQ-Rechten durch feministische und antirassistische Bewegungen. Diese intersektionale Zusammenarbeit hat dazu beigetragen, ein umfassenderes Verständnis von Diskriminierung zu fördern und eine breitere Unterstützung für LGBTQ-Rechte zu mobilisieren.

Fazit

Zusammenfassend lässt sich sagen, dass die Rolle der Community für LGBTQ-Aktivisten von unschätzbarem Wert ist. Sie bietet Unterstützung, fördert Solidarität, schafft Sichtbarkeit und bildet eine Plattform für Ressourcen und Bildung. Trotz der Herausforderungen, die innerhalb der Community bestehen, bleibt sie ein zentraler Bestandteil des Aktivismus und des Kampfes für Gleichheit und Akzeptanz. Die Zukunft des Aktivismus wird stark von der Fähigkeit der Community abhängen, zusammenzuarbeiten und sich für die Rechte aller ihrer Mitglieder einzusetzen.

Dank an die Familie

Die Familie spielt eine entscheidende Rolle im Leben eines jeden Menschen, insbesondere für LGBTQ-Aktivisten, die oft mit Herausforderungen konfrontiert sind, die ihre Identität und ihr Selbstwertgefühl betreffen. In diesem Abschnitt möchte ich meiner Familie danken, die mir nicht nur die Grundlagen von Liebe und Unterstützung vermittelt hat, sondern auch ein sicheres Umfeld geschaffen hat, in dem ich meine Identität entdecken und entfalten konnte.

Die frühen Jahre meiner Kindheit waren geprägt von einem Gefühl der Zugehörigkeit und Akzeptanz. Meine Eltern haben mir stets beigebracht, dass es in Ordnung ist, anders zu sein. Diese Botschaft war für mich von unschätzbarem Wert, als ich in der Schulzeit mit Vorurteilen und Diskriminierung konfrontiert wurde. In vielen Fällen können familiäre Unterstützungssysteme als Schutzschild fungieren. Studien zeigen, dass Jugendliche, die von ihren Familien akzeptiert werden, weniger wahrscheinlich an psychischen Problemen leiden und ein höheres Maß an Selbstwertgefühl aufweisen [1].

Ein Beispiel für die Bedeutung familiärer Unterstützung ist die Tatsache, dass meine Eltern immer bereit waren, an Veranstaltungen der LGBTQ-Community teilzunehmen. Sie haben nicht nur meine Teilnahme an Pride-Paraden unterstützt, sondern auch aktiv an Workshops und Diskussionsrunden teilgenommen, um mehr über die Herausforderungen zu erfahren, mit denen ich konfrontiert war. Diese aktive Teilnahme hat nicht nur ihre Sichtweise erweitert, sondern auch meine eigene. Es hat mir gezeigt, dass ich nicht allein bin und dass meine Familie hinter mir steht, egal was passiert.

Ein weiteres wichtiges Element der familiären Unterstützung war die offene Kommunikation. In vielen Familien ist das Thema LGBTQ oft mit Scham oder Ignoranz behaftet. Doch meine Familie hat es geschafft, eine Atmosphäre zu schaffen, in der ich offen über meine Gefühle und Erfahrungen sprechen konnte. Diese Art der Kommunikation ist entscheidend, um Missverständnisse zu vermeiden und ein starkes Band zwischen Familienmitgliedern zu fördern. Laut einer Studie von Ryan et al. (2010) ist die Wahrscheinlichkeit, dass LGBTQ-Jugendliche Selbstmordgedanken hegen, um 8,4-mal höher, wenn sie von ihrer Familie nicht akzeptiert werden.

Zusätzlich zu emotionaler Unterstützung hat meine Familie auch praktische Hilfe geleistet. Sie haben mir ermöglicht, an Kunst- und Aktivismusprojekten teilzunehmen, die für meine Entwicklung als Aktivist von entscheidender Bedeutung waren. Diese Projekte haben nicht nur meine künstlerischen Fähigkeiten gefördert, sondern auch meine Fähigkeit, mich in der Gemeinschaft zu engagieren und für die Rechte anderer einzutreten. In der Kunst fand ich eine Stimme, die es mir ermöglichte, meine Erfahrungen und die meiner Community auszudrücken. Kunst kann als ein mächtiges Werkzeug des Widerstands betrachtet werden, wie es in der Theorie der sozialen Bewegung beschrieben wird [3].

Die Herausforderungen, mit denen ich konfrontiert war, wären ohne die Unterstützung meiner Familie unüberwindbar gewesen. Sie waren Zeugen meiner

DANKSAGUNGEN 223

Kämpfe, aber auch meiner Triumphe. Die Rückschläge, die ich erlitten habe, wurden durch ihre bedingungslose Liebe gemildert. In schwierigen Zeiten haben sie mir geholfen, Resilienz zu entwickeln und die Kraft zu finden, weiterzukämpfen. Resilienz ist die Fähigkeit, sich von Rückschlägen zu erholen und gestärkt daraus hervorzugehen [4]. Diese Eigenschaft wurde mir durch die Unterstützung meiner Familie vermittelt.

Abschließend möchte ich betonen, dass die Unterstützung meiner Familie nicht nur meine persönliche Entwicklung gefördert hat, sondern auch einen tiefen Einfluss auf meine Arbeit als Aktivist hatte. Sie haben mir beigebracht, dass es wichtig ist, für das einzustehen, was man für richtig hält, und dass man niemals aufgeben sollte, egal wie herausfordernd der Weg sein mag. Ihre Liebe und Unterstützung sind die Fundamente, auf denen ich stehe, während ich weiterhin für Gleichheit und Gerechtigkeit kämpfe. Ich bin unendlich dankbar für die Lektionen, die sie mir beigebracht haben, und für die Stärke, die sie mir gegeben haben, um meinen Weg zu gehen.

Bibliography

[1] Meyer, I. H. (2003). Prejudice, Social Stress, and Mental Health in Gay Men. *American Psychologist*, 58(5), 440-449.

[2] Ryan, C., Huebner, D., Diaz, R. M., & Sanchez, J. (2010). Family Rejection as a Predictor of Negative Health Outcomes in White and Latino Lesbian, Gay, and Bisexual Young Adults. *Pediatrics*, 126(6), 1128-1135.

[3] Tilly, C. (2004). *Social Movements, 1768–2004*. Paradigm Publishers.

[4] Bonanno, G. A. (2004). Loss, Trauma, and Human Resilience: Have We Underestimated the Human Capacity to Thrive After Extremely Aversive Events? *American Psychologist*, 59(1), 20-28.

Wertschätzung für die Leser

In dieser Biografie eines bemerkenswerten LGBTQ-Aktivisten ist es von entscheidender Bedeutung, die Leserinnen und Leser für ihre Zeit und ihr Interesse zu würdigen. Die Unterstützung und das Engagement der Leserschaft sind nicht nur für den Erfolg dieses Werkes unerlässlich, sondern sie sind auch ein wesentlicher Bestandteil der Bewegung selbst. Die Leser sind nicht nur passive Konsumenten von Informationen; sie sind aktive Teilnehmer an der Geschichte, die erzählt wird.

Die Wertschätzung für die Leser beginnt mit der Anerkennung ihrer Rolle in der Verbreitung von Ideen und Inspiration. Durch das Lesen und Teilen dieser Biografie tragen sie dazu bei, das Bewusstsein für die Herausforderungen und Triumphe von LGBTQ-Aktivisten zu schärfen. Ihre Bereitschaft, sich mit diesen Themen auseinanderzusetzen, fördert den Diskurs über Gleichheit und Akzeptanz in der Gesellschaft.

Ein zentrales Element der Wertschätzung ist die Anerkennung der Vielfalt der Leserschaft. Die Leser kommen aus unterschiedlichen Hintergründen, Kulturen und Lebensrealitäten. Jeder von ihnen bringt eine einzigartige Perspektive mit, die die Diskussion bereichert. Diese Vielfalt ist nicht nur ein Vorteil, sondern auch eine Herausforderung, die es erfordert, dass der Autor sensibel und respektvoll mit den Themen umgeht, die in diesem Buch behandelt werden.

Ein Beispiel für diese Wertschätzung ist die bewusste Entscheidung, eine inklusive Sprache zu verwenden. Durch die Verwendung geschlechtsneutraler Begriffe und die Berücksichtigung verschiedener sexueller Orientierungen und Identitäten wird ein Raum geschaffen, in dem sich alle Leser willkommen fühlen. Diese Entscheidung fördert nicht nur die Identifikation mit dem Inhalt, sondern zeigt auch, dass die Stimmen aller Leser gehört und respektiert werden.

Darüber hinaus ist es wichtig, die Leser aktiv einzubeziehen. Dies kann durch verschiedene Mittel geschehen, wie zum Beispiel durch die Einladung zur Reflexion über die eigenen Erfahrungen im Zusammenhang mit den Themen des Buches. Leser können ermutigt werden, ihre Gedanken und Geschichten zu teilen, sei es durch soziale Medien, Buchdiskussionen oder andere Plattformen. Diese Interaktion schafft eine Gemeinschaft von Gleichgesinnten, die sich gegenseitig unterstützen und inspirieren.

Ein weiteres Element der Wertschätzung ist die Bereitstellung von Ressourcen für die Leser. Dies kann in Form von weiterführender Literatur, Links zu Organisationen oder Informationen über lokale LGBTQ-Gruppen geschehen. Indem Leser ermutigt werden, über das Gelesene hinaus zu denken und aktiv zu werden, wird der Einfluss des Buches über die Seiten hinaus verstärkt.

Die Wertschätzung für die Leser ist auch eine Reflexion über die Verantwortung des Autors. Es ist wichtig, transparent über die Quellen und die Recherche zu sein, die in die Erstellung dieses Werkes eingeflossen sind. Indem die Leser wissen, dass die Informationen gut recherchiert und fundiert sind, können sie Vertrauen in den Inhalt des Buches haben. Diese Transparenz fördert nicht nur das Vertrauen, sondern ermutigt die Leser auch, kritisch zu denken und sich weiter mit den Themen auseinanderzusetzen.

Zusammenfassend lässt sich sagen, dass die Wertschätzung für die Leser ein integraler Bestandteil dieser Biografie ist. Sie ist nicht nur eine höfliche Geste, sondern ein wesentlicher Aspekt des Aktivismus selbst. Indem die Leser anerkannt und in den Prozess einbezogen werden, wird eine stärkere Verbindung zwischen dem Autor und der Leserschaft geschaffen. Diese Verbindung ist entscheidend für die Förderung von Verständnis, Akzeptanz und letztlich für den Fortschritt in der LGBTQ-Bewegung.

Es ist der Aufruf an alle Leser, sich aktiv an dieser wichtigen Diskussion zu beteiligen und die Geschichten, die sie gelesen haben, weiterzutragen. Ihre Stimme zählt, und gemeinsam können wir eine inklusive und gerechte Gesellschaft gestalten. Vielen Dank für Ihre Unterstützung und Ihr Engagement!

Reflexion über den Schreibprozess

Der Schreibprozess einer Biografie über einen berühmten LGBTQ-Aktivisten ist sowohl eine kreative als auch eine analytische Herausforderung. In dieser Reflexion werde ich die verschiedenen Aspekte des Schreibprozesses beleuchten, einschließlich der theoretischen Grundlagen, der auftretenden Probleme und der praktischen Beispiele, die mir während des Schreibens begegnet sind.

Theoretische Grundlagen

Der Schreibprozess kann durch verschiedene theoretische Ansätze betrachtet werden. Eine der bekanntesten Theorien ist die *Schreibprozess-Theorie*, die den Schreibakt als einen mehrstufigen Prozess beschreibt, der Planung, Entwurf, Überarbeitung und Endredaktion umfasst. Laut Flower und Hayes (1981) ist das Schreiben ein kognitiver Prozess, der sowohl kreative als auch analytische Fähigkeiten erfordert. Diese Theorie legt nahe, dass ein Autor nicht nur Informationen präsentiert, sondern auch eine eigene Perspektive und Stimme entwickelt.

Ein weiterer wichtiger theoretischer Rahmen ist der *Narrative Ansatz*, der die Bedeutung der Erzählweise und der Struktur in der Biografie betont. Der Narrative Ansatz fordert den Autor auf, nicht nur Fakten zu präsentieren, sondern auch Emotionen und persönliche Erfahrungen zu integrieren, um eine tiefere Verbindung zum Leser herzustellen. Dies ist besonders relevant für die Biografie eines LGBTQ-Aktivisten, da die persönliche Geschichte oft eng mit dem politischen und sozialen Kontext verwoben ist.

Probleme im Schreibprozess

Während des Schreibprozesses stieß ich auf mehrere Herausforderungen. Eine der größten Schwierigkeiten war die *Recherche* und die Zusammenstellung von Informationen. Es war entscheidend, akkurate und vielfältige Quellen zu finden, um ein umfassendes Bild des Aktivisten und seiner Zeit zu zeichnen. Hierbei stellte sich die Frage der *Zuverlässigkeit* der Quellen. Oft gab es unterschiedliche Darstellungen von Ereignissen, die es erforderlich machten, kritisch zu hinterfragen, welche Informationen als glaubwürdig angesehen werden konnten.

Ein weiteres Problem war die *Balance* zwischen persönlicher Erzählung und politischer Analyse. Es war wichtig, die persönlichen Erfahrungen des Aktivisten nicht nur als Aneinanderreihung von Ereignissen darzustellen, sondern sie in den größeren Kontext der LGBTQ-Bewegung zu integrieren. Dies erforderte ein tiefes Verständnis der politischen Landschaft und der damit verbundenen Herausforderungen.

Praktische Beispiele

Ein praktisches Beispiel, das mir während des Schreibens begegnete, war die Notwendigkeit, *Interviews* mit Zeitzeugen und anderen Aktivisten zu führen. Diese Interviews boten nicht nur wertvolle Einblicke in das Leben des Aktivisten, sondern ermöglichten es mir auch, die Emotionen und Motivationen hinter den Aktionen und Entscheidungen zu verstehen. Die direkte Interaktion mit Menschen, die den Aktivisten gekannt hatten, verlieh der Biografie eine Authentizität, die in schriftlichen Quellen oft fehlt.

Ein weiteres Beispiel war die Verwendung von *Kunstwerken* des Aktivisten, um seine Botschaft zu illustrieren. Die Analyse von bestimmten Kunstwerken und deren Einfluss auf die Gesellschaft half mir, die Verbindung zwischen Kunst und Aktivismus zu verdeutlichen. Diese Verbindung wurde besonders klar, als ich über die Reaktionen der Öffentlichkeit auf bestimmte Werke schrieb, die als politische Statements interpretiert wurden. Hierbei konnte ich die Theorie der *Kunst als Widerstand* anwenden, die besagt, dass Kunst nicht nur ästhetisch, sondern auch politisch sein kann.

Schlussfolgerung

Insgesamt war der Schreibprozess eine lehrreiche Erfahrung, die sowohl Herausforderungen als auch Erfolge mit sich brachte. Die theoretischen Grundlagen halfen mir, die Struktur und den Inhalt der Biografie zu gestalten, während die praktischen Beispiele und die Probleme, auf die ich stieß, mich dazu zwangen, kreativ und flexibel zu denken. Letztendlich führte dieser Prozess zu einer tieferen Wertschätzung für die Komplexität der LGBTQ-Bewegung und der Rolle, die Kunst und Aktivismus darin spielen. Der Schreibprozess ist nicht nur eine technische Übung, sondern auch eine Reise der Selbstentdeckung und des Verständnisses für die menschliche Erfahrung.

Bibliography

[1] Flower, L. & Hayes, J. R. (1981). A Cognitive Process Theory of Writing. *College Composition and Communication*, 32(4), 365-387.

Die Bedeutung von Feedback

Feedback spielt eine entscheidende Rolle in jedem kreativen Prozess, insbesondere im Kontext des Aktivismus und der Kunst. Es ist nicht nur ein Mittel zur Verbesserung von Fähigkeiten, sondern auch ein Werkzeug zur Förderung von Verständnis und Empathie in der Gemeinschaft. In diesem Abschnitt werden wir die verschiedenen Facetten von Feedback untersuchen, seine theoretischen Grundlagen, die Herausforderungen, die damit verbunden sind, und einige praxisnahe Beispiele, die seine Bedeutung verdeutlichen.

Theoretische Grundlagen

Das Konzept des Feedbacks kann aus verschiedenen psychologischen und kommunikativen Perspektiven betrachtet werden. Laut dem *Feedback-Theorie* von Kluger und DeNisi (1996) ist Feedback ein kritischer Faktor für die Leistungsverbesserung. Sie argumentieren, dass effektives Feedback nicht nur Informationen über die Leistung liefert, sondern auch die Motivation und das Selbstbewusstsein des Empfängers beeinflusst. Die Formel zur Darstellung des Feedbackprozesses könnte vereinfacht als folgt ausgedrückt werden:

$$F = I + M + C \qquad (19)$$

wobei F das Feedback, I die Informationen über die Leistung, M die Motivation des Empfängers und C die Kontexteffekte sind, die die Interpretation des Feedbacks beeinflussen.

Herausforderungen beim Feedback

Trotz seiner Bedeutung kann das Geben und Empfangen von Feedback herausfordernd sein. Eine der größten Hürden ist die Angst vor negativer Kritik. Viele Menschen, insbesondere in kreativen Berufen, empfinden Feedback oft als persönlichen Angriff, was zu defensivem Verhalten führen kann. Diese Reaktion kann den Dialog über die Verbesserung von Fähigkeiten und die Entwicklung von Ideen behindern.

Ein weiteres Problem ist die subjektive Natur von Feedback. Was für den einen als konstruktiv angesehen wird, kann für den anderen verletzend sein. Daher ist es wichtig, Feedback in einem sicheren und unterstützenden Umfeld zu geben. Eine Methode, um dies zu erreichen, ist die *Sandwich-Methode*, bei der positives Feedback, konstruktive Kritik und abschließend wieder positives Feedback kombiniert werden.

Praktische Beispiele

Ein bemerkenswertes Beispiel für die positive Wirkung von Feedback ist die *Pride-Community*. In vielen LGBTQ+-Veranstaltungen wird Feedback aktiv gefördert, um die Inklusivität und die Relevanz der Veranstaltungen zu verbessern. Organisatoren ermutigen Teilnehmer, ihre Meinungen zu teilen, was zu einer kontinuierlichen Verbesserung der Veranstaltungen führt. Diese Rückmeldungen können von einfachen Umfragen bis hin zu offenen Foren reichen, in denen die Stimmen der Teilnehmer gehört werden.

Ein weiteres Beispiel findet sich in der Kunstszene. Künstler, die an Gemeinschaftsprojekten teilnehmen, nutzen oft Feedback-Runden, um ihre Werke zu verfeinern. Diese Praxis fördert nicht nur die künstlerische Entwicklung, sondern auch den Dialog zwischen den Künstlern und der Gemeinschaft. Ein konkretes Beispiel ist das Projekt *Art for Change*, bei dem Künstler Feedback von der Community einholen, um sicherzustellen, dass ihre Arbeiten die realen Probleme und Bedürfnisse der Menschen widerspiegeln.

Schlussfolgerung

Zusammenfassend lässt sich sagen, dass Feedback eine wesentliche Komponente des kreativen und aktivistischen Prozesses ist. Es fördert nicht nur persönliches Wachstum, sondern stärkt auch die Gemeinschaft. Durch die Schaffung eines Umfelds, in dem Feedback als wertvolles Werkzeug angesehen wird, können Aktivisten und Künstler nicht nur ihre eigenen Fähigkeiten verbessern, sondern auch die Wirkung ihrer Arbeit auf die Gesellschaft maximieren. Die Einladung zur Diskussion und der Austausch von Ideen sind unerlässlich, um eine inklusive und unterstützende Gemeinschaft zu schaffen, die sich für Gleichheit und Gerechtigkeit einsetzt. Die Kraft des Feedbacks sollte niemals unterschätzt werden, denn es ist der Schlüssel zu Fortschritt und Veränderung.

Ausblick auf zukünftige Projekte

In der heutigen dynamischen Welt des Aktivismus, insbesondere im Bereich der LGBTQ-Rechte, stehen wir vor zahlreichen Herausforderungen und Chancen, die die Richtung unserer zukünftigen Projekte bestimmen werden. Der Blick in die Zukunft ist nicht nur eine Reflexion über das, was erreicht wurde, sondern auch eine strategische Planung für die kommenden Generationen.

Die Notwendigkeit intersektionalen Aktivismus

Ein zentrales Anliegen für zukünftige Projekte ist die Notwendigkeit eines intersektionalen Ansatzes. Die Berücksichtigung der vielfältigen Identitäten innerhalb der LGBTQ-Community ist entscheidend, um die Bedürfnisse aller Mitglieder zu adressieren. Der intersektionale Aktivismus erkennt an, dass Diskriminierung nicht isoliert auftritt, sondern oft mehrere Identitäten gleichzeitig betrifft. Dies bedeutet, dass wir bei der Planung zukünftiger Initiativen sicherstellen müssen, dass die Stimmen von People of Color, Menschen mit Behinderungen und anderen marginalisierten Gruppen innerhalb der LGBTQ-Community Gehör finden.

$$I = \sum_{i=1}^{n} \frac{D_i}{N} \qquad (20)$$

wobei I die Intersektionalität, D_i die Diskriminierungsfaktoren und N die Gesamtzahl der Identitäten darstellt. Diese Gleichung verdeutlicht, dass jede Identität einen Beitrag zur Gesamtwahrnehmung von Diskriminierung leistet und dass zukünftige Projekte diese Komplexität berücksichtigen müssen.

Technologie und soziale Medien

Ein weiterer bedeutender Aspekt für zukünftige Projekte ist die Rolle der Technologie und der sozialen Medien. Die digitale Revolution hat die Art und Weise, wie Aktivismus betrieben wird, grundlegend verändert. Plattformen wie Twitter, Instagram und TikTok bieten nicht nur Raum für Sichtbarkeit, sondern auch für die Mobilisierung von Unterstützern. Zukünftige Projekte sollten innovative digitale Kampagnen integrieren, die sowohl auf Aufklärung als auch auf Engagement abzielen.

Ein Beispiel für eine erfolgreiche digitale Kampagne ist die #LoveIsLove-Bewegung, die weltweit Unterstützung für die Ehegleichheit mobilisierte. Diese Kampagne zeigt, wie soziale Medien als Katalysator für gesellschaftliche Veränderungen fungieren können. In Zukunft sollten Projekte die Nutzung von Influencern und digitalen Kreativen in Betracht ziehen, um eine breitere Zielgruppe zu erreichen und das Bewusstsein für LGBTQ-Themen zu schärfen.

Kunst und Kreativität als Ausdrucksformen

Die Verbindung von Kunst und Aktivismus bleibt ein zentrales Element zukünftiger Projekte. Kunst hat die Fähigkeit, Emotionen zu wecken und komplexe Themen auf eine zugängliche Weise zu kommunizieren. Projekte, die Kunst als Medium nutzen, können nicht nur Bewusstsein schaffen, sondern auch zur Heilung und zur Gemeinschaftsbildung beitragen.

Ein Beispiel ist das Theaterstück „The Laramie Project", das die Reaktionen der Gemeinschaft auf den Mord an Matthew Shepard thematisiert. Solche künstlerischen Darstellungen können als kraftvolle Werkzeuge dienen, um Diskurse zu fördern und Empathie zu erzeugen. Zukünftige Projekte sollten daher die Zusammenarbeit mit Künstlern und Kreativen fördern, um interaktive und inklusive Formate zu entwickeln, die das Publikum aktiv einbeziehen.

Bildung und Aufklärung

Die Bedeutung von Bildung kann nicht genug betont werden. Zukünftige Projekte sollten darauf abzielen, Bildungsressourcen zu schaffen, die nicht nur die LGBTQ-Geschichte, sondern auch die Herausforderungen und Errungenschaften der Bewegung vermitteln. Workshops, Seminare und Schulungsprogramme können dazu beitragen, das Bewusstsein zu schärfen und Vorurteile abzubauen.

Ein Beispiel für einen erfolgreichen Bildungsansatz ist die Einführung von LGBTQ-Themen in den Lehrplan von Schulen. Solche Initiativen können dazu beitragen, eine inklusivere und akzeptierende Gesellschaft zu schaffen. Zukünftige Projekte sollten Partnerschaften mit Bildungseinrichtungen eingehen, um sicherzustellen, dass LGBTQ-Themen in den Unterricht integriert werden.

Globale Zusammenarbeit

Die Herausforderungen, vor denen die LGBTQ-Community weltweit steht, erfordern eine globale Perspektive. Zukünftige Projekte sollten den Austausch und die Zusammenarbeit zwischen Aktivisten aus verschiedenen Ländern fördern. Internationale Konferenzen, Austauschprogramme und gemeinsame Kampagnen können dazu beitragen, Best Practices zu teilen und eine solidarische Gemeinschaft aufzubauen.

Ein Beispiel für erfolgreiche globale Zusammenarbeit ist die „Global Equality Fund", die Ressourcen für LGBTQ-Aktivisten in Ländern bereitstellt, in denen sie diskriminiert werden. Solche Initiativen sind entscheidend, um die globale Bewegung zu stärken und sicherzustellen, dass niemand zurückgelassen wird.

Fazit

Zusammenfassend lässt sich sagen, dass die Ausrichtung zukünftiger Projekte auf intersektionalen Aktivismus, technologische Innovation, künstlerische Ausdrucksformen, Bildung und globale Zusammenarbeit entscheidend ist, um die LGBTQ-Rechte weiter voranzutreiben. Die Herausforderungen, die vor uns liegen, sind groß, aber mit einem klaren Fokus auf diese Schlüsselbereiche können wir eine inklusive und gerechte Gesellschaft für alle schaffen. Der Weg ist lang, aber jeder Schritt in die richtige Richtung bringt uns näher an das Ziel, eine Welt zu schaffen, in der jeder Mensch unabhängig von seiner Identität akzeptiert und respektiert wird.

Die Kraft des Geschichtenerzählens

Die Kraft des Geschichtenerzählens ist ein zentrales Element in der menschlichen Kommunikation und Kultur. Geschichten sind nicht nur Mittel zur Unterhaltung, sondern auch Werkzeuge zur Vermittlung von Werten, zur Schaffung von Identität und zur Förderung von Gemeinschaft. In der Welt des Aktivismus, insbesondere innerhalb der LGBTQ-Bewegung, spielt das Geschichtenerzählen eine entscheidende Rolle, um Erfahrungen zu teilen, Bewusstsein zu schaffen und Veränderungen zu bewirken.

Theoretische Grundlagen

Die Theorie des Geschichtenerzählens, auch als Narratologie bekannt, untersucht, wie Geschichten strukturiert sind und welche Funktionen sie erfüllen. Laut dem amerikanischen Psychologen Jerome Bruner sind Geschichten eine der grundlegendsten Formen menschlichen Denkens. Er argumentiert, dass Menschen durch Geschichten die Welt um sich herum verstehen und interpretieren. Bruner unterscheidet zwischen zwei Arten von Wissen: dem *logischen Wissen*, das auf Fakten basiert, und dem *narrativen Wissen*, das durch Geschichten vermittelt wird. Während logisches Wissen oft abstrakt und analytisch ist, ist narratives Wissen emotional und kontextualisiert.

Ein weiteres wichtiges Konzept ist das *Storytelling* als Mittel zur Identitätsbildung. Der Sozialwissenschaftler Kenneth Burke betont, dass Geschichten helfen, individuelle und kollektive Identitäten zu formen. In der LGBTQ-Community ermöglicht das Teilen von persönlichen Geschichten, sich mit anderen zu verbinden und ein Gefühl der Zugehörigkeit zu schaffen. Diese Erzählungen können auch als Widerstand gegen Diskriminierung und Vorurteile fungieren, indem sie Sichtbarkeit und Verständnis fördern.

Probleme im Geschichtenerzählen

Trotz der Stärke des Geschichtenerzählens gibt es auch Herausforderungen. Eine der größten Herausforderungen ist die Gefahr der Vereinfachung oder Stereotypisierung. Geschichten können leicht verzerrt oder vereinfacht werden, was zu einer ungenauen Darstellung von Identitäten und Erfahrungen führen kann. Dies kann insbesondere in den Medien der Fall sein, wo oft nur bestimmte Narrative hervorgehoben werden, während andere marginalisiert werden.

Ein weiteres Problem ist die Repräsentation. Viele LGBTQ-Geschichten werden von Personen erzählt, die nicht Teil der Community sind, was zu einer Entfremdung der authentischen Stimmen führen kann. Die Wahrnehmung von LGBTQ-Personen in der Gesellschaft wird stark durch die Geschichten beeinflusst, die erzählt werden. Wenn diese Geschichten nicht vielfältig sind, kann dies zu einem einseitigen Verständnis von LGBTQ-Themen führen.

Beispiele für effektives Geschichtenerzählen

Ein herausragendes Beispiel für die Kraft des Geschichtenerzählens in der LGBTQ-Bewegung ist die Dokumentation *"Paris is Burning"* (1990). Dieser Film erzählt die Geschichten von Drag Queens und der Ballkultur in New York City und bietet einen tiefen Einblick in die Herausforderungen und Triumphe der LGBTQ-Community in den 1980er Jahren. Die Erzählungen der Protagonisten sind nicht nur persönlich, sondern spiegeln auch die sozialen und politischen Kämpfe wider, mit denen viele konfrontiert sind. Durch diese Geschichten wird ein Gefühl der Empathie und des Verständnisses geschaffen, das die Zuschauer dazu anregt, über ihre eigenen Vorurteile nachzudenken.

Ein weiteres Beispiel ist die Verwendung von sozialen Medien, um persönliche Geschichten zu teilen. Plattformen wie Instagram und TikTok ermöglichen es LGBTQ-Personen, ihre Erfahrungen in kurzen, zugänglichen Formaten zu präsentieren. Diese Geschichten können viral gehen und eine breite Öffentlichkeit erreichen, wodurch das Bewusstsein für LGBTQ-Themen erhöht wird. Kampagnen wie *#ComingOutDay* oder *#TransIsBeautiful* nutzen das Geschichtenerzählen, um Sichtbarkeit zu schaffen und positive Repräsentationen zu fördern.

Die Zukunft des Geschichtenerzählens im Aktivismus

Die Zukunft des Geschichtenerzählens im Aktivismus wird stark von technologischen Entwicklungen und sozialen Medien beeinflusst. Die Möglichkeit, Geschichten in Echtzeit zu teilen und mit einem globalen Publikum zu interagieren, eröffnet neue Wege für Aktivisten. Virtual Reality (VR) und Augmented Reality (AR) könnten auch neue Dimensionen des Geschichtenerzählens schaffen, indem sie immersive Erfahrungen bieten, die das Verständnis und die Empathie für die Herausforderungen der LGBTQ-Community vertiefen.

Darüber hinaus wird intersektionales Geschichtenerzählen zunehmend wichtig. Es ist entscheidend, dass Geschichten nicht nur die Erfahrungen von weißen, cisgender, heterosexuellen LGBTQ-Personen reflektieren, sondern auch die Stimmen von People of Color, Trans-Personen und anderen marginalisierten Gruppen einbeziehen. Diese Diversität in den Erzählungen wird helfen, ein umfassenderes Bild der LGBTQ-Erfahrungen zu zeichnen und den Aktivismus zu stärken.

Schlussfolgerung

Zusammenfassend lässt sich sagen, dass die Kraft des Geschichtenerzählens im Kontext des LGBTQ-Aktivismus von entscheidender Bedeutung ist. Geschichten sind nicht nur Werkzeuge zur Unterhaltung, sondern auch Mittel zur Bildung, zur Förderung von Empathie und zur Schaffung von Gemeinschaft. Indem wir die Vielfalt der Stimmen und Erfahrungen in den Vordergrund stellen, können wir die gesellschaftliche Wahrnehmung verändern und den Weg für eine inklusivere Zukunft ebnen. Es ist die Verantwortung jedes Einzelnen, diese Geschichten zu hören, zu teilen und zu feiern, um die Kraft des Geschichtenerzählens voll auszuschöpfen.

Einladung zur Diskussion

In der heutigen Zeit, in der die LGBTQ-Bewegung weiterhin mit Herausforderungen konfrontiert ist, ist es von entscheidender Bedeutung, einen Raum für Diskussionen zu schaffen. Diese Diskussionen sind nicht nur notwendig, um die Errungenschaften des Aktivismus zu feiern, sondern auch um die bestehenden Probleme und die zukünftigen Herausforderungen zu beleuchten.

Ein zentraler Aspekt dieser Diskussion ist die Frage der Sichtbarkeit. Sichtbarkeit ist ein zweischneidiges Schwert: Einerseits kann sie dazu beitragen, Vorurteile abzubauen und die Akzeptanz in der Gesellschaft zu fördern, andererseits kann sie auch zu einer verstärkten Stigmatisierung und Diskriminierung führen. In vielen Kulturen sind LGBTQ-Personen immer noch stark marginalisiert. Daher ist es wichtig, dass wir über die verschiedenen Dimensionen der Sichtbarkeit sprechen und wie diese in unterschiedlichen gesellschaftlichen Kontexten wahrgenommen wird.

Ein Beispiel hierfür ist die Repräsentation von LGBTQ-Personen in den Medien. Während einige Filme und Serien Fortschritte gemacht haben, indem sie vielfältige und authentische Geschichten erzählen, gibt es immer noch viele Darstellungen, die stereotype oder schädliche Narrative fördern. Diese Diskrepanz zwischen positiver und negativer Repräsentation zeigt, wie wichtig es ist, dass wir als Gemeinschaft darauf drängen, dass unsere Geschichten richtig erzählt werden.

Ein weiteres zentrales Thema, das in Diskussionen behandelt werden sollte, ist die Intersektionalität. Die LGBTQ-Bewegung ist nicht monolithisch; sie umfasst eine Vielzahl von Identitäten, einschließlich, aber nicht beschränkt auf, Rasse, Geschlecht und sozioökonomischen Status. Die Herausforderungen, mit denen eine schwarze trans Frau konfrontiert ist, unterscheiden sich erheblich von denen eines weißen cis Mannes. Daher ist es wichtig, dass wir die Stimmen derjenigen hören, die an der Schnittstelle mehrerer marginalisierter Identitäten stehen.

Darüber hinaus ist die Rolle der Jugend im Aktivismus ein Thema, das nicht übersehen werden sollte. Junge Menschen bringen frische Perspektiven und neue Ideen in die Bewegung ein. Ihre Nutzung von sozialen Medien als Plattform für Aktivismus hat die Art und Weise, wie wir über LGBTQ-Rechte diskutieren, revolutioniert. Doch gleichzeitig sind junge Aktivisten oft mit dem Druck konfrontiert, ständig online präsent zu sein und ihre Meinungen zu äußern. Dies kann zu einer Überlastung führen und die mentale Gesundheit beeinträchtigen.

Ein weiterer wichtiger Aspekt, der in Diskussionen einfließen sollte, ist die Frage der globalen Solidarität. Während viele Länder Fortschritte in Bezug auf LGBTQ-Rechte gemacht haben, gibt es immer noch Regionen, in denen Menschen aufgrund ihrer sexuellen Orientierung oder Geschlechtsidentität verfolgt werden. Der Austausch von Strategien und Erfahrungen zwischen Aktivisten aus verschiedenen Ländern kann helfen, effektive Wege zu finden, um gegen Diskriminierung und Ungerechtigkeit zu kämpfen.

Schließlich sollten wir auch die Rolle der Kunst im Aktivismus nicht vergessen. Kunst hat die Kraft, Emotionen zu wecken und Menschen zu verbinden. Durch kreative Ausdrucksformen können wir wichtige Themen ansprechen und das Bewusstsein für die Herausforderungen, mit denen die LGBTQ-Community konfrontiert ist, schärfen. Kunst kann auch als Katalysator für Veränderungen dienen, indem sie Diskussionen anregt und den Dialog fördert.

Insgesamt lade ich alle Leserinnen und Leser ein, sich aktiv an diesen Diskussionen zu beteiligen. Teilen Sie Ihre Gedanken, Erfahrungen und Perspektiven. Wie können wir gemeinsam eine inklusivere und gerechtere Gesellschaft schaffen? Welche Herausforderungen sehen Sie in Ihrer eigenen Community? Lassen Sie uns einen Dialog führen, der nicht nur auf den Errungenschaften basiert, sondern auch die Herausforderungen anerkennt, die noch vor uns liegen. Ihre Stimme ist wichtig – lassen Sie uns gemeinsam für eine bessere Zukunft kämpfen.

$$\text{Aktivismus} = \text{Sichtbarkeit} + \text{Intersektionalität} + \text{Jugend} + \text{Globale Solidarität} + \text{Kunst}$$
(21)

Index

abbauen, 87, 187, 214, 220
aber auch, 6, 155, 191
aber er ist, 94
aber es, 137
aber jeder, 233
aber mit, 233
abgebaut, 91, 186
abgestimmt sind, 201
abhängig von, 61
Ablehnung, 3, 5, 6, 26, 31, 93, 94, 96, 192
Ablehnung resultieren, 128
Ablehnung seiner, 36
ableiten, 193
Abnahme von, 136
Abschließend möchte ich, 217, 223
adressieren, 64, 231
affirmierende, 106
Aktionen wie, 31
aktiv leben, 127
aktiven, 5, 94
Aktivismus, 13, 42, 143, 147, 172, 174, 178, 200, 202, 217, 236, 237
Aktivismus kann nicht, 148
Aktivismus sein kann, 69
Aktivismus selbst, 191
Aktivismus spielen, 119

Aktivismus vielen Menschen Mut, 211
Aktivismus von, 23
Aktivismus wird, 174
Aktivisten, 13, 43, 91, 107, 108, 110, 115, 121, 138, 146, 148, 161, 169, 180, 182, 187, 199, 203, 208, 217, 218, 220
Aktivisten dazu, 18
Aktivisten helfen, 217
Aktivisten müssen, 31
Aktivisten wie, 202
Aktivistin RuPaul, 22
aktuelle, 30, 209
aktuellen gesellschaftlichen, 208
Akzeptanz basieren, 216
Akzeptanz beitragen, 87
Akzeptanz bestehen, 37
Akzeptanz bis hin zu, 2
Akzeptanz gegenüber, 74
Akzeptanz innerhalb der, 136, 170
Akzeptanz seiner, 7
akzeptiert und, 137
akzeptiert wird, 4, 98
Albert Bandura, 113, 217
Albert Bandura, 19
Alex, 96, 107, 108, 210

Alex berichtete, 96
Alex den, 108
Alex nicht, 107
Alex schließlich, 210
alle, 6, 28, 42, 45, 61, 64, 65, 85, 90, 115, 119, 125, 129, 131, 136, 137, 143, 147, 153, 163, 169, 174, 178, 185, 187, 189, 197, 201, 209, 214, 219, 226, 233
aller, 60, 92, 119, 123, 126, 142, 176, 209, 212, 213, 221, 226, 231
Allerdings, 83
allgemeine, 4, 136
Allianzen liegt, 139
Allianzen mit, 31
Allianzen stärken, 79
alltäglichen Leben, 113
als, 1–8, 10, 13, 14, 16–20, 23, 25, 27–40, 44, 47, 51, 58, 60–62, 64–67, 73–76, 80, 83–85, 87, 88, 90, 92–94, 97, 104, 105, 107, 110–115, 123, 125–128, 133–135, 144, 145, 147, 149, 150, 157, 160, 169, 178, 180, 181, 183, 187, 192–194, 196, 199, 201, 205, 207–209, 211, 212, 216–219, 223, 227, 228, 230, 232, 236, 237
Alternativ könnte ein, 5
Altersgenossen als, 93
amerikanischen, 40
analysieren, 62, 104, 135, 199
analytische, 227
anderen genießen, 137
anderen Gleichgesinnten, 44

anderen Künstlern, 56, 57
anderen Ländern, 87
anderen marginalisierten, 168, 231, 235
anderen sozialen, 31, 79, 221
anderer, 108, 110, 113, 195, 201, 212
Andersartigkeit bei, 169
Andy Warhol, 133
anerkannt, 155, 226
anerkennen, 23, 110, 129, 161, 193, 216, 219
anerkennt, 114, 125, 142, 176, 184, 213
Anerkennung von, 142, 143
angeboten, 61
angegriffen, 35, 36
angehen, 180, 209
angehören, 168, 218
angesehen, 4, 17, 60, 61, 84, 107, 128, 187, 230
Angesichts der, 174, 203
angesprochen wird, 80
angewendet, 100
angewiesen, 76, 85, 154
Angriff, 230
Angstzuständen kämpfte, 107
anhaltende, 137, 144, 208
Anleitung oft den, 217
Anliegen von, 137
ansprechen, 65, 79, 134, 237
Anstatt aufzugeben, 109
anstoßen, 58, 160, 207
Anstrengungen von, 172
Ansätze können, 76, 220
Antidiskriminierungsgesetzes, 160
Anzeichen von, 93
anzubieten, 154
anzugehen, 77, 117, 161

Index

anzupassen, 80, 111, 155, 161, 174
Arbeit von, 146
arbeiten, 81, 125, 137, 146
argumentierte, 191, 212
artikulieren, 25, 27
Asien, 128
auch, 1, 2, 4–8, 10, 12–14, 16–20, 22, 23, 25–39, 41–46, 48, 49, 51, 54, 56, 58, 59, 61, 66, 67, 69, 72–74, 76, 77, 80–85, 87–90, 92–94, 97, 99, 101–105, 107–115, 117–119, 121, 123, 125–130, 133–137, 139, 141–143, 145–150, 152–157, 160, 161, 163, 168, 169, 172, 174, 176–178, 180–184, 187, 191–197, 199, 201–205, 207–223, 225–237
Auch wenn, 92
auf, 4–7, 10, 13, 16–22, 26, 29, 30, 32, 36–38, 40–42, 44, 45, 53–56, 60–62, 65, 73–76, 80–83, 85, 87, 88, 91, 93–97, 102, 103, 105, 108–110, 112, 118, 119, 126, 128, 133–135, 143, 144, 147–149, 152, 154, 175, 178, 180, 184–186, 195, 200–202, 204, 206–208, 210, 212, 215, 216, 218–221, 223, 228, 230, 232, 233, 236, 237
aufgeben sollte, 223
aufgefordert, 189
aufgrund, 7, 35, 71, 91, 96, 102, 109, 127, 169, 237
aufrechtzuerhalten, 60, 203

aufstrebenden, 34
auftreten, 13, 14, 21, 25, 26, 39, 56, 105, 113, 121, 139, 145, 151, 210, 219
auftretenden, 227
auftritt, 231
Auftritte, 15
aufweisen, 7, 74, 202
aufwuchs, 4, 108
aufzubauen, 4, 31, 44, 99, 233
aufzuklären, 209
aus, 2, 4, 5, 7, 20, 26, 27, 38, 44, 45, 47, 58, 59, 61, 73, 77, 82, 91–93, 95, 96, 98, 108, 110, 118, 121, 123, 126, 128, 154, 169, 193, 199, 201, 209–211, 213, 217, 218, 225, 233, 237
Ausdruck, 41, 54, 207
Ausdruck der, 126, 194
Ausdruck des Widerstands, 32, 40
Ausdruck des Widerstands kann, 39
Ausdruck des Widerstands vor, 40
Ausdruck dieser, 134
Ausdruck von, 32, 73, 202
auseinandersetzen, 32, 35, 40, 209
Auseinandersetzung mit, 1, 3, 5, 18, 47, 60
auseinanderzusetzen, 7, 225, 226
ausgelöst, 38
ausgeprägt, 94
ausgesetzt, 21, 128, 134
Ausgrenzung führen, 5
Ausgrenzung zurückzuführen, 94
ausreichend, 88, 171
Ausrichtung zukünftiger, 233
Ausstellungen, 60
Ausstellungen bieten, 58
Australien, 91, 127

auszudrücken, 9, 30, 61, 64, 156, 205, 218
auszutauschen, 27, 30, 39, 44, 119, 180, 186
ausüben, 112, 172
authentisch, 108, 191, 193
authentische, 16, 40, 236
authentischen Stimmen führen, 234
Authentizität, 69, 192
Authentizität ist, 191, 193
Authentizität kann als, 192
Authentizität kann durch, 191
Authentizität kann nicht, 193
Authentizität stehen, 192
Authentizität verbunden, 193
Außenseiter, 93
außerhalb der, 5, 39
außerhalb dieser, 195

Balanceakt zwischen, 17
Bandura, 19
Barrieren, 39, 40, 187, 213, 214
Barrieren abbaut, 192
basieren häufig, 143
basiert, 37, 60, 95, 212
basierte, 202
bedeutende, 22, 29, 32, 39, 51, 55, 73, 77, 87, 88, 92, 129, 135, 156, 215
bedeutender, 29, 231
bedeutet, 37, 45, 149, 213, 231
Bedeutung sieht sich, 125
bedrohen, 169
Bedrohungen wie, 194
Bedürfnisse, 30, 77, 125, 191, 201, 208, 218, 219, 231
Bedürfnissen gerecht wird, 81
beeinflusst, 1, 8, 54, 84, 153, 156, 174, 234

beeinträchtigen, 4, 21, 35, 76, 80, 95, 118, 154, 155, 194, 202, 220, 236
beeinträchtigt wird, 94
befreienden, 191
begegnen, 33
begegnet, 227
begegnete, 6
beginnen, 8, 93, 96
beginnt, 1, 27, 225
behandeln, 89, 127, 171, 206
behandelt, 84, 153, 226, 236
behaupten, 12, 27, 193
behindern, 26, 82, 160, 181, 230
Behinderung, 136
bei, 6, 9, 13, 14, 18–20, 27, 30, 32, 35, 42, 45, 55, 72, 74, 76, 81, 85, 89, 94, 109, 110, 113, 115, 118, 121, 125, 151, 161, 168, 169, 171, 176, 182, 183, 187, 192, 196, 202, 203, 210, 212, 216, 218, 220, 225, 231
Bei der, 94
beigetragen, 18, 34, 92, 115, 127, 133, 147, 155, 200, 216, 217, 221
beinhaltet, 5
Beispiele, 21, 25, 60, 64, 67, 77, 84, 91, 101, 126, 143, 151, 152, 161, 181, 182, 194, 199, 213, 227–229
Beispiele betrachten, 203
Beispiele dafür, 31
beitragen, 20, 23, 38, 87, 89, 148, 159, 161, 171, 192, 193, 201, 206, 220, 232, 233, 236
beiträgt, 121, 153, 209

Index

bekannt, 74, 218
bekanntesten, 101, 152
bekämpfen, 39, 40, 110, 125, 131, 133, 180, 195, 220
Bekämpfung von, 176
Belastungen führen, 4
Belastungsstörungen haben, 102
beleuchten, 4, 16, 25, 27, 47, 85, 90, 99, 101, 108, 121, 127, 141, 153, 161, 227, 236
beleuchtet, 6, 10, 14, 35
Belohnungen sind, 23
bemerkenswerte Fähigkeit, 206
Benachteiligungen konfrontiert, 128
benötigte, 98
beobachteten, 94
Bereich der, 231
Bereichen manifestieren, 74
Bereichen wie, 91
bereichern, 29, 212
bereichert, 226
bereit, 22, 32, 33, 43, 91, 184, 203, 222
Berichte, 83, 128
Berichte humanisieren, 148
berichten, 5, 83, 94, 95, 107, 147, 149, 160
berichtete von, 35
berichteten, 148
beruflichen Umfeld, 192
berücksichtigen, 125, 160
berücksichtigt, 90, 156
berühmte, 33
berühmten Kreidezeichnungen, 133
besagt, 25, 185, 191, 217
beschreibt, 95, 125, 168, 176, 191
beschränkt, 87, 236
besser, 97, 121, 218
bessere, 22, 32, 201, 203, 214

Bestandteil der, 20
bestehen, 37, 73, 88, 135, 167, 169, 172, 195, 203, 221
bestehenden, 27, 102, 129, 180, 236
besteht auch, 83
bestimmte, 19, 83, 114, 234
bestimmten, 31, 37
Bestätigung, 19
betont, 7, 94, 143, 151, 205, 232
betrachten, 51, 88, 147
betrachtet, 25, 60, 90, 134, 135, 161, 178
betreffen, 25, 167, 169, 201, 209, 221
betrieben wird, 231
betrifft, 231
Betroffene, 107
betroffenen Personen, 98
Betroffenen versuchen, 4
bevor sie, 160
Bewegung, 31, 163
Bewegung auf, 119
Bewegung selbst, 225
Bewegung zu, 184
Bewegungen beeinträchtigen, 194
Bewegungen gespielt, 51, 133
Bewegungen kann, 221
Bewegungen spielen, 84
Bewegungen weiterhin gestärkt, 85
Bewegungen zeigen, 137
Bewegungen zurückziehen, 196
Bewegungen zusammenschließt, 79
Beweis dafür, 110
bewirken, 27, 29, 31, 32, 63, 79, 123, 137, 203, 233
bewusst, 44, 93, 105, 147, 208
bewusste Anstrengung, 38
bewusste Entscheidung, 226

bewältigen, 36, 60, 62, 94, 99, 107, 112, 117, 130, 135, 160, 169, 180, 202, 219
bezeichnet, 21
bezieht sich, 45
Bezug auf, 37
bieten, 7, 12–14, 18, 19, 25, 27, 29–31, 33, 34, 38, 39, 43–45, 51, 58, 59, 72, 75, 76, 83, 84, 88, 89, 91, 97, 99, 104, 105, 108, 110, 113, 115, 117, 119, 121, 123, 129, 130, 147, 160, 161, 182, 184, 186, 193, 194, 200, 203, 204, 210, 216–220, 231
bietet, 20, 27, 29, 37, 41, 61, 62, 64, 163, 176, 178, 195, 207, 219–221
Bild von, 171, 182
bilden, 7, 81, 84, 123, 126, 129
bildet, 23, 60, 99, 185, 221
Bildung, 81, 87, 90, 129, 172, 213, 220, 221, 233, 235
Bildung geht über, 170
Bildungsaktivitäten stattfinden, 73
Bildungsansatz, 232
Bildungsansätze zu, 88
bleiben, 119, 167, 169, 191
bleibt der, 75, 129, 135, 145
bleibt die, 14, 41, 60–62, 64, 66, 79, 121, 157, 176, 195, 207
bleibt noch viel, 92
bleibt sie, 39, 221
Botschaften schnell, 92
Botschaften zu, 69
breite, 148
breiten Öffentlichkeit, 192
Brücken, 29, 182

bündeln, 79, 180

Carl Jung, 60
Carl Rogers, 191
Chancengleichheit basieren, 185
cis, 236
Cybermobbing, 155

da, 4, 18, 26, 37, 60, 61, 95, 102, 107, 113, 128, 133, 142, 153, 183, 193, 200, 213, 219
dabei auftreten, 25, 56, 121, 139
dafür, 31, 93, 110, 208
Daher, 23, 236
Daher ist, 236
damit verbunden, 151, 159, 229
damit verbundenen Diskriminierungen verstehen, 177
Dankbarkeit, 161
dar, 27, 56, 71, 87
daran, 81, 150, 216
darauf ab, 106
darauf abzielen, 125, 195, 209, 220, 232
daraus hervorzugehen, 109
dargestellt, 148, 168, 183
darstellt, 142, 180, 182
Darstellungen von, 19
darunter, 8, 19, 39, 47, 80, 91, 93, 95, 127, 143, 145, 150
Darüber hinaus, 13, 29, 40, 61, 118, 148, 149, 154, 171, 183, 184, 193, 194, 196, 201, 203, 208, 226, 235, 236
das Bewusstsein, 18, 38, 89, 109, 115, 155, 192, 216, 220, 225

Index

das Bewusstsein zu, 110, 232
das durch, 125
das es, 64, 69
das Gefühl der, 81, 193
das Hoffnung, 203
das Lesen, 225
das lokale, 74
das Menschen helfen kann, 62
das persönliche, 206
das selbst, 5
das Selbstbewusstsein, 113
das Selbstwertgefühl, 106
das Verhalten, 217
das Wohlbefinden, 97, 202
das zwischen, 45
dass auch, 19
dass bestimmte, 83, 114
dass der, 92, 123, 212
dass gesellschaftliche, 153
dass ich, 217
dass meine Eltern, 222
dass Menschen, 185
dass Menschen durch, 19, 113
dass Mitglieder, 37
dass seine, 94
dass sich, 98
dass sie, 155, 183
dass zukünftige Generationen von, 203
dasselbe, 110
davon abhängen, 180
dazu, 1, 4–6, 13, 18, 20, 32, 34, 35, 38, 40, 45, 47, 65, 83, 85, 89, 91, 92, 98, 107, 110, 113–115, 118, 127, 133, 144, 147, 148, 151, 152, 155, 161, 171, 176, 184, 186, 192, 193, 195, 196, 201, 202, 212, 216, 217, 220, 221, 225, 228, 232, 233, 236
Dazu gehören, 181, 205
Dazu gehört, 209
defensivem, 230
definieren, 25, 69, 161, 218
definiert, 185
DeGeneres, 34
dem, 2, 4–6, 14–16, 20, 27–29, 36, 45, 47, 59, 62, 82, 91, 93–95, 99, 106, 108, 110, 126, 128, 135, 149, 156, 160, 169, 176, 186, 191, 194, 197, 202, 203, 222, 226, 230, 236
den, 1, 2, 4–7, 12–14, 16–20, 25, 28, 30, 31, 33, 35, 37, 38, 40, 43–49, 53, 60, 61, 64, 67, 69, 73, 76, 77, 79–85, 88, 89, 91, 92, 94–97, 100–105, 108–110, 114, 115, 117–119, 123, 125–127, 134–136, 141, 143, 144, 148, 149, 153, 155, 157, 161, 167–172, 174, 178, 180, 182, 183, 185, 187, 189, 192, 193, 195, 196, 199, 202, 203, 206, 207, 209–213, 215–219, 221, 225, 226, 228, 230, 232–237
denen, 6, 7, 10, 13, 19, 23, 27, 30, 35, 37, 38, 41, 55, 60, 64–66, 79, 99, 102, 104, 108, 115, 118, 123–126, 128, 135, 145, 147, 168, 170, 172, 175, 176, 184–187, 192, 197, 202, 209, 210, 212, 213, 218,

220–223, 233, 236, 237
denn es, 231
Dennoch stehen viele, 79
Depressionen, 7, 94, 95, 102, 107, 128, 192, 202
Depressionen führten, 96
der, 1–10, 12–23, 25–48, 51, 53–67, 69, 71–77, 79–85, 87–98, 101–103, 105, 107–115, 117–119, 121, 123, 125–129, 131, 133–139, 141–161, 163, 167–178, 180–187, 189, 191–197, 199–203, 205–223, 225–237
Der Aktivist, 7, 36, 108
Der Aktivist kann durch, 206
Der Aktivist kann Plattformen wie, 207
Der Aktivist könnte durch, 207
Der Anstoß, 27
Der Aufruf zur, 189, 214
Der Austausch mit, 121, 216
Der Austausch von, 9, 138, 237
Der Blick, 231
Der Einfluss von, 16, 97, 133, 152, 196, 204
Der Einsatz, 213
Der Einsatz von, 39
Der Kampf, 85, 87, 100, 101
Der Schlüssel, 174
Der Schreibprozess, 228
Der Schreibprozess einer, 227
Der Sozialwissenschaftler, 125
Der Stonewall-Aufstand, 73
Der Umgang mit, 101, 103
Der Weg, 3, 23, 81, 99, 108
Der Weg des Aktivismus, 35
Der Weg ist, 233

Der Weg zu, 88, 90, 92, 210
Der Weg zur, 94
Der Zugang zu, 81
deren Aktivismus, 42
deren Bedeutung, 27
deren Werke oft ihre, 205
des Aktivismus, 59, 229
des persönlichen Wachstums, 37
des positiven Einflusses von, 134
dessen, 133, 207
desto eher sind, 32
Deutschland, 87, 91, 127, 142
Dialoge, 37
die, 1–10, 12–16, 18–23, 25–49, 51, 53–67, 69, 71–77, 79–85, 87–99, 101–115, 117–119, 121, 123–130, 133–139, 141–161, 163, 167–170, 172, 174–178, 180–187, 189, 191–197, 199–223, 225–237
Die Anerkennung der, 178
Die Auseinandersetzung mit, 206
Die Authentizität, 192
Die Medienberichterstattung, 83
Die Reaktionen der, 53, 55
Die Synergien, 58
Die Theorie der, 37, 60, 185, 193
Die Verbindung von, 62, 63, 156, 157, 174, 232
Die Verbindung zwischen, 35
dienen, 1, 13, 19, 27, 29–31, 105, 110, 112, 145, 147, 150, 181, 192, 207, 217, 237
Dienst, 91
diente, 33
Dies kann zu, 43, 146
Diese Ablehnung kann sich, 152
Diese Akzeptanz kann sich, 74

Index

Diese Ausdrucksformen bieten, 39
Diese Beziehung zeigt, 153
Diese Beziehungen bieten, 216
Diese Bildungsangebote, 221
diese Dimensionen erkennen, 212
Diese Diskriminierung kann sich, 108
Diese Diskussionen sind, 236
Diese Diversität, 125, 235
Diese Diversität kann zu, 80
Diese dynamische, 127
Diese Eigenschaften machen sie, 156
Diese Entscheidung, 226
Diese Ereignisse, 38, 194
Diese Erfolge sind, 91, 141, 143, 160
diese Erfolge verschiedene, 160
Diese Errungenschaft, 200
Diese Feierlichkeiten, 202
Diese Flagge, 93
Diese frühen, 8, 47
Diese Fähigkeit ist, 111
Diese Gelegenheiten bieten, 30
Diese Gemeinschaften können, 160
Diese Geschichten, 31
Diese Gesetze, 127
Diese Gesetze bieten, 72
Diese Gesetze zielen darauf ab, 71
Diese gesetzliche, 142
Diese Gespräche, 109
Diese geteilten, 13
Diese Gewaltakte, 169
Diese Hindernisse, 35
Diese Identifikation, 37
Diese inneren, 192
Diese Kampagnen, 143
Diese Konferenzen sind, 119
Diese Konflikte können, 13, 200
Diese kulturellen Repräsentationen sind, 127

Diese können, 54
Diese Netzwerke, 13, 44, 117
diese Partnerschaften, 77
Diese Personen, 204, 216
Diese persönlichen Beziehungen, 36
Diese Persönlichkeiten zeigen, 20
Diese Phasen, 102
Diese Prinzipien, 212
Diese Reaktionen reichen von, 94
Diese Reflexionspraxis, 212
Diese Reise, 7
Diese Rückschläge können, 160
Diese Rückschritte können, 169
Diese Schnittstelle zwischen, 62
Diese Selbstakzeptanz, 210
Diese Selbstreflexion kann durch, 161
Diese Sichtbarkeit, 15, 41, 147
Diese sozialen, 12, 43, 129
Diese Spannungen können, 155, 220
Diese spontane, 144
Diese Stereotypen können, 183
diese Stimmen aktiv einzubeziehen, 125
diese Stimmen zu, 135
Diese Synergie ist, 64
Diese Synergien können, 56
Diese Theorie, 25, 217
Diese Theorie postuliert, 193
Diese Transparenz, 226
Diese Triumphe, 110
Diese Ungleichheit kann, 118
Diese Unsicherheit kann dazu, 196
Diese Unsichtbarkeit kann, 26
Diese Unterschiede, 6
Diese unterschiedlichen, 76, 220
Diese Unterstützung kann, 151, 219
Diese Unterstützung kann entscheidend, 31

diese Unterstützung konnte, 109
Diese Veranstaltungen, 30, 73, 194
Diese Veranstaltungen fördern, 152
Diese Veranstaltungen sind, 38, 126, 220
Diese Veranstaltungen ziehen Menschen aus, 213
Diese Verbindung, 107, 226
Diese Vielfalt, 226
Diese Zensur kann sowohl, 17
Diese Zusammenarbeit, 180
Diese Ängste können, 45
dieselbe Bedeutung haben, 19
diesem, 6, 10, 21, 25, 35–37, 47, 58, 60, 67, 77, 82, 84, 85, 90, 101, 108, 121, 127, 135, 141, 143, 147, 149, 153, 159, 161, 167, 172, 174, 185, 195, 199, 200, 210, 212, 215, 219, 221, 226, 229
diesen, 5–8, 27, 30, 49, 95, 105, 121, 145, 187, 199, 225
dieser, 1, 4, 6–8, 14, 16, 19, 21, 26, 27, 29, 33, 37, 44, 48, 49, 51, 56, 63, 64, 81, 84, 87, 91, 93, 99, 103, 104, 107, 108, 110, 114, 115, 118, 119, 121, 128, 134, 137, 142, 147, 151–153, 157, 159, 163, 173, 178, 181, 185, 195, 199, 203, 206, 212, 213, 225–228, 236
Dieser Abschnitt, 14
Dieser Aufruf richtet, 187
Dieser Prozess beinhaltet, 5
Dieser Schritt kann sowohl, 2
Differenzen verbunden, 75
digitale, 61, 69, 92, 134, 231, 232
digitalen, 18, 42, 55, 67, 69, 89, 129, 131, 134, 180, 183, 186, 207, 208
digitaler, 59
direkt, 30, 61, 64, 148, 152, 172
Diskriminierung gegenüber, 91
Diskriminierung kann, 21
Diskriminierung zeigt, 7
Diskriminierung zeigten, 6
Diskriminierung zu, 110
Diskriminierungsformen, 176
Diskurse, 139
Diskussionen innerhalb dieser, 119
Diskussionsrunden, 222
Doch gleichzeitig, 236
doch sie, 160
dominanten Diskurse einfügen, 118
drakonischen Gesetzen konfrontiert, 87
Druck, 17
Druck konfrontiert, 236
Druck können, 160, 192
Druck setzen, 194
Druck stehen, 5
Druck von, 94
duale, 36
durch, 1, 4, 6, 7, 9, 10, 14, 15, 17, 19, 25, 28–33, 36, 38, 42, 54, 61, 62, 77, 80, 81, 88, 90, 91, 94, 96, 99, 102, 103, 106, 108, 109, 112, 113, 125, 129, 133, 134, 139, 143, 145, 151, 153, 160, 161, 163, 169, 172, 178, 182, 185, 189, 191, 206, 207, 211, 213, 217, 218, 221, 226, 234
Durch Achtsamkeit, 101
Durch Aufklärung, 186, 203

Durchführung von, 65
durchgemacht, 38, 204
Durchsetzung, 72
dynamische, 62, 127, 174
dynamischer Prozess ist, 156
dynamischer Prozess verstanden, 111

Ebene als, 17
ebnen, 13, 33, 235
effektiv, 43, 44, 61, 77, 92, 98, 119, 125, 139, 174, 219
effektive, 31, 44, 134, 185, 220, 237
Ehen, 196
Ehen legalisierten, 142
Ehen oder, 91
Ehrungen kann auch, 147
Ehrungen von, 145
eigene, 4, 7, 9, 20, 46, 98, 108, 110, 147, 161, 182, 191, 196, 206, 216, 222
eigenen, 1, 3, 5, 6, 8, 9, 19, 31, 36, 38, 60, 81, 98, 101, 103, 109, 110, 113, 147, 152, 161, 184, 201, 203, 217, 226, 230
ein, 2–8, 12, 13, 16, 19–23, 27, 29–32, 35–41, 44, 46, 47, 51, 55, 57, 60, 62–64, 66, 69, 71–74, 77, 79, 80, 83, 85, 87, 90, 92–95, 97, 99, 101–104, 109–111, 113, 119, 121, 125–128, 134–137, 139, 141–143, 145, 147–149, 151, 153, 156, 157, 159–161, 169–172, 176, 182–185, 187, 191–195, 199, 201–203, 205, 207–222, 225, 226, 229, 232, 233, 235, 236
Ein aktiver Prozess der, 161
Ein Aufruf zur, 213
Ein Beispiel dafür, 93, 208
Ein herausragendes Beispiel, 34, 40, 91, 126, 127, 192, 218
Ein Mangel, 80
Ein Netzwerk kann sich, 44
Ein typisches Erlebnis mit, 93
Ein weiteres, 25
Ein zentrales Element der, 225
einbeziehen, 64, 169, 235
einbezogen, 209, 226
Eine, 76
eine, 1–10, 12–14, 18–20, 22, 23, 25, 27–33, 35–39, 41–49, 51, 53, 55, 58, 60, 62, 64, 65, 73–77, 79–85, 87–94, 99, 101, 103, 104, 106–115, 117, 119, 121, 123, 125–127, 129–131, 133–136, 138, 139, 142–144, 147–149, 151–153, 155–161, 163, 168, 169, 171, 172, 174, 176–178, 180, 182, 184–187, 189, 191–197, 200–205, 207–210, 212, 214–221, 226–233, 235, 236
einem, 1, 4–7, 17–19, 37, 38, 55, 59, 65, 74, 76, 80, 81, 84, 89, 93, 94, 96, 103, 107–110, 118, 125, 133, 141, 146, 148, 156, 168, 183, 191–193, 202, 203, 205–207, 209–212, 220, 233, 234

einen, 5, 6, 9, 17, 18, 20, 27, 29–31, 36, 42, 44, 56, 58, 61, 64, 71, 83, 94, 102, 103, 105, 106, 108, 112, 128, 129, 137, 142, 143, 148, 160, 169, 176, 185, 187, 193, 202, 207, 218, 221, 223, 227, 232, 236
einer, 1, 4, 5, 19, 22, 23, 26–30, 35, 43–46, 64, 83, 85, 87, 91, 93–95, 97, 99, 101, 103, 107–111, 126, 135–137, 148, 160, 170–172, 176, 177, 184–187, 191, 193, 195, 196, 200, 202, 203, 205, 207, 212, 215, 218–220, 227, 228, 234, 236
Einerseits kann sie, 236
Einfluss auf, 112, 223
Einfluss von, 13, 18, 75, 88, 135
Einflussreiche Kampagnen, 145
Einflussreiche Kampagnen haben, 143
einfühlsamen, 106
Eingebundenheit zu, 191
eingehen, 76, 232
eingesetzt, 34
einhergehen, 16, 18, 44, 64, 157
Einige der, 150
Einige Lehrer, 6
Einige Mitschüler, 6
einigen, 87, 91, 128, 142
Einklang mit, 191
einladende, 28
Einsatz, 144, 215
Einsatz von, 91, 123
einschließlich Depressionen, 80
einschließlich der, 175, 206, 210

einschränken, 40, 87, 91, 123, 134, 168, 183
einseitigen, 234
einsetzen, 31, 37, 38, 81, 138, 141, 161, 176, 183, 187, 194, 209
Einstellung gegenüber, 1
eintreten, 15, 139, 184, 213
einzigartige, 53, 119, 129, 177, 226
einzusetzen, 4, 32, 33, 91, 107, 108, 110, 145, 184, 195, 210, 214, 215, 221
einzutreten, 184, 216
Elisabeth Kübler-Ross, 101
Ellen DeGeneres, 34
Ellen DeGeneres oder, 211
emotionale, 14, 36, 45, 60, 97, 99, 104, 105, 160, 193–195, 204, 216, 217, 219
emotionaler, 12, 219
Emotionen ausdrückten, 103
Emotionen auszudrücken, 64, 156
Emotionen hervorrufen, 32
Emotionen verarbeiten, 29
Emotionen zu, 62, 237
Empfangen von, 230
Engagement ab, 137
Engagement ist, 92
Engagement stärkt, 161
Engagement von, 90
entdeckt, 47
Entmutigung führen, 146
entscheidend, 3, 5, 8, 13, 14, 21, 29–32, 38, 43, 69, 73, 75, 77, 79, 81, 83, 87, 92, 94, 96, 97, 105, 109, 111, 118, 119, 125, 127, 130, 137, 145, 153, 155, 169, 174, 178, 183–185, 193, 201,

208, 209, 212, 213, 217–219, 221, 226, 231, 233, 235
entscheidender, 3, 16, 41, 44, 55, 69, 76, 90, 91, 109, 112, 114, 115, 121, 123, 145, 149, 161, 172, 180, 182, 184, 194, 195, 199, 207, 216, 218–220, 225, 235, 236
Entschlossenheit, 30, 32, 35, 37, 38
entstehen, 58, 194
entsteht eine, 31
entweder, 183
entwickeln, 7, 10, 25, 30, 31, 44, 77, 81, 97, 102, 108, 113, 117, 119, 137, 149, 161, 172, 174, 177, 182, 185, 205, 218
entwickelt wurde, 37, 193
entwickelte, 6
Entwicklung unerlässlich sind, 217
Ereignisse beschrieben wird, 201
Ereignisse markierten, 202, 213
Erfahrungen, 13, 65
Erfolg verbunden, 160
Erfolgen, 85
erfolgreich, 34, 99, 160, 200, 211
erfolgreiche, 30, 34, 46, 79, 91, 109, 137, 152, 161, 181, 182, 200
Erfolgreiche Beispiele, 153
erfolgreichen, 206, 232
erfordern jedoch, 18, 172
erfordert, 30, 81, 88, 90, 92, 101, 103, 137, 160, 185, 210, 212, 213, 226
Erfüllung, 212
ergeben, 45, 77, 82, 92, 95, 121, 123

erhalten, 55, 76, 81, 83, 114, 146, 174, 178, 207
erheben, 29, 43, 46, 69, 109, 112, 115, 121, 129, 135, 189, 217
erheblich verändert, 147, 183
erhebliche, 43, 79, 83, 84, 87, 102, 107, 127, 128, 160, 168, 181, 213
erheblichen, 4, 5, 81, 154, 185, 192, 221
erhöhen, 37, 41, 77, 81, 115, 119, 123, 143, 220, 221
erhöhte, 91
erhöhten, 81, 196
erkannten, 6, 88
erklärt, 19, 217
Erkrankungen betroffen, 80
Erkrankungen leiden, 61, 128
erleben, 2, 21, 22, 31, 102, 103, 108, 150, 203, 210
Erleben von, 206
Erlebnisse verarbeiten, 211
erlebte, 6, 7, 36, 93, 94, 103, 108
erleichtern, 13
erleichtert, 12, 104, 180, 217
ermutigen können, 209
ermöglichen, 18, 44–47, 55, 85, 91, 127, 183, 186, 206, 207
ermöglicht, 7, 20, 37, 39, 46, 60, 61, 64, 69, 112, 113, 115, 134, 138, 143, 148, 161, 163, 180, 182, 199, 207, 220
ernsthaften, 81
erobert, 18
erreichbar, 114, 137, 202
erreichen, 31, 51, 89, 125, 127, 134, 135, 160, 183, 191, 205, 208, 210, 220

Erreichung von, 160
Errungenschaften von, 184
erschwert, 65, 148
erste, 1, 2, 6, 15, 30, 108, 172
ersten, 2, 4–6, 12, 14, 16, 29, 30, 32, 45, 47, 73, 93, 142, 144, 216
Erwachsene richten, 87
Erwartung, 201
Erwartungen führen, 114
Erwartungen oft dazu, 107
erwiesen, 61, 134, 196
erzielt, 29, 77, 87, 92, 129, 141, 145, 163, 167, 169, 173, 185, 203
erzählen, 7, 13, 65, 109, 110, 112, 156, 174, 206, 209, 216, 236
erzählt, 225, 234, 236
Erzählungen wird helfen, 235
eröffnen, 37
eröffnet, 69
es, 1, 2, 4, 5, 7, 8, 13, 15, 17–20, 23, 26–28, 30, 31, 35, 37, 39, 40, 42–45, 47, 54, 55, 60, 61, 64, 69, 76, 77, 79, 81, 83, 84, 87, 88, 90, 91, 93, 96, 98, 99, 102, 105, 107–110, 112, 113, 115, 117, 125, 127, 128, 130, 134, 135, 137, 138, 142, 143, 146–148, 150–152, 155, 160, 161, 163, 167–169, 171, 176, 178, 180–187, 194, 199, 202, 203, 205–207, 210–213, 216–218, 220, 223, 225, 226, 231, 234, 236, 237
Es gibt, 126, 205

etabliert, 64, 73
Ethnien und, 19
etwa, 91, 155
externen, 5

Faktoren, 110, 125, 127
Fall sein, 234
Familie aufwuchs, 4
Familie danken, 221
Familie gab es, 216
Familie gegenüber, 4
Familie kann den, 4
Familie konfrontiert, 5
Familie können, 5
Familie übereinstimmte, 94
Familien lernen, 6
Familienangehörigen geäußert, 4
Familienmitglieds, 5
familiäre, 4, 8
familiären, 6, 109
familiärer, 222
fand, 7, 9, 36, 94, 107–109, 210, 211
Fehlinformationen, 155
Fehlinformationen angehen, 180
fehlte, 93
Feier der, 38
feiern, 38, 73, 129, 147, 176, 184, 186, 193, 194, 236
feiert, 182, 197
feindlich, 36, 101, 205
feindlichen, 111
Feld, 69
feministischen, 79, 176
Fernsehsendungen, 127, 183
festigen, 161
fiel, 109
finanziellen, 40, 77, 119
Finanzierung, 76, 85, 154

Index

finden, 7, 20, 31, 98, 103, 107, 110, 114, 131, 155, 184, 186, 207, 211, 215, 216, 218, 231, 237
findet, 61
Folge, 36
formen, 48
Formen annehmen, 160
Formen der, 220
formulieren, 187
formuliert wurde, 45
Fortdauer von, 169
fortlaufender, 92
Fortschritte, 91
Fortschritte möglich sind, 143
Fortschritten geführt haben, 90
fortzusetzen, 143, 147
Frau konfrontiert, 236
frei, 213
Freiheiten, 87
Freiheiten genießen, 90
Freiheiten wie, 137
Freunde können, 13
Freunde oder, 13
Freunde spielen, 9, 12, 216
Freundesgruppe kann helfen, 9
Freundesgruppen oft zusammenkommen, 13
Freundschaften spielen, 2, 104
Frida Kahlo, 205
Frustration hervorrufen, 102
frühe, 3
frühen Phasen ihrer, 33
Fundament, 3, 8
fundamentale, 23, 42, 48, 170
Fundamente, 223
fundierte, 61
fungieren, 2, 4, 13, 14, 19, 20, 25, 33, 51, 60, 75, 76, 112, 113, 160, 192, 201, 216, 217
Fähigkeit, 109, 110, 130, 203
Fähigkeit abhängen, 44, 155, 157
Fähigkeit beschrieben, 111
Fähigkeit stärken, 110
Fähigkeiten, 113, 229, 230
fördern, 6, 20, 23, 30, 39, 40, 53, 62, 74, 77, 79, 81, 85, 87–90, 96, 97, 99, 105, 106, 108, 110, 115, 117–119, 125, 127, 135–137, 142–144, 148, 149, 152, 153, 157, 158, 160, 169, 170, 172, 187, 192, 193, 195, 196, 202–204, 209, 213, 217, 220, 221, 233, 236
fördert, 22, 23, 25, 27, 42, 60, 74, 89, 125, 126, 135, 136, 169, 182, 195, 202, 203, 207, 209, 212, 217, 221, 225, 226, 230, 237
führen, 1, 4–6, 13, 17, 19, 38, 40, 43, 45–47, 57, 65, 76, 80, 81, 83, 85, 87, 95, 98, 107, 114, 118, 125, 129, 135, 136, 144, 146, 148, 152, 168, 183, 192, 196, 202, 203, 210–212, 218, 220, 230, 234, 236
führte, 4, 38, 73, 93, 94, 144, 228
führten, 7, 96, 109, 194, 202
für, 3–9, 13–16, 18–21, 23, 25–27, 29–41, 43, 44, 47, 48, 54, 58, 60–64, 67, 69, 71–77, 79, 81, 83–85, 87–94, 96, 97, 99, 102, 103, 105–115, 117, 119, 121, 123, 125–131, 133, 135–139, 141–145, 147–153,

155–157, 160, 161, 163,
168–170, 172, 174, 176,
180–187, 189, 192–196,
199–203, 205, 207,
209–223, 225–228,
231–233, 235–237
Gaga, 18
galt, 90
ganzheitlichen Ansatz, 185
gearbeitet, 216
geben, 13, 31, 61, 182
gebracht, 133
Gedanken, 211, 226
gedeiht, 35
Gedichte, 109
gedient, 18, 34, 133
geebnet, 144
geeignet, 51
Gefahr laufen, 26
gefeiert als, 36
gefeiert wird, 38, 172
gefunden, 134
gefährden, 43, 83, 87, 107, 135, 169, 194, 220
gefährdet, 134
gefährlich angesehen, 17
gefördert, 32, 101, 125, 143, 180, 184, 186, 209, 223
Gefühl, 37, 94, 201
Gefühl der, 1, 2, 7, 19, 25, 30, 32, 37, 38, 65, 80, 93, 94, 118, 121, 125, 146, 161, 169, 183, 193–195, 202, 212, 213, 216, 218–220
Gefühl gegeben, 216
Gefühl hatte, 45
Gefühle, 9
Gefühle wie, 61

Gefühle zu, 97
gegeben, 83, 216–218, 223
gegen Diskriminierung, 126
gegen Ungerechtigkeiten, 178
Gegensatz dazu, 1, 4, 5
Gegenwart angehen, 209
gegenwärtige, 184, 208, 209
gegenüber, 1, 2, 4, 22, 35, 36, 74, 91, 101, 109, 125, 195, 205, 208, 209, 219
gegenübersehen, 64, 135, 145, 175
gegenübersieht, 202
gehören, 49
gehört, 18, 26, 42, 60, 65, 115, 118, 125, 136, 144, 147, 163, 187, 197, 201, 209, 219, 226
Gelegenheiten zum, 119
geliebt fühlen können, 137
gelten, 38
gemacht, 7, 53, 79, 94, 103, 107, 109, 154, 236, 237
Gemeinden, 91
gemeinsam, 39, 44, 121, 137, 178, 187, 189, 214, 216, 217, 226
Gemeinsam sind, 217
gemeinsame, 27, 31, 37, 38, 123, 125, 180, 182, 233
Gemeinschaften, 17, 47, 58, 60, 64, 69, 90, 113, 129, 136, 155, 174, 180, 194
Gemeinschaften beiträgt, 121
Gemeinschaften bestehen, 195
Gemeinschaften bieten, 193
Gemeinschaften gebildet, 178, 186
Gemeinschaften gibt, 194
Gemeinschaften können, 193
Gemeinschaften sich, 208

Gemeinschaften stärkt, 197
Gemeinschaften verbindet, 125
Gemeinschaften wird nicht, 178
gemeinschaftliche, 29, 161
Gemeinschaftsarbeit spielen, 81
Gemeinschaftsorganisationen, 193
gemischten, 6
Generation ermutigen, 184
Generationen von, 184
genommen, 88, 107
genug, 7, 34, 83, 94, 97, 126, 151, 193, 205, 232
genutzt, 32, 49, 98, 200
genährt wird, 215
geografische, 59
geprägt, 1, 2, 6, 7, 21, 30, 31, 47, 64, 85, 94, 99, 108, 127, 168, 176, 185, 195, 212, 214, 218
gerechten, 187
Gerechtigkeit, 33, 37, 41, 79, 85, 125, 137, 138, 141, 145, 147, 156, 157, 174, 177, 185, 187, 208, 223, 231
Gerechtigkeit betonen, 185
gerückt, 136
gesamten Gemeinschaft, 201
geschehen, 189, 213, 226
Geschichte von, 109
Geschichten, 174
Geschichten können, 234
Geschichten sind, 233, 235
Geschichten teilen, 15, 110
Geschlecht, 90, 128, 184, 236
Geschlechtsidentität, 95, 143, 197
Geschlechtsidentität akzeptiert und, 42
Geschlechtsidentität ignoriert, 171
Geschlechtsidentität schützen, 127

Geschwister können, 5
Geschwisterkind, 5
geschärft, 32, 91, 127, 145, 216
gesellschaftliche, 1, 8, 20, 29–31, 39–41, 51, 54, 57, 62–65, 73, 75, 80, 90, 91, 97, 107, 108, 129, 143, 148, 152, 153, 155, 156, 160, 174, 191, 217, 235
gesellschaftlichen, 1, 4, 6, 17–19, 21, 29, 35, 37, 42, 53, 72, 74, 102, 103, 108, 112, 128, 143, 153, 157, 167, 174, 192, 200, 208, 209, 213, 236
Gesetze, 142, 147, 169
Gesetze bestehen, 73
Gesetze verabschiedet, 127
Gesetzgebung, 87
gesetzliche, 127, 142
gesetzt, 30
gespielt, 39, 51, 55, 133, 143, 153
Geste, 217
gestärkt, 32, 85, 109
gesunde, 4, 102, 103
Gesundheit, 76, 108
Gesundheit innerhalb der, 97
geteilten, 13
Gewalt, 35, 38, 128, 150, 170
Gewalt aufmerksam, 103
Gewalt ausgesetzt, 134
Gewalt gegen, 83, 87, 142, 194
Gewalt verloren, 103
Gewalt zu, 79
gewalttätigen Übergriffen, 94
Gewaltverbrechen oder, 148
gewinnen, 100
gewinnt, 62
gewonnen, 61

gezwungen fühlen, 192
gibt, 5, 17, 19, 26, 35, 37, 40, 43, 45, 54, 61, 76, 81, 83, 84, 87, 91, 107, 117, 126, 128, 134, 135, 142, 146–148, 150–152, 155, 163, 167, 168, 181, 182, 194, 202, 205, 213, 218, 220, 234, 236, 237
gilt, 73, 107, 117, 126, 130, 135, 144, 151, 163, 194, 205, 213
Glauben, 110, 203
Glauben basierte, 202
glaubte, 60
gleich behandelt, 153
gleichen Rechte, 90, 137, 185, 214
gleichgeschlechtliche, 128, 142
gleichgeschlechtlichen, 91, 127, 142, 143, 148, 196, 200
Gleichgesinnte, 7
Gleichgesinnte treffen, 13
Gleichgesinnte zu, 30
Gleichgesinnte zusammenkommen, 27
Gleichgesinnten bieten, 160
Gleichgesinnten das Selbstwertgefühl, 193
Gleichgesinnten kann es, 160
Gleichgesinnten kann Selbstliebe, 101
Gleichheit, 37, 123, 127, 144, 169
Gleichheit der, 77
Gleichheit erfordert, 81
Gleichheit garantiert, 137
Gleichheit und, 14, 15, 26, 27, 32, 33, 35, 37, 38, 41, 55, 58, 64, 69, 71, 73, 79, 85, 88, 94, 110, 119, 121, 126, 129, 138, 143, 145, 147, 151, 156, 157, 161, 174, 185, 187, 192, 216, 219–221, 223, 225, 231
Gleichheit von, 39, 139
Gleichheit zu, 13, 73, 108, 125, 147, 189, 195, 205, 210, 213
Gleichheitstheorie postuliert, 90
Gleichstellung der, 169
Gleichstellung korreliert ist, 152
gleichzeitig, 9, 29, 38, 44, 64, 81, 112, 129, 147, 180, 193, 231, 236
Gleichzeitig müssen, 44, 88, 131, 147, 180
globale, 92, 117–119, 127, 133, 135, 139, 181, 182, 233
globaler, 118, 119
Globaler Aktivismus, 180
globalisierten Welt, 180
globalisierten Welt spielt, 117
greifbarer, 148
Grenzen hinweg, 138
Grenzen hinweg wirken, 84
Grenzen hinweg zu, 59, 125
großer Bedeutung sein, 174
Grundlagen, 209
Grundlagen betrachten, 199
Grundlagen der, 21
Grundlagen gab es, 91
Grundlagen halfen mir, 228
Grundlagen von, 221
grundlegend, 186
grundlegend verändert, 231
grundlegende, 178
grundlegender, 44, 191
Gruppentherapie, 107
größten, 28, 35, 43, 61, 65, 76, 80, 84, 91, 117, 125, 144, 154,

208, 230, 234
Gründung zahlreicher, 144
gut, 180, 226

haben, 5, 7, 10, 13, 18–20, 28–30, 34, 37, 38, 42, 44, 47, 49, 55, 56, 60, 61, 65, 73, 74, 76, 85, 90, 91, 101, 102, 105–108, 110, 114, 115, 117, 118, 127, 129, 133–135, 141, 143–145, 148, 149, 153–155, 160, 169, 173, 175, 183, 185, 186, 195, 200, 202–204, 215, 216, 218, 220, 222, 223, 226, 236, 237
half, 7, 36, 94, 107, 109, 211, 215
halfen, 109
halfen anderen, 103
halfen ihm, 8
Haltung gegenüber, 1
Haltung innerhalb der, 4
handeln, 125
Haring, 133
harten, 145
Hass, 94
Hassrede kann, 83
Hassverbrechen aus, 169
Hassverbrechen gegen, 169
hat, 5, 22, 29, 34, 39, 41, 51, 53, 61, 62, 64, 67, 69, 74, 79, 82, 83, 87, 92, 94, 95, 103, 115, 127, 133, 134, 138, 142, 144, 147–150, 155, 156, 167, 168, 171, 174, 178, 180, 187, 196, 206, 207, 214, 216–219, 221–223, 231, 232, 236, 237

hatte, 45, 109, 210, 223
Heilung, 103
helfen auch, 31, 35, 219
helfen bei, 14
Henri Tajfel, 37, 193
herausfordernd, 3, 5, 6, 14, 23, 142, 223, 230
herausfordernden, 27, 191
herausfordernder Prozess, 8, 210
herausforderndsten, 101
Herausforderung, 30, 61, 81, 129, 180, 208, 226, 227
Herausforderung könnte, 160
Herausforderungen, 8, 18, 27, 81, 85, 97, 98, 119, 139, 155, 161, 172, 187, 201, 219, 233
Herausforderungen dar, 87
Herausforderungen sind, 3, 156
Herausforderungen zu, 20, 110, 112, 160, 216
herausgefordert werden, 207
herausragende, 151
hervorgehoben, 234
hervorheben, 135
herzustellen, 208
heterosexuelle Männer, 114
heutigen, 18, 42, 55, 89, 117, 129, 134, 176, 178, 180, 183, 184, 187, 201, 231, 236
Hier begegnete, 6
Hier haben, 30
hierbei, 91, 208
Hierbei spielt, 144
hierfür, 1, 4, 13–15, 30, 45, 47, 74, 81, 84, 109, 115, 125, 128, 146, 148, 196, 210, 211, 219, 221, 236
Hilfe bis hin zu, 151

hilft, 5, 97, 193
hinaus, 13, 29, 40, 61, 118, 148, 149, 154, 170, 171, 183, 184, 193, 194, 196, 201, 203, 208, 226, 235, 236
Hinsicht transformiert, 67
hinter, 7, 49, 145, 152, 199, 203, 222
Hintergrund, 18
Hintergrund einer, 5
Hintergrund gedrängt, 80, 125
Hintergründen, 225
Hintergründen können, 218
Hoffnung, 64, 115, 182, 184, 202, 203
Hoffnung getragen, 202
Hoffnung stärken, 203
Hoffnung verbunden, 201
Hollywood, 81
Homophobie, 207
Homosexualität, 128
Homosexuellen, 155
häufig, 21, 35, 36, 81, 84, 99, 128, 143, 148, 168, 219
häufige, 213, 218
häufigsten, 10, 49, 95
hörbar, 92
hören, 156
Hürde, 45, 107, 108
Hürden, 31, 35, 81, 108–110
Hürden bis hin zu, 37
Hürden geht, 109
Hürden ist, 61, 65, 84, 91, 109, 117, 125, 144, 154, 230
Hürden kann die, 28
Hürden resultieren, 108, 110
Hürden sind, 110
Hürden zu, 217

ich, 215–217, 221–223, 227, 228

Ich bin unendlich dankbar, 223
identifizieren, 37, 113, 121, 135, 206
identifizierte, 101
Identität definiert, 185
Identität kämpfen, 194
Identität verbunden, 6
Identitäten gleichzeitig, 231
Identitäten innerhalb der, 200
Identitäten stehen, 191
Identitätsmerkmale wie, 90
Identitätstheorie betrachtet, 25
Ignoranz bedingt sind, 54
ignoriert, 83, 87, 97, 114, 119, 133, 147, 171, 219
ignorierten, 6
ihm, 4, 7, 8, 36, 94, 103, 107–109, 210
ihn herum, 4
ihr, 10, 33, 80, 109, 110, 174, 192, 202, 211, 218, 221, 225
Ihr unerschütterlicher Glaube, 110
ihre, 2, 4, 5, 7–10, 13, 15, 17–23, 25, 27, 29, 31–33, 41, 43, 49, 51, 55, 58, 59, 61, 62, 64, 65, 69, 74, 76, 77, 79, 81, 83, 87, 91, 92, 95, 97, 103, 106–110, 112, 114, 115, 121, 123, 125, 126, 129, 133, 134, 138, 143, 146, 148–150, 153–155, 160, 161, 174, 176, 180, 182–185, 192, 193, 195, 201, 205–211, 217–222, 225, 226, 230, 236
Ihre Authentizität, 192
Ihre Fähigkeit, 174, 218
Ihre Geschichten, 113, 211
Ihre Stimme, 172
ihrem Leben, 94, 107, 114

Index 259

ihren, 9, 34, 80, 81, 93, 104, 119, 174, 184, 203, 206, 211, 219
ihrer, 4, 5, 12, 17, 33, 34, 37, 40, 44, 47, 65, 85, 90, 98, 101, 109, 112, 114, 119, 123, 125, 127, 129, 143, 146, 149, 152, 153, 155, 173, 178, 194, 196, 197, 206, 209, 219, 221, 225, 230, 237
ikonischen, 40
immer, 85, 103, 107, 142, 148, 152, 168, 187, 222, 236, 237
in, 1–10, 12–16, 18–23, 25–39, 41–46, 48, 51, 54, 56, 58–62, 64–67, 69, 73, 74, 77, 79–85, 87, 88, 90–94, 96–99, 101–111, 113–115, 117, 118, 123–129, 131, 133–139, 141–154, 156, 160, 161, 163, 167–174, 177, 180, 183–187, 191–197, 199–203, 205, 207–211, 213–222, 225, 226, 229–237
Indem Leser, 226
individuelle, 16, 23, 99, 105, 108, 111, 126, 147, 160, 161, 193, 197, 208, 215
individueller, 54, 85, 101, 103, 141
Individuen, 10, 22, 33, 114, 153, 195
Individuen befinden, 23
Individuen helfen können, 205
Individuen hilft, 193
Individuen ihre, 25, 217
Individuen innerhalb der, 41
Individuen konfrontiert, 212

Individuen mit, 37
Individuen oder, 37, 77, 93
Individuen oft, 19
Individuen oft ihre, 206
Individuen sich, 192
Inhalte oft schnelllebig sind, 18
Inhalte zu, 130
Initiativen anführen, 161
Initiativen sicherstellen müssen, 231
inklusiven Gemeinschaft, 126
inklusiven Gesellschaft, 137, 184–187
inklusiven Gesellschaft interessiert sind, 187
inklusiveren, 22, 46
inneren, 1, 4, 5, 61, 62, 94, 108, 192, 210
Innerhalb der, 37, 87, 220
innerhalb der, 31, 81, 87, 127, 144, 149, 172, 178, 184, 194, 216, 219
innerhalb von, 194
insbesondere, 3, 7, 13, 19, 21, 27, 33, 51, 56, 65, 80, 81, 97, 99, 107, 117, 128, 129, 148, 168, 172, 178, 184, 193, 195, 196, 199, 203, 208, 210, 212, 217, 221, 229–231, 233, 234
Insbesondere intersektionale, 135
Insgesamt zeigen, 143
Insgesamt zeigt, 161
Insgesamt zeigt sich, 69
inspirieren junge, 31
inspirierend, 163
inspiriert, 22, 110, 115, 203
inspirierte auch, 109
integraler Bestandteil der, 212
integraler Bestandteil dieser, 226

integrieren, 88, 104, 232
integriert, 136, 137, 232
interdisziplinären Ansätzen, 209
Internationale Konferenzen, 233
Internationale Konferenzen bieten, 119
internationaler, 84, 85, 135, 138
interne, 30, 194
internen, 38, 75, 80, 81, 144, 154, 200
intersektionale, 125, 135, 168, 172, 221, 231
intersektionalem, 135
intersektionalen, 137, 156, 185, 213, 220, 231, 233
Intersektionalitätstheorie hingegen, 90
isoliert betrachtet, 90, 161
isoliert fühlen, 98
ist, 1, 3–10, 13–16, 18–23, 25–48, 51, 55, 57, 58, 60–65, 69, 72–77, 79–81, 83–85, 87, 88, 90–92, 94–103, 105–112, 114, 115, 117–119, 121, 123, 125–130, 133, 135, 137, 142–144, 146–149, 151–157, 159–161, 163, 168–170, 172, 174, 176–178, 180, 182–187, 189, 191–197, 199–203, 205–223, 225–237

Jamie, 211
Jamie Wege, 211
Je mehr, 32
jedem kreativen Prozess, 229
jeden Individuums, 6
jeden Menschen, 193, 203, 221
jeder, 42, 90, 95, 172, 187, 214, 233
Jeder dieser, 110, 212
Jeder Einzelne, 189, 217
Jeder Schritt, 189
Jeder von, 226
Jedes Jahr i, 73
jedoch angegangen, 119
jedoch oft Gelegenheiten, 13
jeher eine, 39, 51, 133
jemandem anzuvertrauen, 7
John Rawls, 185
John Turner, 37, 193
Johnson, 192, 218
Johnson andere, 110
Jordan, 109
Jordan Hilfe, 109
Jordans Geschichte zeigt, 109
Journalisten sollten, 149
Journalisten und, 216
Jugendgruppe, 27–30
Jugendgruppe kann aus, 27
Jugendlichen helfen, 2
Jugendlichen zeigen, 19
Jugendzeit, 10
junge, 8, 20, 27–33, 173, 174, 203, 209, 218, 236
jungen Kollegen, 34
junger, 4, 30, 31
Juni feiern, 73
jüngeren Geschwistern hilft, 5

Kahlo nutzte, 205
kamen, 126
Kampagnen nutzen, 143
Kampf, 14, 35, 37, 41, 55, 71, 73, 75, 77, 84, 126, 138, 147, 151, 156, 157, 192, 218
Kanada, 87, 91, 127
kann, 1, 39, 84, 157, 196

kann beispielsweise, 31
kann das Gefühl der, 114
kann dazu, 5, 65, 85, 98, 107, 114, 192
kann dies zu, 114, 234
kann dieser, 103
kann durch, 226
kann ebenfalls, 204
kann helfen, 184
kann insbesondere, 107, 234
kann jedoch auch, 153
kann sie, 236
Kapitals, 45
Kapitels sein können, 109
Kategorien wie, 177
keine, 133
Keith Haring, 133
Kimberlé Crenshaw, 168, 185
klaren, 187, 213, 233
Klassismus, 87, 220
Klienten effektiv, 61
Klienten helfen, 61
Klima, 136
kohärenten Netzwerks, 45
Kollegen, 146
kollektive, 25, 46, 99, 101, 117, 126, 160, 161, 163, 172, 208, 217
kollektiven Aktionen, 125
kollektiven Fortschritt, 207
kollektiven Gedächtnisses, 133
kollektiven Identitäten, 143
kollektiver Bewegungen, 141
kollektives Ziel, 23, 205
kommenden Generationen, 137, 195, 231
Kommentaren bis hin zu, 94
Kommerzialisierung, 40, 75
Kommunikationstheorien, 143

Kompetenz und, 191
komplex, 124
komplex sein, 103
komplexer Prozess, 101
komplexes Zusammenspiel von, 55
Komplexität, 114, 185
Komplexität der, 177, 228
Komplexität dieser, 6
Komplexität menschlicher, 178
Komplexität von, 148, 218
Konferenzen sind, 121
Konflikt führte, 94
Konflikte, 60, 61, 194
Konflikte erfordern, 38
Konflikte innerhalb der, 30
Konflikte können, 4, 192, 194
Konflikte zwischen, 155
Konflikten, 4, 108, 144, 200, 210, 220
konfrontativ wahrgenommen, 61
konfrontiert, 5, 6, 10, 30, 35, 37, 38, 40, 41, 55, 65, 66, 79, 87, 95, 97, 99, 102, 103, 115, 126, 128, 147, 154, 168, 170, 172, 173, 176, 184, 185, 192, 193, 197, 211, 212, 218, 220–222, 236, 237
Kongruenz zwischen, 191
konnte, 7, 96, 103, 109, 222
konservativen Gebieten,, 80
konservativen Umgebung, 108
Konsumenten von, 225
Kontakt, 47
Kontexten Anwendung, 61
Kontexten wahrgenommen wird, 236
Kontextes, 161

kontinuierliche, 60, 88, 90, 129, 153, 156, 169
konzentrieren, 76, 83, 220
konzentriert, 30, 80
Konzept, 156, 218
Konzept ist, 25, 185
Kooperationen auf, 56
Kooperationen zeigen, 77
kraftvolle, 51, 109, 157, 174
kraftvollsten Botschaften, 212
kreative, 7, 29, 38, 41, 58, 60, 61, 65, 97, 103, 109, 112, 130, 157, 180, 211, 227, 237
kreativen Apps können, 61
kreativen Ausdrucksformen, 60, 62
kreativen Berufen, 230
kreativen Prozess, 48, 64, 67, 69
kreativen Prozess einen, 61
kreativen Workshops, 211
kriminalisiert, 128, 148
Krisen, 59, 118
kritisch zu, 226
kritische Auseinandersetzung mit, 38
kulturelle Barriere, 36
kulturelle Diversität innerhalb der, 84, 117
kulturelle Hintergründe können, 125
Kulturelle Stigmatisierung, 124
kulturelle Themen zu, 64
Kunst entdeckte, 9
Kunst kann als, 97
Kunst kann auch, 237
Kunst wurde, 7, 103
Kunsttherapeuten, 61
Kunsttherapie kann als, 61
Kunsttherapie wird oft, 61
Kunstwerke können, 51, 112

kämpfe, 223
Kämpfe innerhalb der, 125
Kämpfen, 38
kämpfte, 94, 107, 110
können, 2, 4, 5, 7, 9, 10, 13, 14, 18–21, 23, 25–27, 29, 31–33, 35, 37, 38, 42, 45–47, 51, 54, 56–61, 65, 76, 77, 80, 83, 87, 89–91, 93, 95–100, 102–106, 108–110, 112–115, 118, 121, 123, 125, 129, 135, 137, 143–145, 148, 150, 155, 156, 160, 161, 163, 169–172, 175, 177, 178, 180, 181, 183, 184, 186, 187, 189, 192–194, 200–205, 207–214, 217–221, 226, 230, 232–235, 237
könnte der, 200
könnte wie, 95
Künstler, 8, 18, 19, 38, 40, 51, 58, 60, 65, 67, 69, 134, 157, 175, 176, 208, 209, 216, 230
Künstler geprägt, 176
Künstler Keith Haring, 207
Künstler konfrontiert, 41, 176
Künstler müssen, 17
Künstler nutzen, 32, 134
Künstler selbst, 58, 66
Künstler stehen oft vor, 17
Künstler wie, 133
Künstler wirksame, 51
künstlerische Ausdrucksformen, 233
künstlerischem Ausdruck, 17, 36
künstlerischen Ausdrucksform einschränken, 40

künstlerischen Fähigkeiten auch, 61
künstlerischen Schaffens dar, 56

Lage sein, 174
lange, 133
langen Prozess, 5
langwieriger Prozess, 36, 90
Lassen Sie, 137, 187, 214
Laufe der, 53, 85, 147, 153
Laut dem, 169
Laut der, 217
Leben, 6, 12, 14, 19, 20, 25, 44, 104, 109–111, 191, 193, 203, 206, 210–212, 217, 219, 221
Leben beeinflussen, 80
leben kann, 172
Leben von, 33, 34, 95, 99, 108, 161, 184, 201, 203
lebendige Beweise, 113
lebendige LGBTQ-Kultur, 74
lebendigen Grafiken, 40
Lebensweise, 4
lebenswert, 19
Lebenszufriedenheit, 22
lebte, 192
legalisiert, 142
Legalisierung der, 91, 127, 148, 200
Legalisierung von, 196
legen, 8, 76, 209
legislativen Erfolge beleuchten, 141
legislativen Errungenschaften bis hin zu, 200
legt, 19, 48, 60, 143
Lehrer, 6, 88
Lehrkräfte selbst, 171
Lehrplan von, 232
Lehrpläne sind, 88
leisten, 51

Lernen, 139
lernen, 5–7, 19, 104, 113, 138, 172, 180, 199, 201, 217
Lernens von, 217
Lerntheorie von, 113
Leser, 225, 226
Leser aktiv einzubeziehen, 226
Leser anerkannt, 226
Leser auch, 226
Leser gehört, 226
Leser ist, 226
Leser kommen aus, 225
Leser können, 226
Leser sind, 225
Leser willkommen fühlen, 226
Leser wissen, 226
letzten, 61, 79, 127, 135, 141, 167, 169, 171, 185, 216
Letztendlich führte, 228
Letztendlich ist, 101
LGBTQ-Aktivismus, 84, 85, 130, 144, 149, 176, 181
LGBTQ-Personen, 142
LGBTQ-Personen kann zu, 87
Licht rücken, 183
Lichtstrahl der, 195
lieben können, 170
linear, 102
Lobbyarbeit, 13, 77, 91, 127, 160, 221
Lobbyarbeit investiert, 79
Lobbyarbeit spielt, 77
lokale, 25, 47, 74, 85, 139, 226
Länder Fortschritte, 237
Länder wie, 142
Länder übertragen, 118
lässt, 5, 8, 18, 23, 37, 42, 44, 48, 60, 75, 87, 90, 92, 94, 99, 105, 108, 115, 119, 123, 124,

133, 135, 139, 153, 156,
169, 172, 174, 178, 180,
184, 195, 197, 203, 207,
212, 221, 226, 230, 233,
235
Lösung, 185

macht, 60, 81, 92
Machtverhältnissen verbunden, 119
Malen, 7
malen, 103
man, 31, 223
manchen, 80
manchmal, 18, 35, 155
mangelnde, 168
mangelt, 19
manifestieren, 35, 74, 185
manifestiert sich, 138
Mann, 4
marginalisieren, 31
marginalisiert, 118, 236
marginalisiert werden, 234
marginalisierte, 39, 65, 114, 185, 186
marginalisierten, 113, 119, 146, 156, 168, 184, 192, 203, 218, 231, 235
markierten, 202, 213
Marsha P. Johnson, 110, 192, 196, 202, 218
Martha Nussbaum haben, 185
maximieren, 83, 230
Maya fand, 9
Medientheorie, 143
medizinischer, 81, 194
mehr, 13, 32, 118, 222
mehrerer, 236
meinem Weg begleitet, 215
meinem Weg halfen, 216

meiner, 221, 223
meistern, 19, 110, 112
Mensch durchleben kann, 101
Menschen aus, 38, 126
Menschen dabei erleben, 203
Menschen würdigen, 215
Menschen zusammenzubringen, 29
menschlichen, 233
menschlicher, 88, 178
Menschlichkeit, 214
mentale, 7, 26, 94–97, 152, 236
mentalen, 95
Mentees einzugehen und, 219
Mentorenschaft untersuchen, 33
Mentorenschaft verbunden, 219
Mia, 109
Mia hatte, 109
Mias Eltern, 109
Mias Engagement, 109
mich, 216
mich dazu, 228
mir gezeigt, 216
Misserfolg ausmachen können, 217
Misserfolgen dazu, 201
Missstände hinweisen, 207
mit, 1, 3–10, 12–14, 16, 18–21, 25–41, 44, 46, 47, 55–57, 60–63, 65–67, 69, 73, 75–77, 79, 83, 85, 87, 93–97, 99–104, 107–110, 113–115, 119, 121, 123, 126, 128, 130, 133, 147, 150, 152, 154, 156, 157, 160, 161, 168, 170, 172, 173, 176, 178, 182, 184, 185, 191–194, 197, 200, 201, 206, 207, 209–213, 216, 218–222, 225, 226, 228, 231–233, 236, 237

Index 265

Mit dem, 59
Mit der, 61
miteinander, 42, 90, 110, 137, 177, 185, 209, 212
Mitglieder der, 80
Mittel geschehen, 226
mitzuwirken, 29, 187
mobilisiert, 135, 178
Mobilisierung, 92, 134, 200, 207
motivieren und, 184
musste, 7, 35, 36
Mut, 20, 30, 32, 109
mächtige Stimme, 219
Möglichkeit sein, 25
Möglichkeiten, 69, 155, 160, 216
Möglichkeiten als, 67
Möglichkeiten der, 123
müssen, 17, 27, 31, 44, 51, 61, 76, 85, 88, 108, 119, 131, 135–137, 145, 147, 155–157, 174, 180, 184, 186, 202, 209, 220, 231

nach, 5–7, 19, 20, 26, 28, 32, 64, 88, 107, 109, 128, 143, 160, 167, 169, 183, 191, 201, 211, 212
Nach der, 37, 107
Nachahmung, 19, 217
Nahen Osten, 128
nationale, 84, 138
Natur sein, 123
Neben der, 216
Neben gesellschaftlichen, 35
negativ, 4, 5, 19, 26, 83, 87, 152
negative, 54, 55, 83, 148, 183
negativen Aspekte, 104
negativen Beispiele, 82
negativen Einfluss von, 94

negativen Erfahrungen mit, 107
negativen Kommentare seiner, 96
negativen Licht, 148
negativer, 230, 236
Netzwerke, 31, 119, 160
Netzwerke bereitstellen, 216
Netzwerke geht über, 118
Netzwerke sein, 119
Netzwerken, 138
Netzwerks, 45, 46
neuen, 61, 69, 92, 109, 141
New York City, 73, 133, 144, 194
nicht, 4–8, 12–14, 16, 18–20, 23, 25–39, 41–46, 48, 49, 54, 56, 58, 61, 64, 65, 67, 69, 72–74, 76, 77, 79–85, 87, 88, 90–94, 97–99, 101–105, 107–113, 115, 117–119, 121, 123, 125–127, 129, 133, 136, 137, 139, 141–149, 151–153, 155, 160, 161, 163, 169, 171, 172, 174, 176–178, 182–185, 187, 193–197, 201–205, 207–223, 225, 226, 228–237
Nicht zuletzt, 216
noch Gesetze, 142
Norm ansehen, 5
Normen herauszufordern, 64, 65
notwendig, 60, 108, 126, 137, 236
notwendige Wissen, 107
notwendigen, 121
Notwendigkeit, 143, 209
Notwendigkeit von, 128, 160
Nuancen der, 149
Nur, 125

nur, 4, 6–8, 12–14, 16, 18–20, 23, 25, 27, 29–39, 41, 42, 44–46, 48, 49, 54, 56, 58, 64, 67, 69, 72–74, 76, 77, 81, 82, 84, 92, 93, 97, 99, 101–105, 107–115, 117, 119, 121, 123, 125–127, 129, 133, 136, 137, 139, 141–143, 145, 147–149, 152, 153, 160, 161, 163, 169, 172, 174, 176–178, 182–185, 187, 193–197, 201–205, 207–223, 225, 226, 228–236
Nur durch, 42, 81, 90, 99, 108, 129, 139, 163, 169, 172, 178
nutzen, 32, 38, 44, 69, 97, 112, 134, 143, 158, 180, 207, 209–211, 216, 232
nutzte, 40, 103, 133, 205
Nutzung von, 32, 208
nächsten, 48

oder, 5–7, 12–15, 17, 19, 23, 25–28, 30, 31, 33, 35, 37, 38, 42, 43, 45, 47, 61, 65, 76, 77, 80, 82–84, 87, 90, 91, 93, 95, 98, 101, 102, 106–108, 113, 114, 118, 119, 127–129, 133, 134, 143–148, 153, 160, 161, 168–170, 172, 183, 185, 194, 196, 197, 200, 207, 209, 211–213, 216, 217, 220, 226, 234, 236, 237
offen, 2, 4, 6, 94, 106, 107, 150, 191, 192
offenbart, 45
offene, 1

offensichtlichen, 181
oft auf, 94
oft das Ergebnis, 160
oft das Ergebnis von, 169
oft eng mit, 160
oft gepflastert mit, 35, 108
oft innerhalb der, 80
oft intersektional, 128
oft tief, 212
oft unbegründete Annahmen über, 93
Oftmals fehlt es, 171
ohne, 23, 27, 28, 61, 65, 106, 118, 170
Opfer von, 26
opfern, 192
organisieren, 27, 28, 43, 44, 129
Orientierung, 13, 33, 34
Orientierung abgelehnt oder, 35
Orientierung gemobbt wurde, 96
Orientierung oder, 7, 42, 90, 95, 127, 129, 143, 153, 172, 197, 209, 237
out, 194, 211

passiert, 222
Performancekunst, 39
Performancekunst selbst, 65
Personen konfrontiert, 115
Personen oft nicht, 26
Personen zu, 33
persönliche, 1, 3, 5, 8, 14, 21, 23, 27, 29, 97, 108–111, 125, 145, 147, 159–161, 197, 203, 205–207, 212, 217–219, 223
persönlichem, 33
persönlichem Engagement, 210
persönlichen als, 192

persönlichen Erfolge zu, 110
persönlichen Geschichten, 196
persönlichen Geschichten von, 148
Persönliches Engagement spielt, 195
persönliches Ziel, 99
Persönlichkeiten aus, 20
pflegen, 99
Philosophen wie, 185
Pierre Bourdieu, 45
plant, 31
politische, 3, 29–32, 35, 51, 58, 62, 64, 75, 77, 79, 80, 82, 90–92, 125, 155, 169, 196, 203, 207, 221
politischen, 13, 30–32, 35–37, 51, 60, 76, 77, 83, 90, 127, 156, 160, 167, 185, 195, 207, 208, 216
politischer, 31, 151
Polizeirazzien, 144
Popkultur zugenommen, 168
populistischen, 169
positionieren, 115
positiv, 4, 54, 83, 87, 212
positive, 19, 20, 22, 39, 54, 55, 60, 62, 81, 87, 101, 106, 107, 109, 115, 123, 150, 152, 182, 201, 202, 204
positiven als, 104
positiven Aspekte, 84
positiven Aspekte der, 17, 37, 83, 183
positiven Aspekte gibt, 61, 76
positiven Aspekte kann, 34
positiven Aspekte können, 13, 26
positiven Aspekte von, 146, 192, 194
positiven Auswirkungen, 19, 56, 108, 121, 149, 175, 219
positiven Auswirkungen der, 151

positiven Auswirkungen gibt, 218
positiven Auswirkungen sowie, 33
positiven Auswirkungen von, 182, 202
positiven Einfluss auf, 29
positiven Kreislauf, 203
positiven Mentor-Mentee-Dynamik können, 35
positiven Resonanz gibt, 54
positiven Rollenvorbildern eingeschränkt sein kann, 114
positiven Veränderungen, 143
positiven Vorbildern, 183, 184
positiven Vorbildern mangelt, 19
positiven Wirkung können, 114
postuliert, 19, 90, 113, 185, 193
Potenziale zu, 185
praktizieren, 106
Praxis zeigt, 4
Preise von, 145
Pride-Veranstaltungen, 38
Prinzip, 125
Prioritäten basieren, 220
Prioritäten innerhalb der, 154, 200
Probleme untersuchen, 167
Problemen führen, 95
Problemen gehören, 95
professionelle, 96
prominente, 19
provokante, 65
Prozess, 77, 103
Prozess der, 159
prägend, 47, 93
prägende, 6
prägt, 208
prägten, 8, 35
präsentieren, 55, 58
Präsenz verbunden, 14

psychische, 7, 21, 60, 62, 76, 80, 94, 95, 102, 103, 107, 128, 202
psychischem, 7, 191
psychischen Gesundheitsversorgung, 62
psychologische, 60
psychologische Theorien, 113
psychologischen, 101, 102, 206
psychologischer, 62, 107, 191
Publikum wahrgenommen wird, 49

qualitativ hochwertiger therapeutischer Unterstützung zu, 108
Quellen kommen, 27
Quellen stammen, 47, 96

Rahmen des LGBTQ-Aktivismus, 57
Rahmens, 137
Rajesh Kim, 45
Rasse, 90, 213
Rassismus oder, 220
Ratschläge, 218
Ratschläge geben, 13
Ratschlägen der, 218
Rawls, 185
reagierten, 94
Realität verzerren, 81
rechtlicher, 73, 81, 91, 168, 194
reduzieren, 83
reflektieren, 51, 110, 161, 206, 209, 235
Regenbogenfahne trug, 93
reichen von, 37, 200
Reise, 7, 8, 21, 147, 191, 204, 205, 212
Rekrutierung von, 28
religiösen, 5, 123, 152

Repräsentationen sehen, 20
repräsentieren, 19, 81, 115
repräsentiert, 184
Resilienz der, 203
Resilienz gegenüber, 2, 22
Resilienz ist, 109, 112, 211
Resilienz kann als, 111
Resilienz zu, 7, 110, 112
Resonanz kann durch, 54
Respekt leben können, 129
respektiert wird, 42, 90, 233
Ressourcen bereitstellen, 29
Ressourcen ermöglichen, 45
Ressourcen können, 25
Ressourcen wie, 168, 194
Ressourcen zu, 44, 186
Ressourcen zur, 28
Ressourcenverteilungen verbunden, 57
revolutioniert, 236
richten, 87
richtet, 187
richtig hält, 223
richtigen, 31
Richtung Aktivismus, 108
Richtung Gleichheit, 142
Robert Putnam, 45
Rolle, 186
Rolle bei, 9, 18, 20, 30, 81, 89, 109, 125, 171, 182
Rolle dabei, 203
Rolle dabei gespielt, 153
Rolle spielen, 19, 33, 60
Rolle spielt, 156
RuPaul hat, 218
RuPaul spricht, 22
Räume geschehen, 213
Rückgang der, 17
Rückschläge der, 129

Rückschläge zu, 109
Rückschlägen kommen, 160
Rückschlägen konfrontiert, 87
Rückschritte erlebt, 169

Sam, 108, 109
Sam Smith, 18
Sam wurde, 109
San Francisco, 33, 74
schaffen, 3, 6, 7, 13, 18, 20, 23, 25, 28–30, 32, 35, 38, 39, 42, 45, 58, 65, 71, 73, 79, 84, 85, 87, 90, 92, 99, 106, 113, 115, 117, 127, 129, 151, 153, 163, 168–170, 172, 174, 176, 177, 182, 184, 187, 192–194, 201–203, 205, 209, 210, 214, 216, 217, 219, 231–233, 236
Schaffen von, 31
schafft, 16, 46, 61, 135, 180, 214, 221, 226
Schließlich sollten, 237
schließt, 184
Schlüsselbegriff, 109
schmerzhaft, 13, 93
schnell reagiert, 118
Schreiben, 211
schreiben, 109
Schreiben konnte, 7
Schritt, 27, 29, 30, 44, 108, 127, 142, 160, 233
Schulen, 186
schulischen, 6
Schulumgebung, 196
Schulungsprogramme können, 232
Schulzeit Mobbing, 108
Schulzeit näher beleuchtet, 6

Schulzeit von, 6
Schutzfaktor wirken, 2
Schutzmaßnahmen dazu, 127
Schutzschild, 4
schwarzen, 196
Schwerpunkt, 76
Schwert, 236
schwierig machen, 45
schwierig sein, 98
schwierige, 111
schwierigen, 13, 216
Schwierigkeiten, 109
Schwierigkeiten konfrontiert, 40
Schwierigkeiten meistern, 19
schwindet, 202
schärfen, 15, 18, 32, 38, 63, 89, 103, 108–110, 115, 143, 147, 150, 155, 157, 169, 174, 192, 193, 207, 216, 220, 225, 232, 237
schätzen, 212
Schüler konfrontiert, 6
schützen, 91, 127
sehen, 20, 21, 30, 40, 128, 134, 154, 173, 219
sei es, 31
sein, 26, 118
Seine, 40, 133
seine, 1, 4, 6–8, 22, 35–37, 40, 45, 48, 94, 96, 103, 107, 109, 133, 206, 207, 218, 229
Seine Fähigkeit, 33
seinen, 4, 5, 8, 21, 22, 93, 94, 103
seiner, 6, 7, 35, 36, 42, 45–47, 90, 93, 94, 96, 103, 108, 109, 172, 187, 191, 210, 214, 230, 233
Seiten, 226

selbst, 4, 5, 7, 19–22, 38, 58, 60, 65, 66, 80, 83, 94, 95, 101, 108, 110, 125, 135, 171, 191, 203–205, 210, 216, 218, 225, 226
Selbstakzeptanz, 21, 209
Selbstakzeptanz kann nicht, 7
Selbstbewusstsein, 1, 5
Selbstentdeckung, 60, 228
Selbsthilfegruppen, 210
Selbstliebe kann nicht, 205
Selbstwertgefühl, 221
Selbstwirksamkeit, 19
Sensibilität, 107, 149
Serien Fortschritte, 236
setzte einen, 142
setzte sich, 192
Sexualität bewusst, 93
Sexualität reduzieren, 83
sich, 2–5, 7, 8, 10, 12, 13, 18–23, 25–28, 30–46, 48, 54, 60, 61, 64, 65, 67, 69, 73–77, 79–83, 85, 87, 90–95, 98, 99, 101, 103, 105, 107–115, 118, 119, 121, 123–125, 128–130, 133–135, 137–139, 141, 143, 145, 147, 149, 150, 152–156, 160, 161, 168, 169, 172–176, 178, 180, 183–187, 191–197, 202, 203, 206–210, 212–214, 217–221, 225, 226, 228, 230, 231, 233, 235, 236
sicherer, 27, 81, 213
sichtbar, 20, 31, 38, 133, 151, 206
sichtbaren, 19
Sichtbarkeit, 7, 13, 16, 30, 41, 42, 75, 135, 147, 150, 151, 155, 160, 194, 236
Sichtbarkeit bedeutet, 149
Sichtbarkeit kann durch, 32
Sichtbarkeit, 30, 236
sie, 2, 5, 8, 9, 18, 19, 22, 29–33, 37, 39, 42, 45, 47, 49, 58, 60, 61, 64–67, 76, 79, 80, 83, 85, 94, 95, 102, 103, 107–110, 113, 129, 130, 137, 142, 145, 146, 148–151, 153–156, 159–161, 170, 172, 174, 175, 177, 178, 183, 192, 193, 196, 200, 203, 208, 211, 213, 215, 216, 218, 219, 221, 223, 225, 226, 236, 237
sieht vielversprechend aus, 59
sind, 1–6, 10, 12–14, 16, 18–20, 22, 23, 25–33, 35–38, 41, 43, 44, 46, 47, 53–55, 57, 58, 61, 62, 65, 66, 73, 75, 76, 80, 81, 85, 87, 88, 90, 91, 93–95, 97, 99, 102, 103, 108, 110, 114, 115, 117–119, 121, 123–129, 137, 141–143, 145, 147, 149–152, 154–156, 159–161, 163, 167–172, 176, 180, 182–185, 187, 192–194, 197, 200–204, 208, 212, 213, 216–221, 223, 225–227, 229, 231, 233–236
Sinne kann Kunst, 60
solche, 7, 13, 27, 29, 30, 56, 57, 65, 91, 118, 160, 169, 182, 214, 220
Solche Initiativen können, 232

solchen, 5, 26, 31, 37, 61, 94, 110, 126, 160, 219
solcher, 25, 72
solidarischen, 92
Solidarität innerhalb der, 14, 38, 126, 203, 213
Solidarität kann als, 125
sollten, 90, 136, 149, 161, 193, 231–233, 237
somit, 177, 209
sorgt, 115
sowie, 21, 27, 33, 45, 49, 51, 56, 60, 82, 90, 121, 153, 170, 172, 175, 178, 191, 203, 211, 219
sowohl, 1, 2, 4–6, 8, 10, 14, 17, 23, 28, 33, 35–37, 51, 66, 67, 80, 83, 85, 87, 88, 90, 92, 104, 111, 114, 123, 127, 135, 149, 157, 160, 180, 192, 199, 208, 219, 227, 228, 232
soziale, 2, 6, 18, 19, 32, 39, 40, 42–44, 48, 55, 58, 60, 63, 64, 76, 90, 93, 94, 111–113, 125, 128, 129, 133, 134, 136, 137, 143, 147, 168, 174, 177, 183, 186, 187, 191, 202, 207, 208, 212, 213, 226
sozialen, 4, 12, 14, 20, 25, 31, 37, 43, 45, 55, 58, 60, 64, 79, 83, 91, 103, 115, 121, 123, 127–130, 133, 147, 148, 156, 157, 172, 176, 185, 193, 195, 206, 208, 212, 213, 217, 218, 220, 221, 231, 236
Sozialen Identitätstheorie, 37

sozialer, 83, 151, 185
sozioökonomischen, 236
Spaltungen, 81
Spaltungen können, 80
Spannungen führen, 38, 45, 80, 125, 135
Spannungen innerhalb der, 76, 194
Spannungen innerhalb globaler, 118
Spannungen konfrontiert, 154
Spannungen zwischen, 84, 200, 220
Spenden angewiesen, 76, 154
speziell, 106
spezifischen Bedürfnissen und, 85
spiegeln, 53, 108, 141
spielen, 2, 9, 12, 13, 18–20, 29–33, 48, 60, 73, 75, 81, 84, 94, 99, 104, 108, 109, 113, 115, 119, 129, 147, 156, 171, 182, 184, 216, 217, 228
spielt, 1, 3, 23, 25, 32, 37, 42, 45, 47, 48, 65, 77, 82, 89, 111, 117, 125, 136, 138, 144, 151, 156, 159, 161, 172, 178, 186, 191, 192, 195, 201, 203, 220, 221, 229, 233
spielte, 36, 196, 218
spontane, 144
spricht, 22
späten, 73
später, 1, 194
späteren, 8, 48
Stadt, 74
starten, 44, 103
statt, 73
Stattdessen wird der, 83
stattfindet, 220
stehe, 217

stehen oft vor, 81
stehen sie, 154
steht, 28, 40, 135, 152, 191, 222, 233
steigern, 193
stereotype, 127, 148, 149, 171, 183, 236
Stereotypen basieren, 93
stieß, 36, 228
Stigmatisierung kann eine, 45
Stigmatisierung leben können, 23
Stigmatisierung von, 40, 98, 128, 133, 171, 208
Stimme, 155
Stimmen der, 18, 66, 118, 135, 157, 161, 176
Stimmen derjenigen hören, 236
Stimmen derjenigen zu, 213
Stimmen Gehör, 186
Stimmen gehört, 65, 125, 136, 163, 187, 201, 219
Stimmen innerhalb der, 42, 65
Stimmen von, 8, 118, 156, 184, 231, 235
Strategien gehören, 102
strategischem Denken, 160
streben, 64
Streben nach, 5, 160
Stressniveau führt, 81
strukturell, 213
Strukturen oft nicht, 208
Studien belegen, 7
ständig, 69, 174, 236
ständige, 18, 38, 94, 96, 201
stärken, 1, 2, 7, 9, 14, 19, 25, 39, 46, 60, 77, 79, 97, 105, 106, 110, 113, 121, 157, 161, 172, 178, 194, 196, 201, 203, 216, 219–221, 235

stärker, 37, 217
stärkere, 22, 23, 58, 77, 81, 110, 123, 184, 205, 209, 226
stärkeren Mobilisierung, 177
stärkt, 14, 23, 25, 42, 66, 101, 126, 161, 197, 202, 214, 218, 230
suchen, 183
Sylvia Rivera, 202

tabu, 133
Tat selbst, 83
Taten inspirieren, 182
tatsächlichen Selbst, 191
teilgenommen, 222
Teilnahme, 14
teilzuhaben, 185
Theaterstücke, 38
Thema, 236
thematisieren, 18
Themen ansprechen, 65
Theoretikerin Kimberlé Crenshaw, 176
theoretischen Ansätzen, 143
Theorie der, 185
Theorien, 51
Theorien beschrieben wird, 101
Theorien des sozialen, 121
Theorien untermauert, 191
Therapeuten kann, 106
therapeutische, 107, 155
tief, 5, 31, 35, 36, 91, 93, 123, 144, 167, 185, 212
tiefe, 109
tiefere, 60, 147
tiefgreifenden Einfluss auf, 18, 42, 83, 105, 148, 207
Tourismusereignis entwickelt, 74
traditionelle, 94

Index

tragen, 7, 18, 27, 72, 74, 85, 110, 113, 115, 149, 151, 161, 169, 176, 212, 225
Trauer verarbeiten, 103
Trauernde, 102
Trauernde lernen, 104
traumatisierten Personen bis hin zur, 61
Triumphe beleuchten, 108
Triumphe von, 225
Triumphen als, 199
trotz, 110, 169, 202, 211
Trotz der, 13, 14, 16, 17, 19, 20, 26, 27, 29, 34, 37, 39, 41, 43, 45, 46, 54, 57, 60–63, 66, 72, 75–77, 79, 83–85, 88, 98, 107, 117, 121, 123, 135, 145, 146, 148, 150, 152, 154, 157, 167, 176, 181, 182, 185, 192, 194, 195, 197, 202, 213, 218, 220, 221, 234
Trotz dieser, 81, 87, 91, 107, 128, 142, 152, 173, 181, 213
Trotz intensiver, 160
Trotz seiner, 230

Uganda, 87, 128
um, 3, 4, 6, 7, 13–15, 18, 25–32, 36–41, 44, 45, 49, 51, 55, 58, 60, 61, 63–65, 69, 73, 75–77, 79–81, 83, 85, 87, 88, 90, 94, 95, 97, 99–103, 108, 109, 112, 115, 118, 119, 123, 125–127, 130, 131, 133–137, 143, 144, 149, 151, 153, 155, 157, 158, 161, 169, 171, 172, 174, 178, 180, 182, 184, 185, 192–194, 196, 197, 200, 201, 203, 205, 207, 208, 210, 211, 213, 217, 219–223, 231–233, 236, 237
Um effektiv, 125
Umdenken, 185
umfassende gesetzliche, 127
umfasst, 51, 80, 90, 92, 111, 161, 236
Umfeld, 127, 169
Umfeld aufwachsen, 203
Umfeld befinden, 4
Umfeld geschaffen hat, 222
Umfeld können, 2
Umfeld zu, 192
Umgang, 47, 103, 212
Umgebung, 6, 45
Umgebung behaupten, 27
Umgebung lernen, 172
umschlägt, 202
Unabhängigkeit, 76
unbequeme, 76
unbestreitbar, 62, 75, 135, 176
unbestritten, 14, 60
Unbewussten bildet, 60
und, 1–10, 12–23, 25–49, 51, 53–67, 69, 71–77, 79–85, 87–99, 101–115, 117–119, 121, 123–131, 133–139, 141–161, 163, 167–178, 180, 182–187, 189, 191–197, 199–223, 225–237
Ungerechtigkeiten, 207
Ungerechtigkeiten verbunden, 102
ungleiche, 114, 218
uns, 121, 137, 147, 187, 205, 212–214, 216, 233

unschätzbarem, 16, 23, 29, 195, 218, 221
unser Kampf, 216
unsere, 214, 216, 236
unserer, 195, 209, 231
Unsicherheit innerhalb der, 169
Unsicherheit kann, 154
Unsicherheit sein kann, 8
Unsicherheiten geprägt, 6
unter, 5, 37, 92, 94, 118, 119, 125, 126, 128, 194, 202, 218
untergraben, 35, 38, 144, 169, 213
Unterhaltungsindustrie erfolgreich, 34
untermauert, 62, 191
unterrepräsentiert, 114, 168, 183
unterscheiden, 236
unterschiedliche, 13, 19, 37, 76, 80, 90, 115, 118, 144, 194, 200, 218
unterschiedlichen, 57, 76, 77, 123, 126, 154, 220, 225, 236
unterschätzen, 88, 197
unterstreicht, 19, 128, 202
unterstützen, 8, 13, 14, 30, 37, 38, 61, 82, 125, 139, 149, 155, 176, 183, 186, 193, 219, 226
unterstützende, 1, 4, 9, 28, 38, 46, 115, 131, 231
Unterstützende Freundschaften können, 2
unterstützenden, 5, 22, 97, 172, 184
unterstützt, 16, 74, 85, 112, 161, 222
Unterstützungsnetzwerk, 219
Unterstützungsnetzwerk auf, 109
Unterstützungssystemen kann nicht, 97

Unterstützungssystemen stehen viele, 98
untersuchen, 21, 33, 48, 51, 56, 58, 60, 64, 67, 82, 143, 147, 149, 151, 159, 161, 167, 172, 178, 199, 200, 219, 229
untersucht, 49, 143, 218
unverzichtbar, 14, 172
unverzichtbare, 119, 174, 219
unverzichtbarer Bestandteil des Kampfes, 85
unverzichtbarer Bestandteil des Lebens, 207
unzureichend, 81
Ursachen von, 83
USA, 91, 127

variieren, 2, 61
Ventil, 103
verabschiedet, 91, 127
Veranstaltungen, 32, 216
Veranstaltungen als, 25
Veranstaltungen beleuchten, 25
Veranstaltungen bieten, 25
Veranstaltungen der, 222
Veranstaltungen durchzuführen, 28
Veranstaltungen effektiver zu, 200
Veranstaltungen erschwert, 65
Veranstaltungen gefördert, 32
Veranstaltungen kann, 25, 26
Veranstaltungen konnte, 103
Veranstaltungen sind, 220
Veranstaltungen spielt, 25
Veranstaltungen teilnehmen können, 26
Veranstaltungen verdeutlichen, 25
Veranstaltungen weiterhin als, 75
Veranstaltungen wie, 25, 155

Veranstaltungen zeigt, 126
verantwortungsbewusst, 83, 149
Verarbeitung, 108, 112
verbessern, 108, 201, 230
verbessert, 136
verbietet, 137
verbinden, 25, 39, 46, 59, 209, 237
verbindet, 125, 212
Verbindungen, 44, 178
verborgene, 60
verbreiten, 18, 38, 49, 69, 89, 92, 123, 129, 134, 143, 148, 155, 158, 220
Verbreitung von, 18, 43, 44, 61, 115, 147, 155, 225
verdeutlichen, 25, 26, 55, 94, 126, 143, 229
verdeutlicht, 23, 36, 45, 93, 94, 109, 110, 136, 152, 172
vereinfacht, 148, 234
verfolgt, 143, 237
verfügen, 61, 107
Vergangenheit, 75
Vergangenheit lernen, 201
Vergangenheit nutzen, 209
Vergangenheit oft, 147
vergessen, 237
verharren, 98
verhindern, 71
verholfen, 141
Verknüpfung von, 48
verkörpern, 19
Verletzlichkeit, 61, 205
Verluste können, 102
vermitteln, 2, 51, 171, 203, 207, 212, 232
vermittelt, 1, 4, 49, 60, 193, 222
vernetzen, 18, 45, 174, 186, 207
Vernetzung von, 117

verringern, 2, 146, 168, 193
verringert, 196
verschiedene, 1, 19, 49, 51, 54, 60, 62, 90, 97, 100, 113, 160, 161, 168, 177, 185, 191, 192, 205, 226
Verschiedene Kulturen, 117
verschiedenen, 4, 8, 14, 16, 21, 25, 27, 33, 35, 38, 39, 47, 54, 56, 58, 61, 65, 67, 74, 82, 84, 88, 90, 93, 96, 100, 101, 104, 113, 118, 121, 123–127, 133, 137, 138, 143, 145, 147–151, 155, 161, 172, 174, 176, 178, 180, 185, 200, 206, 208, 210, 213, 218–220, 227, 229, 233, 236, 237
verschiedener, 226
Versorgung zu, 81
verstehen, 6, 8, 83, 107, 121, 125, 177, 178, 193, 218
verstorben, 102
Verständnis basieren, 204
Verständnis gegenüber, 22
Verständnis von, 221
verstärkt, 28, 80, 83, 94, 102, 135, 226
verstärkten Stigmatisierung, 236
Vertrauen, 45
vertreten, 58, 76, 119, 174
verurteilt wurde, 128
verwendet, 49, 83
verwurzelt, 36, 123, 144, 167, 185, 212, 213
verwurzelte, 5, 31, 91, 93
verzerrt, 148, 234
Verzerrungen dazu, 83
Verzweiflung, 94

verändern, 41, 51, 105, 149, 186, 235
verändert, 42, 67, 147, 178, 183, 207, 231
Veränderung der, 153
Veränderung ist, 73
Veränderung möglich ist, 202
Veränderung sein kann, 151
Veränderungen, 10, 18, 25, 29, 31, 32, 54, 58, 90–92, 107, 143, 160, 172, 184, 192, 197, 200, 202, 207, 221, 237
Veränderungen bewirken, 31, 193, 196
Veränderungen herbeizuführen, 20, 36, 46, 92, 123, 127, 143, 169, 182, 186, 205
Veränderungen ist, 92
Veränderungen sind, 127
Veränderungen stattfinden, 163
Veränderungen zu, 137
viel, 83, 92
Viele, 19, 76, 150
viele, 6, 8, 10, 14, 15, 21, 26, 29, 33, 34, 38, 45, 61, 65, 79, 80, 93, 94, 98, 102, 103, 106, 108, 109, 118, 128, 135, 167, 171, 182, 192, 202, 203, 210, 211, 218, 236, 237
Viele Aktivisten nutzen, 97
Viele Jugendliche, 2
Viele LGBTQ-Geschichten, 234
Viele LGBTQ-Personen berichten, 107
Viele Menschen zögern, 98
Vielen Dank, 227
vielen Fällen, 27

vielen Fällen kann die, 4
vielen Fällen können, 47, 194
vielen Fällen sind, 1, 2, 5, 13, 183
vielen Gesellschaften sind, 182
vielen Gesellschaften tief, 144, 185
vielen Kulturen gibt, 5
vielen Kulturen wird, 107
vielen Kulturen wird Homosexualität, 128
vielen Kulturen wird LGBTQ-Kunst, 17
vielen Ländern, 88, 91, 128
vielen Ländern gibt, 40, 87, 91, 142
vielen Ländern wird Kunst, 134
vielen Menschen als, 205
vielen Städten entstanden solche, 30
vieler, 38, 111, 144
vielfältige, 42, 236
vielfältigen Identitäten innerhalb der, 231
vielmehr, 215
vielschichtige, 62
vielschichtiger Prozess, 51
Vielzahl, 85, 98
Vielzahl von, 1, 19, 49, 80, 95, 110, 115, 135, 215, 236
virale, 134
Virtuelle Ausstellungen, 59
Visionen, 57
visuelle, 38
vollem Umfang leben, 170
voller, 10
vollziehen, 17
vom, 30, 49
von, 1–9, 13, 14, 16–23, 25–49, 51, 54, 55, 58–67, 69, 71–77, 79–85, 87, 88, 90–99, 101–105, 107–115, 117–119, 121, 123,

Index 277

125–130, 133–139,
142–149, 151–153,
155–157, 160, 161, 163,
168–172, 174, 176, 178,
180, 182–187, 191–197,
200–221, 225, 226,
229–237
voneinander, 138, 180
vor, 4, 7, 17, 23, 26, 27, 40, 45, 65,
79, 81, 88, 91, 93, 96, 98,
106, 127, 128, 135, 143,
144, 154, 167, 169, 170,
185, 187, 192, 201, 208,
230, 231, 233
voranzutreiben, 172, 192, 233
Vorbilder können, 113
Vorbildern innerhalb der, 114
Vorbildern kann den, 110
Vorbildern kann durch, 19
Vorbildern verbunden, 20
Vorbildern wird, 184
Vordergrund stellen, 235
vorherrschen, 44
Vorurteile gegenüber, 35
Vorurteile innerhalb der, 98
Vorurteilen geprägt, 212

wahre Identität mit, 4
wahre Identität zu, 192
wahrgenommen wird, 67
Wahrheiten, 76
Wahrnehmung, 75, 82, 147, 149,
153, 235
Wandmalereien, 40
wandte, 103
war, 6–8, 35–37, 93, 94, 108, 110,
126, 133, 200, 211, 215,
216, 218, 222, 228
waren, 6, 8, 35, 61, 109, 142, 222

Weg sein mag, 223
Weges erkunden, 210
Wegweiser, 217
wehren, 38, 73
Weise, 42, 62, 67, 129, 148, 174,
178, 183, 186, 207, 231,
232, 236
Weise beeinflussen, 49
weiter, 19, 69, 77, 81, 92, 107, 168,
226, 233
weitere, 3, 81, 108
weiteren Marginalisierung, 148
weiteren Marginalisierung von, 43
weiteren Repressalien oder, 7
weiteren Stigmatisierung führen, 87
weiterer, 30, 36, 60, 106, 109, 127,
142, 143, 156, 209, 216,
219, 220, 231, 237
weiterführender, 226
weiterhin, 36, 184, 219, 223
weiterhin aktiv bleibt und, 92
weiterhin auf, 81
weiterhin von, 174, 176
weiterhin vor, 79, 185
weiterhin zusammenarbeiten, 39,
157
weiße, 114
welche Faktoren, 200
welche neuen, 92
Welt leben, 99, 137
Welt nach, 7
Welt spielt, 89
weltweit, 38, 73, 119, 126, 128, 141,
156, 202, 207, 220, 233
weltweite Unterstützung von, 213
weniger, 33, 60, 61, 114, 146
Wenn Aktivisten, 177
Wenn das Event, 160
wenn die, 83, 85, 98

wenn es, 4, 81, 98, 109, 155
wenn Gemeinschaften sich, 143
wenn Individuen mit, 12
Wenn Menschen, 31
Wenn Menschen ihre, 114
Wenn Menschen sich, 22
wenn sich, 80
wer sie, 22
Werbung, 200
werden, 1, 4, 6–8, 10, 13–19, 21, 25–35, 40, 42, 45, 48, 49, 51, 54, 56, 58, 60, 61, 64, 65, 67, 73, 77, 79, 80, 82–85, 87, 88, 90–92, 94, 95, 97–102, 108, 110, 111, 114, 115, 118, 119, 121, 125–127, 131, 133, 135, 136, 141, 143, 144, 146–149, 151–153, 155, 159, 161, 163, 167, 168, 171, 172, 174, 178, 180, 183–187, 189, 191, 193, 197, 199–201, 203–207, 209, 210, 212, 213, 216, 217, 219, 220, 226, 229, 231, 232, 234, 236, 237
Werkes eingeflossen sind, 226
Werkes unerlässlich, 225
Werkzeug, 209
Wert, 16, 23, 195, 221
Wert von, 193
Werten kämpfen, 36
wertschätzt, 184, 209, 217
Wertschätzung, 225, 226, 228
wertvolle, 13, 29, 61, 123, 160, 200, 201, 216
wesentliche Elemente, 32
wesentlicher Aspekt des Aktivismus, 226
wesentlicher Bestandteil der, 225
wesentlicher Bestandteil des Aktivismus, 27, 147
wesentlicher Bestandteil des Kampfes, 145
wesentlicher Bestandteil des künstlerischen Schaffens, 57
wesentlicher Bestandteil des Lebens, 110
wesentlicher Faktor, 31
wichtig, 6, 8, 14–16, 23, 28–30, 36, 38, 39, 42, 45, 60, 61, 88, 102, 105, 110, 114, 115, 119, 125, 126, 129, 147, 149, 160, 172, 184, 194, 200, 203, 213, 216, 219, 223, 226, 235, 236
wichtige, 9, 13, 27, 33, 44, 60, 121, 129, 144, 147, 171, 217, 220, 221, 237
wichtigen, 7, 13, 45, 65, 226
wichtiger Aspekt, 237
wichtiger Aspekt ist, 156, 209
wichtiger Bestandteil der, 161
wichtiger Schritt, 137
wichtiger theoretischer Ansatz, 143
wichtiger theoretischer Rahmen ist, 60
widerspiegeln, 20, 65, 77, 91, 205
widerspiegelt, 84, 87, 149, 183
Widerspruch zu, 191
widriger, 110
Widrigkeiten, 160, 212
wie, 4, 8, 18, 20, 25, 26, 29, 31, 35, 36, 42, 45, 47–49, 51, 55, 59, 61, 67, 81, 87, 88, 90–95, 102, 114, 115, 118, 126–129, 133–135, 137,

Index 279

142, 143, 146, 148, 153,
155, 159, 161, 167–169,
171, 174, 177, 178, 180,
183, 185, 186, 191, 192,
194, 196, 200–203, 207,
208, 211, 216, 220, 223,
226, 231, 236
wiederum, 89, 136, 161, 196, 203, 218
wir, 4, 16, 21, 23, 25–27, 33, 35, 42,
47, 48, 51, 56, 58, 60, 64,
67, 82, 85, 90, 99, 101,
104, 108, 110, 115, 121,
127, 129, 135, 137, 141,
143, 147, 149, 151, 153,
159, 161, 163, 167, 169,
172, 174, 176, 178,
184–187, 189, 193, 195,
199, 201, 203, 205, 206,
209, 210, 212–214, 216,
217, 219, 226, 229, 231,
233, 235–237
wird der, 226
wird maßgeblich von, 157
wird Selbstliebe zu, 205
wirken, 97, 127
Wirksamkeit von, 111
Wirkung von, 107
wirtschaftlich sinnvoll, 153
wirtschaftlicher, 154, 185
wissen, 226
Wissen hinaus, 170
Wohlbefinden, 7, 10, 16, 23, 36, 60,
62, 99, 126, 193
Wohlbefindens, 21
Wohlergehen, 212
wohlfühlen, 26, 28, 45
wohlhabenderen Ländern mehr, 118
wurde von, 93

wurden, 5, 34, 36, 38, 40, 87, 91, 92,
94, 103, 109, 129, 133,
141, 147, 169, 185, 202,
203
Wut auszudrücken, 61
wächst, 35
Wählern können, 221
Während, 237
während, 6, 8, 37, 38, 60, 61, 64, 83,
87, 93, 114, 129, 223, 227,
228, 234
Während einige Menschen sich, 26
Während homosexuelle Identitäten, 147
Während sie, 130
Würde, 129, 176, 187
würdigen, 73, 75

zahlreiche, 33, 88, 91, 107, 126, 127,
150, 152, 169, 181, 202,
213
Zeichnen oder, 61
zeigen, 1, 2, 7, 8, 13, 19, 20, 22, 27,
55, 61, 73, 74, 77, 92, 94,
102, 107, 110, 112, 136,
137, 143, 151–153, 182,
194, 202, 211, 216
Zeit jedoch mit, 10
Zeit jedoch oft von, 6
Zeit spielt, 178
Zeiten, 13, 14, 59, 83, 118, 154,
184, 215, 216
Zeiten kann nicht, 94
zeitgenössischen Gesellschaft, 62
Zensur, 134
zentrale, 2, 29, 45, 48, 94, 108, 110,
115, 133, 156, 161, 184,
192, 197, 203, 218

zentraler, 6–8, 13, 19, 21, 46, 58, 79, 85, 87, 88, 108, 119, 141, 153, 159, 203, 218, 219, 221, 236
zentrales Thema, 236
Zeuge von, 94
Ziel, 184
Ziele, 31, 51
Ziele erreichen, 160
Ziele formuliert, 180
Ziele neu zu, 161
Ziele setzen, 211
Ziele teilen, 37
Zielen, 143
zielt, 106
zu, 1–9, 12–15, 17–23, 25–33, 35–46, 49, 51, 53, 55, 57–65, 69, 71, 73–77, 79–85, 87–115, 117–119, 121, 123, 125–131, 133–139, 141–144, 146–151, 153, 155–158, 160, 161, 163, 168, 169, 171, 172, 174, 176–178, 180, 182–187, 189, 191–197, 199–213, 215–223, 225, 226, 228, 230–237
Zudem, 65, 81
Zudem können, 83
Zugang zu, 76, 81
Zugangsmöglichkeiten, 168
Zugehörigkeit, 184, 193
Zugehörigkeit oder, 213
zugrunde, 83, 97
Zugänglichkeit der, 45
Zugänglichkeit verbunden, 121
zukünftige Initiativen, 181
zukünftige Kampagnen, 144, 201

Zukünftige Projekte, 231–233
zukünftiger, 201, 208, 231–233
zum, 6, 22, 30, 35, 60, 119, 121, 174, 200, 207, 226
Zunahme von, 94
Zunächst einmal spielt, 47
zur, 3, 7, 21–23, 25, 27–29, 32, 35, 36, 38–40, 42, 44, 45, 47, 51, 55, 60, 61, 72–74, 81, 85, 87, 94, 99, 103, 108–110, 121, 126, 133, 134, 136, 137, 144, 147, 153, 159–161, 169–172, 176, 185, 187, 189, 194, 204–209, 212–214, 216, 220, 226, 229, 231–233, 235
zurückgreift, 149
zurückzuführen sein, 200
zurückzuziehen, 109
zusammen, 30, 38, 126, 194
Zusammenarbeit, 29, 56–58, 77, 79, 81, 83, 137, 139, 160, 161, 180–182, 221, 233
Zusammenfassend lässt, 5, 8, 18, 23, 37, 42, 44, 48, 60, 75, 87, 90, 92, 94, 99, 105, 108, 115, 119, 123, 124, 135, 139, 153, 156, 169, 172, 174, 178, 180, 184, 195, 197, 203, 207, 212, 221, 226, 230, 233, 235
Zusammenhang mit, 150, 226
Zusammenkünfte besser, 121
Zusammenspiel von, 60
Zuschüsse angewiesen, 85
Zustände der, 61
zusätzliche Dimensionen der, 128
zusätzlichen gesellschaftlichen, 103

Index

zuteil, 146
zwei, 127
zwischen, 5, 17, 19, 31, 34–36, 45, 56, 62, 76, 79, 83, 84, 95, 102, 121, 137, 155, 176, 180, 182, 191, 200, 217, 218, 220, 226, 233, 236, 237
zählt, 226
zögern, 45, 98, 107

Ängste, 9
Ängsten, 7
Überleben, 111
Überlebenden von, 61
Überschneidungen von, 218
Überwinden, 108
älteren Generationen, 174

älterer, 5
äußern, 54, 93, 108, 150, 213, 236
öffentlich machen, 110
öffentliche, 15, 32, 82, 115, 143, 146–149, 155, 211, 220
öffentlichen, 14, 30, 55, 211
öffentlicher, 91, 127
über, 13, 22, 27, 30, 32, 58, 59, 61, 83, 84, 87, 93, 94, 96, 103, 106, 107, 109, 110, 115, 118, 125, 128, 129, 133, 136, 138, 143, 147–150, 159–161, 169–171, 194, 199, 201, 203, 209, 216, 217, 219–222, 225–227, 230, 231, 236
übertragen, 118

Milton Keynes UK
Ingram Content Group UK Ltd.
UKHW021032111124
451035UK00017B/1272

9 781998 6109